Für Patrick

Prof. Dr. Burkhard Scherer, geb. 1971, ist seit langem praktizierender Buddhist und Schüler des 17. Karmapas und von Lama Ole Nydahl. Er forscht und lehrt als *Senior Lecturer in Religious Studies* an der Canterbury Christ Church University (England) und *Professor of Indo-Tibetan Buddhism* am *International Institute for Buddhist Studies*, Karma Gön (Spanien).

Burkhard Scherer

BUDDHISMUS

Alles, was man wissen muss

Gütersloher Verlagshaus

Bibliographische Information Der Deutschen Bibliothek
Die Deutsche Bibliothek verzeichnet diese Publikation
in der Deutschen Nationalbibliographie; detaillierte bibliographische Daten
sind im Internet über http://dnb.ddb.de abrufbar.

Abbildungen:

ISBN 3-579-06412-6

Umschlaggestaltung: Hauptmann & Kampa Werbeagentur, München – Zürich
Satz: SatzWeise, Föhren
Druck und Bindung: GGP Media GmbH, Pößneck
Printed in Germany

www.gtvh.de

Inhalt

II. Hīnayāna: Die erste Umdrehung des Rades der Lehre

Anhang

Vorwort und Dank

Vor ungefähr 200 Jahren kamen Menschen im Westen zum ersten Mal mit dem Buddhismus in Berührung; seitdem gibt es ein anhaltendes Interesse an der ungewohnten und fordernden Ideenwelt und Vielfalt buddhistischer Lehren, Mittel und Schulrichtungen.

Diese Einführung in Geschichte und Lehren des Buddhismus richtet sich an alle, die neugierig geworden sind und mehr wissen wollen.

Zurzeit ist Buddhismus eine der Religionen, die im Westen am schnellsten wachsen, denn Buddhismus verbindet unmissverständliche Anwaltschaft für menschliche Freiheit, für Frieden und Menschenrechte mit einer lebendigen Förderung selbstständigen Denkens und der Eigenverantwortung; zu dieser Mischung treten jahrhundertealte, erprobte Mittel der Meditation und Achtsamkeit. So spricht der Buddhismus immer mehr Menschen an, die Freiheit, Weisheit und tiefe Spiritualität im Westen vermissen. Im Osten scheint der Trend umgekehrt zu sein: Wo Buddhismus selbst steif und unzugänglich wurde, wenden sich viele Menschen dem Christentum zu, das frisch und sozial engagiert in Asien viel Anklang findet. Dieser Trend ist eine Anfrage an alle Religionen, über sich selbst nachzudenken: Geht es uns um das Glück der Menschen, ihre Freiheit und Einzigartigkeit; geht es darum, Menschen zu ermutigen und zu befähigen, eigene spirituelle Erfahrungen zu machen, oder geht es um starre Strukturen von Macht? Der Buddhismus besitzt hier einzigartige Möglichkeiten, da er nicht Schuld und Gebote predigt, die Menschen unterwerfen, sondern Erfahrung bietet und Angebote macht, die helfen, den Geist in seiner Fülle zu entfalten und zu erkennen.

Möge dieses Buch hilfreich sein und Spaß machen!

S. H. der 17. Gyalwa Karmapa, S. H. der 14. Shamarpa und Lama Ole Nydahl waren und sind großer Segen und Schutz in allem, was ich tue. Möge Ihre Tatkraft zum Wohle aller nie versiegen!

Namo ratnatrāya, namo gurubhyaḥ! Verehrung den Drei Juwelen – *Buddha, dharma, sangha* –, Verehrung den verwirklichten Lehrern!

Canterbury – Karma Gön, September 2004 *Burkhard Scherer*

Anmerkungen zur Umschrift

Buddhistische Namen und Fachbegriffe zitiere ich in der Regel nach der Sanskritform. Sanskrit und Pāli-Wörter sind in **vereinfachter Umschrift** aufgeführt: *sh* steht für *ś* und *ṣ*, *ri* für vokalisches *r* (*ṛ*), *n* steht für *n* und *ṅ*

Hauptregeln für die Aussprache indischer Begriffe sind:

ā, **ī**, **ū** sind langes **a**, **i**, **u**
e, o sind immer lang
c wie **tsch** in *Tschechei*
j wie **dsch** in *Dschungel*
h nach Verschlusslauten (z. b. *kh, ch, th*) ist hörbar, also *k-h* etc.
ṃ ist am Wortende und vor Lippenlaut (b, p etc.) **m**, sonst **n**.
Merke aber: ***aṃ*** *in saṃsāra wie* **an** *in Französisch chance*
ñ wie **nj** in *Tanja*
sh wie **sch** in *Schal*
y wie **j** in *Jäger*
Punkte unter den Mitlauten **t, th, d, dh, n** können für den Hausgebrauch unbeachtet bleiben (deuten Aussprache mit zurückgebogener Zunge an).

Zeitangaben für geschichtliche Ereignisse ohne Zusatz verstehen sich nach Beginn der christlich-westlichen Zeitrechnung:
1. Jh. = erstes Jahrhundert ›nach Christus‹.
Bei Daten davor ist die religiös neutrale Abkürzung v. u. Z. (›vor [dem Beginn] unserer Zeit[rechnung]‹) gewählt.
1. Jh. v. u. Z. = erstes Jahrhundert ›vor Christus‹.

Teil I

Der Buddha

Der ›Buddha‹ ist der ›Erwachte‹. Das Wort kommt aus der alten indischen Sprache, dem Sanskrit; *budh* bedeutet ›wach werden‹. Der historische Buddha wurde wach aus der tag-träumerischen Vernebelung, welche die Dinge an ihrer Oberfläche ernst nimmt. Diese Vernebelung verschleiert unseren Geist und verhindert, dass wir den Zustand höchsten Glücks erfahren. Buddha ist also kein Name, sondern ein Titel für jemanden, der aus all den täglichen Ego-Trips, Störgefühlen und Selbstsüchten erwacht ist und die Dinge so sieht, wie sie sind. Der Titel ›Buddha‹ deutet auf die volle Verwirklichung aller Möglichkeiten des Geistes hin. Und dieser Zustand ist ›Erwachen‹: Erleuchtung *(bodhi)* – zeitlose, höchste Freude, Wahrheit und Freude untrennbar.

Unter dem historischen Buddha begreift man den Prinzen Gautama Siddhārtha, der im 5. Jh. v. u. Z. in Nordindien zur Erleuchtung erwachte. Seine Lehre hat er in vier kurzen Gedanken zusammengefasst: Es gibt Leiden. Es gibt Ursachen des Leidens. Es gibt ein Ende des Leidens. Buddhas Lehre weist den Weg dahin. Diese Gedanken wurden dann die Vier Edlen Wahrheiten genannt. Sie bilden die Grundlage aller weiteren 84.000 Belehrungen und mit diesen Vier Wahrheiten lädt uns der Buddha ein: *Nichts habe ich zurückgehalten, nun kommt und seht selbst!*

Dies taten seine Schüler – unabhängig, kritisch und voll Freude. Ihre Erfahrungen formten die verschiedenen buddhistischen Schulen …

Beginnen wir also mit dem historischen Buddha und seiner Kultur: Das alte Indien.

Buddhas Kultur: Das alte Indien

Industal

Indien, Buddhas Heimat, ist ein uraltes Kulturland. Bereits zwischen 3000 und 1800 v. u. Z. blühte im Tal des Flusses Indus (heute: Pakistan und Nordostindien) eine eindrucksvolle Zivilisation mit großen Städten wie Harappa im Norden und Mohenjo-Daro im Süden. Die zeitgleichen großen Kulturen des Zweistromlandes (Sumer, Akkad, Elam) trieben regen Handel mit dieser ersten indischen Kultur. Dennoch wissen wir von der Industal-Gesellschaft immer noch vergleichsweise wenig, da es noch nicht gelungen ist, ihre Schrift zu entziffern. Interessante archäologische Funde wie Siegel, kleine weibliche Kultfiguren und vor allem große (rituelle?) Wasserbecken deuten auf reges religiöses Leben hin. Einige Gelehrte sehen Übereinstimmungen zwischen Abbildungen aus dem alten Industal und späteren hinduistischen Bildern und Mythen, besonders der heutigen südindischen, dunkelhäutigen Bevölkerungsgruppe, den Draviden. Andere behaupten eine (proto-)indo-europäische Herkunft der Industal-Kultur. Aber all dies ist noch ungeklärt.

Der Hinduismus und das Kastenwesen entstehen

Nicht allzu lang nach dem Niedergang der Industalkultur unterlag Nordindien eingreifenden Veränderungen. Ab 1600 v. u. Z. wanderten hellhäutige Stämme in Indien ein, die so genannten ›Indo-Arier‹, und unterwarfen langsam die einheimische Bevölkerung; ihre heiligen Gesänge, Gebete und Rituale bilden den Kern der ältesten Stufe des Hinduismus, der vedischen Religion. Diese Einwanderung ging in verschiedenen Wellen vor sich und einige Gelehrte denken selbst, dass die sich nun entwickelnde vedische Kultur weniger eine Einwanderungskultur darstellte, als vielmehr eine allmähliche Umformung der bestehenden Kultur. Das ist jedoch recht unwahrscheinlich, denn die Indo-Arier brachten einen Glauben und Brauchtum mit, der sich deutlich von der dravidischen Kultur unterscheidet: Im Gegensatz zu den Völkern, die sie unterwarfen, hatten bei ihnen nur die Männer das Sagen (›Patriarchat‹). Ihre Gesellschaft war kriegerisch und deutlich in drei Stände eingeteilt: Die Spezialisten des Kultes – die Priester, die

> Nach der Einwanderung der ›Indo-Arier‹: Ein strenges Standeswesen beherrscht die indische Gesellschaft.

Spezialisten des Krieges – die Ritter bzw. der Adel, und die Ernährer – die Bauern. Tagelöhner und Diener bildeten einen vierten Stand am Rande der Gesellschaft. Im Laufe der Jahrhunderte entwickelte sich so in Indien ein starres Gesellschaftssystem, das Kastenwesen, mit vier Hauptständen *(varṇa)* und darin ca. 2.000 Kasten *(jāti)* und 20.000 Unterkasten. Die Spezialisten des Kultes, die *Brāhmanen,* bildeten und bilden bis heute den höchsten Stand, gefolgt von den Kriegern, den *kshatriyas*, und den Bauern *(vaishyas)*. Diese drei oberen Stände bilden die ›Zweimal-Geborenen‹, denn sie unterziehen sich in der Jugend einem Übergangsritual, einer Neuen Geburt *(upanayana)*. Das unterscheidet sie von der Dienerklasse, den *shudras*, die in der Regel durch die Urbevölkerung gebildet wurde. Obwohl im modernen Indien das Kastenwesen offiziell abgeschafft ist, bestimmen die starren Standes- und Kastengesetze noch immer weitgehend den Alltag. Die Erfüllung der Standespflicht im Verlauf der verschiedenen Lebensabschnitte *(varṇāshrama-dharma)* gilt als religiöser Beitrag zur Erhaltung der Weltordnung. Und gleichzeitig hat der Protest gegen menschenverachtende Elemente dieser Gesellschaftsordnung immer wieder erstaunliche Geistesleistungen hervorgebracht, von den Wanderasketen der alten Zeit bis zu Mahātmā Gandhi. Auch Buddhas Lehre kann in diesem Licht betrachtet werden, tritt sie doch in deutlichen Widerspruch zum Kastenwesen!

Indiens heilige Schriften: Der Veda

Den ältesten Abschnitt des Hinduismus stellt die *Vedische Religion* dar. Ihr Name geht auf die heiligen Schriften des Hinduismus zurück, den *Veda*. *Veda* bedeutet ›Wissen‹; seine ältesten Texte stammen aus der Zeit der Indo-arischen Einwanderung, und der *Veda* entwickelte sich bis ungefähr 400 v. u. Z. Der *Veda* wird von allen Hindu-Schulen als Offenbarung und Autorität anerkannt, ganz gleich, ob seine Vorschriften und Gedankenwelt ins religiöse Leben umgesetzt werden (der vedische Opferritus selbst war und ist ohnehin nur dem höchsten Stand zugänglich) oder nicht. Neben den ältesten Ritualtexten, den ›Sammlungen‹, umfasst der *Veda* noch etwas jüngere mythische und spekulative Kommentartexte, die Brāhmaṇas (ab 900 v. u. Z.), und schließlich die mystisch-philosophischen Texte, die Upanishaden, mit denen der Veda abschließt.

Der Veda, die heiligen Schriften des Hinduismus

Saṃhitās *(Rigveda, Samāveda, Yajurveda, Atharvaveda)*	rituelle Sammlungen von Hymen, Opfergesänge, Opfersprüche und Magie	ca. 1200 v. u. Z.
Brāhmaṇas	mythologisch-spekulative Kommentare	⟨ 900 v. u. Z.
Āraṇyakas (›Waldtexte‹)	esoterische (geheime), mystische bzw. philosophische Texte	800-400 v. u. Z.
Upanishaden = *Vedānta*, ›Veda-Ende‹		

Was aber muss man sich unter diesen Schriften genauer vorstellen? Zwei Textproben aus dem Rig-Veda geben einen ersten Eindruck:

*1. Das vergöttlichte Opferfeuer (*Agni*) und der göttliche Rauschtrank (*Soma*) werden beim Opfer um Segen für das Vieh angerufen:*

Rig-Veda 1, 93, 11-12
Agni und Soma, seid zufrieden mit diesen dargebotenen Gaben und nähert euch beide uns! Agni und Soma, beschützt unsere Pferde und lasst unsere Kühe, die ja die Gaben hervorbringen, fett sein …

*2. Zur neuen Geburt der oberen drei Stände (*upanayana*) sprechen die jungen Eingeweihten das berühmte* Gāyatrī *Mantra 3 x 108 Mal:*

Rig-Veda 3, 62, 19

ॐ सवितुर् वरेण्यं भर्गो देवस्य धीमहि यो नः प्रचोदयात्

Om! Wir meditieren über den verehrungswürdigen Glanz des göttlichen Urgrunds allen Seins (= Sonne), dass er unseren Geist erleuchte!

Sprachen und Quellen

Die Sprache des Veda ist Sanskrit. Zu Buddhas Zeit war diese Sprache bereits nicht mehr im alltäglichen Gebrauch. Nur die Priester und die brahmanischen Philosophielehrer verwendeten Sanskrit und setzten sich so von den Nicht-Brahmanen ab. Der Buddha dagegen lehrte bewusst in der Sprache des Volkes, dem mittelindischen Dialekt von Magadha: Für ihn hatten Standes- und Bildungsgrenzen keine Bedeutung.

Da Buddhas Lehren zunächst nur mündlich weitergegeben wurden, ist in Buddhas eigenem Dialekt so gut wie kein Text erhalten geblieben. 200 bis 300 Jahre nach Buddhas Tod wurden seine Lehren aufgezeichnet – in verschiedenen mittelindischen Dialekten und auch in Sanskrit, um Buddhas Lehren gegenüber den brahmanischen Philosophen mehr Respekt zu geben. Der einzig vollständig in einer indischen Sprache erhaltene buddhistische Kanon gehört dem südlichen Buddhismus an, dem Theravāda. Wir werden diese Schule und ihren Kanon, den so genannten Pāli-Kanon, im zweiten Abschnitt dieses Buches ausführlicher behandeln. Für jetzt ist es gut, im Gedächtnis zu behalten, dass Buddhas Wort in verschiedenen Sprachen und Auslegungen vorliegt, von den indischen Quellen bis zu wichtigen Übersetzungen ins Chinesische, Tibetische und alten zentralasiatischen Sprachen wie dem Khotansakischen.

Der Buddha gab seine Belehrungen nicht in der Sprache der herrschenden Klasse, sondern in der Sprache des Volkes.

Vedische Religion: Ritual und Mystik

Buddhas Zeit, die spätvedische Zeit, war geprägt von der Spannung zwischen steifem Ritualismus und mystischer Suche. Der vedische Opferbrauch wurde durch bestimmte Priesterfamilien vollzogen, die ihre speziellen Aufgaben und Rituale eifersüchtig behüteten. Strenge Reinheitsgebote sorgten für eine strikte Stände- und Kastenscheidung. Im täglichen Ritual konnte ein winzig kleiner Fehler in der Aussprache oder Abfolge der Handlungen den Erfolg des Opfers gefährden und damit eine kosmische Katastrophe herbeiführen. Zur Zeit des Buddha hatte ein brahmanischer Philosoph begonnen, das Opferritual symbolisch zu deuten und entwickelte die mystischen Geheimlehren, die bis heute die Geisteswelt Indiens prägen: die Upanishaden. Die Lehre von Ursache und Wirkung *(karma)*, Wiedergeburt und Befreiung davon fand hier ihre klassische Ausprägung. Mit diesen ›geheimen Unterweisungen‹ endet der *Veda*, die heiligen Schriften des Hinduismus:

Eine berühmte Erzählung aus den Upanishaden *erklärt die mystische Einheit des Menschen mit dem Kosmos, die Identität der Seele (*ātman*) mit dem Absoluten (*brahman*).*

Chāndogya-Upanishad 6, 12
(Uddālaka Āruni zu seinem Sohn Shvetaketu)
»Bringe eine Frucht vom Feigenbaum hierher.« – »Hier, Ehrwürdiger.«
»Spalte sie.« – »Sie ist gespalten, Ehrwürdiger.«
»Was siehst du nun?« – »Es sind winzig kleine Kerne darin.«
»Spalte einen davon.« – »Er ist gespalten, Ehrwürdiger.«
»Was siehst du nun?« – »Nichts, Ehrwürdiger«
Da nun sprach er zu ihm:
»Mein Lieber, aus diesem Feinen, das du nicht gewahrst, entsteht der ganze große Feigenbaum. Vertraue mir, mein Lieber, aus diesem Feinen ist die ganze Welt. Das ist Wahrheit, das ist ātman (Seele)*, das bist Du.«*

Die Mystik der Upanishaden blieb Eingeweihten der höchsten Kasten vorbehalten. Die Kluft zwischen den Bedürfnissen der einfachen Menschen und den immer komplizierter werdenden Opferritualen wurde jedoch immer größer. Aus dieser Spannung werden einige Jahrhunderte später die großen Volksbewegungen des klassischen und mittelalterlichen Hinduismus hervorgehen, die Frömmigkeit und Hingabe zu Gott in vielen Gestalten (Shiva, Vishṇu, Shrī-Devī – Große Göttin) verkündigen.

Zur Zeit des Buddha suchten unabhängige Asketen fern der vedischen Rituale und außerhalb des Einflussbereiches der reichen Priester nach Sinn. Das Ziel ihre Suche nannten sie entweder ›Befreiung‹ (aus der Welt der Wiedergeburten und des Leidens: *saṃsāra*) oder positive ›Glückseligkeit‹ *(ānanda)*. Diese ›Wanderer‹ *(shramaṇas)* lebten außerhalb der starren Gesellschaftsordnung, erbettelten sich das wenige, was sie noch nötig hatten und übten oftmals strengste Askese. In diesem Umfeld bildete sich die radikale Erneuerungsbewegung des Jainismus unter Mahāvīra, der die Stände und Kasten ablehnt und harte Selbstüberwindung predigt. Die Wurzeln des hinduistischen Yoga mit Körper- und Atemübungen liegen in dieser Zeit. Und in diesem Umfeld bewegte sich auch Gautama Siddhārtha, der später der Buddha wurde, zu Beginn seiner Suche.

Gautama

Wann und wo der Buddha lebte

Gautama Siddhārtha, der mit 35 zum Buddha erwachen sollte, wurde vor ca. 2.500 Jahren als Prinz in der kleinen Adelsrepublik der Shākyas an der heutigen indisch-nepalesischen Grenze geboren. Um die genauen Lebensdaten dieses ›Weisen aus dem Geschlecht der Shākyas‹ (Shākyamuni) gibt es zur Zeit eine lebhafte Diskussion; 624–544 v. u. Z. wird in den meisten buddhistischen Ländern angenommen, viele westliche Forscher halten dagegen 566–486 v. u. Z. für die korrekte Datierung (korrigierte ›Lange Chronologie‹, in jüngster Zeit wurde selbst 448–368 v. u. Z. vorgeschlagen.

Lassen Sie sich dadurch nicht verwirren und merken Sie sich einfach, dass der Buddha im 5. Jh. v. u. Z. lebte.

! *Der Buddha lebte im 5. Jh. v. u. Z. in Nordindien*

Nordindien bildete in dieser Zeit kein geschlossenes Reich. Es gab größere und kleinere Königtümer, sowie halb-unabhängige Republiken mit verschiedenen Regierungssystemen. Buddhas Heimat, das kleine Reich der Shākyas, stand in einem Vasallenverhältnis zum mächtigen Königreich Koshala, welches damals weite Gebiete der Ebene nördlich des Ganges kontrollierte. Südöstlich davon erstreckte sich das große Königreich Magadha. In diesem weiten Gebiet – dem heutigen Nepal und den indischen Bundesstaaten Uttara Pradesh und Bihār – wirkte der Buddha nach seiner Erleuchtung als Wanderlehrer.

Buddhas Herkunft und Geburt

Buddhas Vater, Shuddhodana aus der Sippe der Gautama, war der gewählte Vorsitzende des Adelsrates der Shākyas in Kapilavastu (im heutigen Nepal). Er führt den Titel *rāja* (= König). Der kleine Siddhārtha war also ein Adliger und gehörte damit der Kaste der *kshatriyas* (Ritter) an. Seine Mutter war Shuddhodana's Kusine und Hauptgattin Mahā-Māyā, die ihn bei Lumbinī in Nepal gebar. Denn dem Brauch der damaligen Zeit folgend war Mahā-Māyā zur Geburt des Prinzen zu ihrer eigenen Mutter aufgebrochen; doch während der Reise setzten die Wehen ein, und so wurde der Bodhisattva (= Buddha vor seinem Erwachen) an einem Rastplatz in einem lieblich Hain von Shāla-Bäumen geboren. Eine Steinsäule des Maurya-Kaisers Ashoka bezeichnete bereits 245 v. u. Z. diesen denkwürdigen Ort und noch heute pilgern zahllose Buddhisten aus aller Welt dorthin.

Natürlich ranken sich um die Geburt des Buddha viele Legenden. So soll der Bodhisattva seine künftige Mutter selbst von seiner himmlischen Zwischenstation *Tushita* ›Glücksruhe‹ aus erkoren haben und im Traum in der Gestalt eines weißen Elefanten in ihren Schoß eingedrungen sein. Die Schwangerschaft und Geburt soll sich ohne Unpässlichkeiten und Schmerzen vollzogen haben. Mit vollem Bewusstsein und ohne die Schmerzen des Mutterschoßes trat der Bodhisattva aus der rechten Seite hervor, der Götterkönig Brahmā nahm ihn ehrfürchtig in Empfang und hüllte ihn in himmlische Gewänder. Die Schlangenkönige Nanda und Upananda badeten den Neugeborenen …

Mönche meditieren unter einem Shālabaum am Geburtsort des Buddha, Lumbinī (Abbildung 1)

Vertiefung: *Was ist wahr? Glaube gegen Erfahrung*

An dieser Stelle können wir bereits etwas begreifen, was im Buddhismus sehr wichtig ist. Denn bei all diesen frommen Erzählungen handelt es sich nie um Lehrsätze, die wörtlich genommen werden müssen, wie es manchmal aus anderen Religionen bekannt ist (vergleichen Sie z. B. das römisch-katholische Dogma von der Jungfrauengeburt!). Märchenhafte Erzählungen weisen auf innere Wahrheiten hin. Gehen wir noch einen Schritt weiter: Selbst die Lehren des Buddha gelten nur als wahr in einem vorläufigen Sinne: Sie sind Wegweiser, Mittel zum Ziel (Erleuchtung). Absolute Wahrheit liegt jenseits des Verstandes und des Glaubens, wird nicht begriffen oder geglaubt, sondern kann nur durch Erfahrung verwirklicht werden. Das unterscheidet den Buddhismus grundsätzlich z. B. von Christentum und Islam, die deutlich zwischen ›wahr‹ und ›falsch‹ auf der Ebene des Glaubens unterscheiden.

Der Legende nach starb die Mutter des künftigen Buddha bereits 7 Tage nach der Geburt. Ihre Schwester Mahāpajāpatī, die Nebenfrau des Königs, übernahm darauf die Rolle der Ziehmutter für Siddhārtha – sie sollte später als erste Frau vom Buddha in die Gemeinschaft aufgenommen werden.

Die Überlieferung will es, dass der künftige Buddha in großem Luxus am Königshof zu Kapilavastu aufwuchs. Tatsächlich beschreibt der Buddha in einer Predigt, die sicher eine spätere Zutat bildet (Anguttara-Nikāya 3, 38), sich selbst als äußerst zart und verwöhnt: Nur die feinsten Salben habe er genommen und nur die teuersten Gewänder getragen. Ein Diener habe bei jedem Ausflug mit einem großen Schirm die vornehme, blasse Hautfarbe vor den sengenden Strahlen der Sonne geschützt, drei Paläste habe er besessen, einen für jede Jahreszeit (Winter, Sommer und Monsun), und besonders in der Regenzeit seien Musik und Tänzerinnen seine vornehmliche Zerstreuung gewesen …

Inwieweit die späteren Texte (z. B. Lalitavistara 162-3), die den Reichtum am Hofe des Königs noch weiter ausmalen, die Lebensumstände des jungen Prinzen richtig beschreiben, ist schwerlich einzuschätzen. Doch scheint es unwahrscheinlich, dass der gewählte König eines kleinen, relativ armen Bauernstaates so viele Mittel zur Verfügung hatte. Zudem berichtet der Buddha selbst auch davon, wie sein Vater den Acker bestellte. Wenn es sich dabei nicht um rituelles Pflügen gehandelt haben sollte, wie einige Gelehrte annehmen, war dieses sicher nicht als königliche Aufgabe zu sehen! Aber Reichtum ist ja relativ. Jedenfalls litt der kleine Siddhārtha keinesfalls Not und hatte eine sorgenfreie Jugend.

Bei den Buddha-Darstellungen erinnern bis heute die langen, durchstochenen Ohrläppchen an die Zeit des Überflusses, als Siddhārtha so kostbaren und schweren Schmuck zu tragen pflegte.

Jugend und Familie

Doch trotz all seines Reichtums war der junge Siddhārtha nicht glücklich. Er entwickelte sich sehr zur Sorge seines Vaters zu einem nachdenklichen jungen Mann, der mehr über den Sinn des Lebens grübelte, als sich für Macht und Staatskunst zu interessieren. Die gesellschaftliche Pflicht gebot es dem jungen Adligen, früh zu heiraten und sich auf seine Pflichten im Staate vorzubereiten. Mit 16 Jahren heiratete Siddhārtha die gleichaltrige Gopā aus edlem Geschlecht. Ihr Name wird in verschiedenen Texten unterschiedlich angegeben (neben Gopā heißt auch sie Bhaddhakaccā, Yashodharā usw.), ihre Schönheit und Sittsamkeit werden jedoch einhellig betont. Nach den meisten Erzählungen (z. B. dem alten Mahāparinibbāna-Sutta D. 16) blieb Siddhārtha bis zu seinem 29. Lebensjahr mit seiner Frau zusammen, bis ihm ein Sohn geboren war: Rāhula, ›kleine Fessel‹.

Doch andere sehr alte Texte deuten darauf hin, dass der Prinz schon im Jugendalter Palast und Luxus hinter sich ließ:

›Zu einer Zeit, als ich noch ein Knabe war, ein Junge mit schwarzem Haar in der Blüte meiner Jugend, schor ich mir gegen den Willen von Vater und Mutter, ob-

wohl sie kläglich weinten, das Haar und den Bart, zog die gelben Gewänder über und zog aus dem Haus in die Hauslosigkeit‹.

(Majjhima-Nikāya 26 und 36)

Vom Asketen zum Erwachten

Als Anlass für den künftigen Buddha, sein bequemes Leben und die Familie zu verlassen, wird von Begegnungen berichtet, in denen der junge Siddhārtha die Vergänglichkeit menschlichen Glücks erfuhr.

Den Weisungen seines Vaters trotzend soll der Bodhisattva mit seinem treuen Kutscher Chandaka viermal aus seinem goldenen Käfig, der prächtigen Palastanlage, ins nahe gelegene Dorf gefahren sein. Hier stand er zum ersten Mal leibhaftig den unausweichlichen Bestandteilen jedes Lebens gegenüber: Alter, Krankheit und Tod. Bei der vierten dieser Ausfahrten begegnete Siddhārtha einem Asketen und erkannte in dessen Lebensweise und Heilsuche außerhalb der Gesellschaft seinen eigenen Weg: die Suche nach unbedingtem, zeitlosen Glück.

In dramatischer Weise erzählen die meisten späteren Texte von der heimlichen nächtlichen Flucht des künftigen Buddhas aus dem Westtor der Hauptstadt, nur in Begleitung seines treuen Dieners Chandaka und seines Pferdes Kaṇṭhaka. Zunächst führte ihn sein Weg nach Rājagr ha (›Königsheim‹) der Hauptstadt des Reiches Magadha: Der Siddhārtha suchte Lehrer: Gurus.

Auf der Suche nach Lehrern

In zwei Pāli-Texten, Lehrreden aus der ›Mittleren Sammlung‹ (M. 26 und 36), finden wir einen kurzen Bericht des Buddha über seine Zeit der Suche. Demnach begab er sich zunächst zu einem bekannten Meister, Āḷāra (Ārāḍa) Kālāma. Dieser war ein berühmter Meditationslehrer und praktizierte wahrscheinlich eine frühe Form des *Yoga*. ›Yoga‹ meint ›Joch, Anspannen‹, und steht für jedes ganzheitliche Meditationssystem. In seiner klassischen Form aber, wie sie die Yoga-Sūtren des Patañjali beschreiben, bezeichnet *Yoga* eine der Sechs Schulen *(darshana)* der indischen Philosophie. Das Ziel des Yoga ist es, die geistigen Vorgänge *(cittavritti)* zum Stillstand *(nirodha)* zu bringen. Von Āḷāra Kālāma wurde berichtet, er könne sich so auf seine inneren Vorgänge konzentrieren, dass er, obwohl hellwach, nichts mehr von der Außenwelt wahrnehme. Siddhārtha wurde sein Schüler und lernte alles, was Āl āra ihn lehren konnte, bis dass der Meister ihn als ebenbürtig anerkennen musste und ihm die Mitleitung seiner Schule anbot. Doch Siddhārtha war um eine Hoffnung ärmer. Der *Yoga* Āḷāra's brachte ihn nicht zur gesuchten Erlösung, sondern lediglich in den ›Bereich des Nichts‹: Er stumpfte nur ab. Und Siddhārtha zog enttäuscht weiter.

Sein nächster Lehrer wurde Udraka Rāmaputra, der eine Meditationsmethode lehrte, die er von seinem Vater Rāma übernommen hatte. Ihr Ziel war der ›Bereich, in dem es weder Wahrnehmung noch Nicht-Wahrnehmung gibt‹. Bei Udraka lernte der junge Wanderasket wahrscheinlich die mystischen Geheimlehren *(Upanishaden)* kennen, die bereits erwähnt wurden: In ihnen wird gelehrt, dass das höchste, unvergängliche Absolute *(brahman)* in allen Erscheinungen vorhanden und letztlich mit der Einzelseele *(ātman)* identisch sei. Buddha wird sich später von diesen Vorstellungen absetzen, besonders mit seiner Lehre vom Nicht-Ich *(an-ātman)*, doch davon soll später die Rede sein.

Siddhārtha meistert die wichtigsten Heils- und Meditationslehren seiner Zeit; dennoch bleibt er unbefriedigt auf der Suche.

Jedenfalls wendete sich Siddhārtha auch von Udraka ab, obwohl er in kürzester Zeit die gleiche Stufe der Vollkommenheit wie Udrakas Vater Rāma erreicht hatte. Er war sogar so weit gekommen, dass auch Udraka ihn bat, die Schulleitung zu übernehmen. Aber die Weisheit der Geheimlehren hatte sein Verlangen nach Erlösung nicht stillen können. Wieder enttäuscht beschloss er, den Weg zur Befreiung ohne Lehrer zu suchen. In einem anmutigen Waldgebiet bei der Sol-

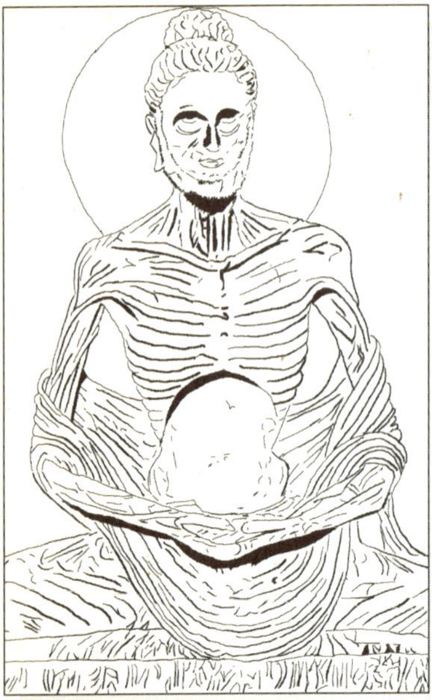

Buddha als ausgemergelter Asket. Zeichnung nach einem Standbild aus Gandhāra.

datensiedlung Urubilvā südlich der Hauptstadt des Königreiches Magadha schlug er sein Lager auf. In dieser Gegend, am Fluss Nairañjanā, sollte er die nächsten sechs Jahre bleiben.

Askese

Siddhārtha war zu der Überzeugung gelangt, dass er alleine finden musste, was er suchte. Er probierte in den folgenden Jahren alle erdenklichen Meditationsmethoden und asketischen Übungen aus.

Erst versuchte er im ununterbrochenen inneren Gedankengespräch, die Lösung zu seinen Fragen zu finden. Doch bald musste er einsehen, dass der Verstand zwar bezwungen werden, nicht aber auf Kommando sinnvolle Antworten hervorbringen kann. Dann praktizierte Siddhārtha so strenge Atemkontrolle, dass er furchtbare Kopfschmerzen bekam und seine inneren Organe beschädigte. Darauf wandte er sich anderen extremen Fastenübungen und Selbstkasteiungen zu. Er aß nur noch einmal in der Woche eine hohle Hand voll vegetarischer Speisen oder ausschließlich das, was er in der Wildnis vorfand; er meditierte nackt stundenlang in der glühenden Sonne, stand tagelang auf einem Bein und schlief auf Dornen oder auf Leichenfeldern. Bald glich er einem grauen Gespenst, das von den Kindern verhöhnt und mit Unrat beworfen wurde.

Die strenge Unmenschlichkeit seiner Askese zog ihm dagegen die Bewunderung anderer Heilsucher zu. Besonders fünf andere Asketen aus seinem Heimatland hielten sich schließlich immer in seiner Nähe auf, in der Hoffnung, Siddhārtha fände die Wahrheit und könnte sie lehren. Die Pāli-Texte geben ihnen die Namen Koṇḍañña, Bhaddiya, Vappa, Mahānāma und Assaji. Sie stammten alle, im Gegensatz zu Gautama, aus der Kaste der Brahmanen. Ihnen sollte der Buddha nach seiner Erleuchtung seine erste Predigt halten.

Gescheitert?

Nach sechs Jahren der Hungeraskese reifte in Siddhārtha die Einsicht, dass das Abtöten des Körpers den Geist nicht befreit. Er erkannte, dass der Geist nur Ruhe finden kann, wenn die Basisbedürfnisse des Körpers befriedigt sind. Darum beendete er die Selbstmarterung. Er stieg zum Fluss herunter, wusch sich und trank; von zwei Dorfmädchen nahm er eine Schale Milchreis an. So begann er wieder regelmäßig, Nahrung zu sich zu nehmen und sich zu versorgen. Voller Enttäuschung und Abscheu wandten sich die fünf Mitsucher von ihm ab: ›Siddhārtha hat versagt‹, dachten sie, ›er hat sich und uns und seine Berufung verraten‹. Und sie zogen fort in das Königreich Koshala, in die Gegend der Pilgerstadt Vārāṇasī, dem heutigen Benares.

Der Erwachte

Siddhārtha verließ den Urwald und zog ein paar Kilometer weiter ins freie Feld. An dem Ort, wo er sich den Bart schor und die Haare schnitt, steht heute ein großer Tempel für den Gott Vishnu: Hindus verehren Buddha als Niederkunft *(avatāra)* dieses Gottes, und Hindus und Buddhisten pilgern friedlich gemeinsam zu diesem besonderen Ort.

Siddhārtha zog weiter zu jener Stelle unter einem Pappelfeigenbaum im heutigen Bodh-Gayā, an der er zur Erleuchtung erwachen sollte. Ein Nachkömmling dieses ›Bodhi-Baumes‹ steht hier noch immer, im heutigen Bodh-Gayā. Pilger aller buddhistischen Schulen kommen jedes Jahr zu Tausenden an diesen heiligen Ort.

Mahābodhi-Pagode in Bodh-Gayā, dem Ort der Erleuchtung (Abbildung 2)

Den Legenden zur Folge wiesen die Götter dem Buddha jubelnd den Weg, alle Bäume am Straßenrand verneigten sich vor ihm, ja selbst die Berge in der Ferne senkten in Ehrfurcht ihre schneebedeckten Gipfel vor ihm. Hier, an dem Platz, den Buddhisten ehrfurchtsvoll den ›Diamantthron‹ nennen, fasst er einen furchtbaren Entschluss: ›Nicht werde ich weichen von diesem Ort – und möge auch mein Körper verfaulen! – bis ich nicht Erleuchtung erlangt habe.‹

In der folgenden – in manchen Traditionen der siebten – Nacht, einer Vollmondnacht im Frühling, entfernte Siddhārtha alle Schleier der Unwissenheit und des Anhaftens und erwachte zum Buddha. Seine Anhänger nennen ihn darum *Jina*, Sieger. Buddhas Überwindung von Verwirrung, Begierde und Tod wird in den Legenden bildhaft durch den Angriff des Todes- und Begierdengottes Māra auf den Meditierenden dargestellt. Dieser soll mit seinen Heerscharen versucht haben, die Erleuchtung zu vereiteln, aber weder ein gewaltiger Wirbelwind noch eine gigantische Regenwolke, aus der es spitze Steine und Kohlen, erstickenden Sand und Schlamm regnete, nutzten. Auch die Versuchung in der Form himmlischer Wunschmädchen hatte keinen Effekt. Zuletzt zweifelte Māra die Verdienste des Buddha aus früheren Leben an und verlangte Zeugen von ihm. Der aber berührte mit seiner Rechten die Erde und rief die Erdgöttin Bhūmī selbst zur Zeugin für seine Tugenden an, die auch prompt erschien und ihm huldigte. Bis heute ist dies eine der beliebtesten Darstellungen des Buddha Shākyamuni.

Der Ablauf der Nacht des Erwachens wird in den verschiedenen Schulen des Buddhismus unterschiedlich gedeutet. All diese Erklärungen sind gleichermaßen bildhaft und wahr: Sie deuten auf eine Umwandlung jenseits des Bereiches der Sprache hin. Nach der Tradition des südlichen Buddhismus (Hīnayāna, Theravāda vgl. unten, Kapitel II) durchlief der Buddha in jener Vollmondnacht die vier verschiedenen Stufen »tiefer Vertiefung« *(dhyāna)*, bis zu dem Zustand, an dem die Versenkung völlig rein in Gleichmut und Achtsamkeit erfahren wird. In der ›großen Lehrrede für Saccaka‹ (Pāli-Kanon, *Majjhima-Nikāya* 36) berichtet der Buddha dann weiter von seinem fortschreitendem Erwachen über den ganzen Zeitraum der drei ›Nachtwachen‹ (jeweils drei Stunden) dieser Nacht: Er erkannte seine früheren Geburten, durchlotete das Gesetz von Ursache und Wirkung und gelangte schließlich zur Erkenntnis der Vier Edlen Wahrheiten vom Leiden und dessen Aufhebung und zum völligen Erwachen. Nach den Lehren des ›Großen Fahrzeuges‹ des nördlichen und östlichen Buddhismus *(Mahāyāna* vgl. unten, Kapitel III) erzeugte der Buddha in der Meditation den Kraftkreis der fünf Meditationsbuddhas, die für die Umwandlung der fünf Störgefühle Verwirrung, Hass, Stolz, Begierde und Eifersucht in Weisheit stehen.

Der ›Diamantthron‹ (Sitz der Erleuchtung) in Bodh-Gayā (Abbildung 3)

Nach den Lehren des tantrischen Buddhismus *(Vajrayāna* vgl. unten, Kapitel IV) nahm Buddha Shākyamuni in der Meditation eine sehr besondere Lichtform an und erfuhr Erleuchtung durch das kreisende Strömen der weiblichen und männlichen Energien in der Vereinigung mit der weiblichen Weisheitskraftform aller Erleuchteten (der *Sarvabuddhaḍākinī*).

Der Lehrer

Zweifel?

Buddhas Erleuchtung geschah an seinem 35. Geburtstag. Die restlichen 45 Jahre seines Lebens sollte er damit verbringen, all den verschiedenen Menschen mit ihren persönlichen Bedürfnissen und Möglichkeiten den Weg zum zeitlosen, höchsten Glück zu weisen.

Thangka (tibetisches Rollbild): Shākyamuni (Abbildung 4)

Doch unmittelbar nach seiner Erleuchtung ließ sich der Buddha noch sechs Wochen Zeit, bevor er begann zu lehren. Zu genau wusste er, dass jede in menschlicher Sprache und in menschlichen Begriffen gegebene Beschreibung zu kurz greifen würde. Darum würde man später sagen: ›*Nichts hat der Erhabene seit seiner Erleuchtung gelehrt*‹ (Lankāvatāra-Sūtra 7). Andererseits erkannte der Buddha voll Mitgefühl, wie nötig es sei, den Menschen einen Wegweiser zum Heil aufzustellen, ihnen ein Floß zu schnüren, auf dem sie sicher über den reißenden Strom des Kreislaufs der Wiedergeburten ans Ufer des Nirvāṇa gelangen könnten. Einmal dort angelangt, würden seine Lehren ihren Sinn im absoluten Sinn der Erleuchtung verlieren. Der Legende zufolge war es der Hochgott Brahmā, der den Buddha unter inständigem Flehen und Bitten davon überzeugte, den *dharma* (Gesetz, Lehre, Wahrheit) zu predigen. Als die Götter mit ihren Bitten und Flehen schließlich Erfolg hatten und der Buddha sich bereit erklärte, die Lehre zu verkündigen – ›das Rad der Lehre zu drehen‹, zog er von Urubilvā nach Sārnāth bei Vārāṇasī (Benares): Denn dort hielten sich seine fünf ehemaligen Weggefährten nun auf …

Fünf erste Schüler

Die Ankunft des Buddha im Wildpark Ṛṣipatana bei den fünf Asketen scheint recht kühl gewesen zu sein. Nur seine ungewöhnliche Ausstrahlung bewegte die fünf dazu, ihn überhaupt zu grüßen. Doch bald waren die fünf überzeugt, dass Siddhārtha eine entscheidende Verwandlung durchgemacht hatte. Der Buddha begann seine Erklärungen dann auch zunächst mit der Darlegung eines goldenen Mittelweges zwischen Askese und Luxus:

Sārnāth, der Ort der ersten Belehrung (Abbildung 5)

›Auf folgende zwei Extreme darf ein Weltentsager nicht verfallen. Auf welche beiden nicht?
Einerseits Hingabe an sinnliche Lust in Lustwallungen. Das ist nämlich vulgär, ordinär, niedrig, unedel und führt zu nichts.
Andererseits Hingabe an selbstmarternde Askese.
Das ist nämlich qualvoll, unedel und führt zu nichts.
Nachdem der Erhabene diese beiden Extreme überwunden hat, ist er zur Weisheit des mittleren Weges erwacht, der

die Augen öffnet und Wissen erzeugt, zur Beruhigung, zum Verstehen, zum Erwachen und zum Verlöschen führt.‹

(Mahāvagga 1, 6, 17 = Saṃyutta-Nikāya 56, 11, 5)

Danach lehrte der Buddha die Vier Edlen Wahrheiten und ›drehte‹ damit zum ersten Mal am ›Rad der Lehre‹. Wir werden uns ausführlicher in Kapitel II mit den Lehren der ›ersten Umdrehung‹ beschäftigen. Halten wir nun zunächst fest, dass Buddhas Lehre offensichtlich großen Eindruck machte: Obwohl die fünf anfänglich nur skeptisch zuhörten, waren sie bald vollständig gewonnen. Das liegt auch an der großen Freiheit, die Buddhas Lehre seinen Anhängern lässt: Der Buddha wollte nie Gläubige und blinde Gefolgsleute; er wollte Menschen ermutigen, selbst Erfahrungen zu machen. Mit den Worten:

›Komm, Mönch! Wohl geoffenbart ist die Lehre, führe nun ein fleckenloses Leben! Gebiete Einhalt dem Leiden!‹

lud der Buddha seine ersten Jünger ein, ihm zu folgen.

Die frühe Gemeinde

Buddhas sechster Schüler wurde kurz darauf ein reicher Jüngling namens Yasha, der, wie der Buddha selbst, allen Luxus hinter sich ließ. Die Gefolgschaft des Buddha wuchs dann rasch. Unter den ersten Anhängern waren der große Asket Kāshyapa, der später das erste Konzil zusammenrief (siehe Kapitel III) und der alternde König Bimbisāra von Magadha, der später von seinem Sohn Ajātashatru ermordet werden sollte. Von Bimbisāra erhielt der Buddha den Bambushain nahe der Hauptstadt Rājagriha zur Nutzung und hier gewann der Buddha seine beiden Hauptjünger: Den Philosophen Shāriputra und Maudgalyāna, Meister der Meditation. Beide sollte der Buddha überleben. Neben König Bimbisāra von Maghada zählte auch König Pasenadi von Koshala zu Buddhas eifrigen Förderern. Jīvika, der Leibarzt des Königs Bimbisāra,

Einflussreiche und reiche Förderer helfen beim Aufbau der Gemeinde.

übernahm die ärztliche Versorgung des Ordens, und der Kaufmann und Bankier Anāthapiṇḍika stellte dem Buddha in Koshalas Hauptstadt Shrāvastī einen Park zur Verfügung, den ›Hain des Prinzen Jeta‹ (*jetavana*). Auf diesem Gelände entstand das erste buddhistische Kloster, und hier verbrachte der Erhabene viele Regenzeiten, auch die letzten 18 vor seinem Tod. Bald schon reiste der Buddha in seine Heimatstadt und gewann die Unterstützung seiner Familie; die alten Texte schmücken diese Reise mit allerlei Wundergeschichten aus. In Kapilavastu nahm der Buddha seine beiden Vetter Ānanda und Devadatta als Schüler an. Beide sind wichtige Gestalten der frühen Gemeinde: Denn Devadatta versucht später, die Gemeinschaft zu spalten und wird in späteren Texten zu einer teufelsgleichen Verrätergestalt, die selbst mehrfach Anschläge auf das Leben des Buddha unternimmt. Ānanda dagegen versorgt den Buddha in den letzten 20 Jahren seines Lebens als Leibdiener. Er war es, der mit seinem großartigen Gedächtnis jedes Lehrwort des Erhabenen bewahrte und dann nach dem Tod des Buddha auf dem ersten Konzil vortrug (siehe Kapitel II).

Der Orden

Die besondere Lebenspraxis und Meditationslehre des Erleuchteten führten fast zwangsläufig zur Gründung eines Mönchsordens. Der Buddha selbst sah die Gründung des Ordens nicht grundsätzlich. Nach seiner Erleuchtung war er ein Macher, ein ›Heilspragmatiker‹, geworden. Es war nicht sein Hauptanliegen, die Gesellschaft zu verändern, auch wenn er sich mit seiner Ablehnung des Kastenwesens schon weit genug vorgewagt hatte. In den Umständen, die er vorfand, versuchte er, für seine Anhänger möglichst ideale Bedingungen zur Erlösung zu schaffen. Einen Orden von Wandermönchen (und später: Nonnen) zu gründen, war damals die beste Lösung. Und den Laien oblag dann die Sorge für das Wohl der Mönche. Dadurch sammelten sie gute karmische Verdienste an.

Im zweiten Kapitel werden wir näher auf das Leben von Mönchen und Laien in der frühen Gemeinde und im heutigen Theravāda-Buddhismus eingehen.

Wunder und Pilgerorte

Sucht man heute in Indien und Nepal nach den Spuren des historischen Buddhas, beginnt man unweigerlich mit den ›Vier große Pilgerorten‹:

1. Buddhas Geburtsort Lumbinī in Nepal.
2. Der Ort der Erleuchtung am Ufer des Nairañjanā-Flusses, Bodh-Gayā.
3. Die Stelle der ersten Predigt im heutigen Sārnāth bei Benares.
4. Kushinagara, der Ort, an dem der Buddha mit 80 Jahren in das ›Große vollständige Verlöschen‹ einging (siehe unten).

Gegend um Rājagriha (Abbildung 6)

Unternimmt man aber eine traditionelle buddhistische Pilgerreise, so sind vier weitere Stellen im heutigen Indien wichtig. Sie liegen fast alle abseits der großen Touristenroute und werden mit tiefen Belehrungen und phantastischen Wundererzählungen verbunden:

5. Rājagriha.

Magadhas alte Hauptstadt liegt nun unter dem Urwald in einem der ärmsten und gefährlichsten Gebiete Indiens. Die Geierspitze ist der Ort zahlreicher Belehrungen, besonders der über Leerheit und Weisheit (siehe Kapitel III). Devadatta, der Verräter, soll hier einen trunkenen Elefanten auf den Buddha gehetzt haben. Der Buddha aber zähmte ihn durch die bloße Kraft seiner Güte. Nach dem Tod des Buddha wurde hier das erste Konzil (siehe Kapitel II) abgehalten.

Urwald und Geierspitze (Abbildung 7)

6. Der *Jetavana* in Koshalas alte Hauptstadt Shrāvastī.

Buddhas bevorzugter Aufenthaltsort während der Regenzeit war der Schauplatz großer Wunder, als der Buddha einen Streit zwischen den Shākyas und den Koliyas schlichtete; im folgenden Jahr besiegte der Buddha hier die Schulhäupter von sechs Irrlehren dadurch, dass er eine Pestepidemie zum Einhalt brachte. Heute sind beachtliche archäologische Funde dort zu sehen. Besonders eindrucksvoll ist dabei die Höhle des Mörders Angulimāla: Dieser war in den Bann eines schwarzmagischen Kultes geraten und hatte geschworen, 1.000 Menschen rituell zu ermorden. 999 hatte er bereits umgebracht, als letzter war seine Mutter bestimmt. Der Buddha konnte ihn von seinem unheilvollen Tun abbringen; trotz der Schwere seiner Schuld machte Angulimāla auf dem Weg zur Erleuchtung große Fortschritte.

Vaishālī, Ashoka-Stūpa (Abbildung 8)

7. Sāṃkāshya.

Hier soll der Buddha aus dem so genannten »Himmel der 33 Götter« auf der Spitze des Weltenberges Meru wieder hinabgestiegen sein, nachdem er dort seiner Mutter das Gesetz gepredigt hatte.

8. Vaishālī, nördlich von Patna.

Hier wollte niemand den Buddha bewirten; der örtliche Affenkönig aber brachte ihm Honig. Heute bezeichnet noch eine gut erhaltene

Stūpa (Reliquienturm) aus der Zeit des Maurya-Kaisers Ashoka diesen Ort.

Legenden

Zwölf Taten

In späterer Zeit ranken sich zahlreiche Legenden um das Leben des Buddha Shākyamuni. Besonders die nördliche Tradition malt sein Leben mit fantastischen Details aus. Dichter wie Ashvaghosha (2. Jh.) gossen seine Taten in gelehrte Sanskritverse und auch die Literaturen der nicht-indischen Buddhisten z. B. Chinas, Tibets und der Mongolei sind reich an solch frommen Dichtungen. Wahrscheinlich um das 6. Jh. entwickelte sich ein Zwölfer-Kanon der bedeutenden Taten des Buddha. Es handelt sich dabei um das Gerüst einer spirituellen Biographie, wobei es weniger um Buddha als Person, als vielmehr um das Programm ›Erleuchtung‹ geht:

1. Aufenthalt des künftigen Buddhas im *Tushita*-Himmel
2. Empfängnis
3. Geburt
4. Jugend
5. Hochzeit
6. Weltentsagung
7. Askese
8. Meditation unter dem Erleuchtungsbaum
9. Sieg über Māra
10. Vollkommene Erleuchtung
11. Das ›Drehen des Rades der Lehre‹
12. Eintritt ins *Mahāparinirvāṇa*.

Ein frühes Zeugnis gibt der *Lalitavistara*, die ›ausführliche Schilderung des Spiels [seines Lebens]‹. Dieser in einem schwierigen Gemisch aus Sanskrit und Mittelindisch (»Buddhistisches Hybrides Sanskrit«) geschriebene Text schildert als erster elf der klassischen zwölf Taten zusammen, nur die letzte, das ›Große Verlöschen‹, wird – bewusst? – durch einen Lobpreis und Wunschgebet ersetzt. Nichtsdestoweniger nennt sich der Text z. B. in seiner mongolischen Übersetzung schlicht »Die zwölf Taten des Buddha«.

Frühere Leben

Bevor Gautama Siddhārtha, der spätere Buddha, geboren wurde, durchlebte er zahllose Wiedergeburten, in denen er große Verdienste ansammelte. Die Vorgeburtslegenden *(jātakas)* erzählen davon. Ihr Erzählgut stammt häufig aus der gemein-indischen Märchen- und Fabelwelt, die wir z. B. durch Sammlungen wie den *Pañcatantra* und den *Hitopadesha* kennen. Einige dieser Wandermotive gelangten über die Griechen selbst in die europäische Literatur.

Viele Legenden ranken sich um die früheren Leben des Buddha. Sie lehren buddhistische Tugenden in märchenhafter Form.

Häufig behandelt eine Legende vor allem eine besondere Tugend (wie Freigebigkeit, Geduld, oder Mitgefühl), die der zukünftige Buddha darin zur Vollkommenheit bringt. Diese ›buddhistischen Märchen‹ erfreuen sich in allen Schulen großer Beliebtheit.

Im Pāli-Kanon des Theravāda (siehe Kapitel II) stehen allein 547 *jātakās*, in denen die früheren Wiedergeburten des Buddha erzählt werden – vom Brahmanen Sumedha, der vor dem Urzeitbuddha Dīpankara das Gelübde zum Erlangen der Erleuchtung ablegt, bis hin zu Vessantara, der in seiner unübertrefflichen Großzügigkeit selbst Frau und Kinder verschenkt.

Vorzeitbuddhas

Die meisten buddhistischen Traditionen betonen, dass der historische Buddha nicht der einzige Buddha war. Dies ist ein Erbe der indischen Weltsicht: Der Kosmos entsteht in großen, zyklischen Abschnitten *(kalpas)* immer neu und vergeht dann wieder. Buddhas, Erleuchtete, erscheinen in großen, zyklischen Abständen in der Welt, jeder unabhängig vom anderen, aber doch nach dem immer gleichen Muster der zwölf Taten: Geburt, Jugend, Auszug in die Hauslosigkeit, Erleuchtung und Verkündigung wiederholen sich stets neu, nach einigen Texten sogar immer an denselben Orten und unter denselben Umständen!

Manche Texte sprechen von sechs Buddhas dieser Weltperiode, beginnend mit Buddha Vipashyin. Andere sprechen von 15 oder 24 Vorzeitbuddhas. Der erste Buddha heißt dann Dīpankara. Buddha Shākyamuni gilt lediglich als Buddha unseres gegenwärtigen Zeitalters. In einem kommenden Weltzeitalter, in ca. 30.000 Jahren, wird dann ein Buddha namens Maitreya (Pāli: Metteyya), ›der Liebevolle‹, erscheinen und den *dharma*, das Gesetz, lehren. Dieser Zukunftsbuddha weilt nun noch unter dem Namen Nātha im Himmel ›Glückruhe‹ *(Tushita)*.

Buddha Shākyamuni ist der historische Buddha unseres Zeitalters.

In späteren Traditionen wird gerne von den ›Buddhas der Drei Zeiten‹ gesprochen. Damit sind dann alle Buddhas der Vergangenheit, Gegenwart und Zukunft gemeint. Zeit wird somit eine fließende Einheit, die Anwesenheit eines Buddhas ein einigendes Band.

Auch wird in diesen Traditionen von den *Tathāgatas* (Buddhas) der 10 Richtungen gesprochen. Nach indischen Spekulationen existieren unzählige parallele Welten in den ›10 Richtungen‹, d. h. Westen, Süden, Osten, Norden, vier Zwischenhimmelsrichtungen (Südwesten etc.) und oben und unten. Die Lage unserer Welt wird dabei unterschiedlich angegeben.

Kehren wir nun zum historischen Buddha Shākyamuni und seinem Vermächtnis zurück!

Mahāparinirvāṇa, das ›Große Verlöschen‹

Es scheint so, als ob der Buddha schläft. Er liegt in der »Löwenstellung«: Auf der rechten Seite mit dem linken Arm auf seinem Körper, sein Haupt auf seiner Rechten gestützt, wobei die Finger nach tantrischer Lehre wichtige Energiepunkte berühren.

Die ›schlafenden Buddhas‹ Süd- und Ostasiens, jene häufig mehr als 10 Meter langen Steinskulpturen, stellen in Wirklichkeit den ›Großen Heimgang des Erhabenen‹ dar, seinen endgültigen Sieg über Wiedergeburt und Leid, sein großes, völliges Verlöschen *(mahāparinirvāṇa)*.

Kushinagara, der Ort des Mahāparinirvāṇa (Abbildung 9)

Wie aber stirbt ein Erleuchteter?

›Eberweich‹

In dem kleinen Ort Pāpā (Pāli: Pāvā) bot der Goldschmied Cunda dem inzwischen 80jährigen Buddha ein Mahl an: ›Eberweich‹ (*shūkara-mārdara*, Pāli: *sūkara-maddava*). Um diesem glühenden Laienanhänger nicht die Gelegenheit zu nehmen, gute Verdienste zu sammeln, nahm der Buddha das Gericht an, obgleich er um dessen krank machenden Inhalt wusste. Er bat Cunda lediglich, es den anderen Mönchen nicht vorzusetzen. Kurz darauf bekam der Erhabene die Ruhr *(Dysenterie)*, eine bösartige Krankheit mit hohem Fieber und blutigem Durchfall, die auch heute noch besonders in den Tropen verbreitet ist. Dies leitete das endgültige Verwehen *(Mahāparinirvāṇa)* des Buddha ein.

Man ist sich bis heute nicht sicher, was man sich unter ›Eberweich‹ vorzustellen hat. Lange Zeit dachte man an eine bestimmte Sorte Pilze oder Trüffel, und besonders unter den Gelehrten des südlichen Buddhismus ist diese Deutung verbreitet: Hier lebt man als Buddhist streng vegetarisch. Nun ist es aber eine Tatsache, dass der Buddha zwar kein Freund von Fleisch oder Fisch war, seinen Mönchen aber nur dann verbot, tierische Kost anzunehmen, wenn diese extra für sie geschlachtet und zubereitet worden war. Wenn man so will, waren die Urbuddhisten also ›passive Vegetarier‹, und das gilt wahrscheinlich auch für den Buddha selbst. Es ist darum auch einleuchtend, wenn man in dem Mahl, das dem irdischen Leben des Buddha ein Ende setzen sollte, eine Art Schweineragout sieht: Der Gründer der größten Vegetarierbewegung starb ausgerechnet an einem Fleischeintopf …

Trotz seiner schweren Erkrankung sorgte der Buddha dafür, dass seinen Gastherrn nicht der Zorn der Gemeinde traf. Cunda hatte es schließlich nur gut gemeint.

Erheblich geschwächt setzte der Buddha, von Ānanda gestützt, seine Wanderschaft fort. Wenige Meilen weiter bettete er sich am Rande der Stadt Kushinagara (Pāli: Kusināra) in einem Hain von Shāla-Bäumen. An solch einem Shāla-Baum hatte sich seine Mutter Māyā festgehalten, als sie ihn, wie damals üblich, im Stehen gebar. Nun sollte so ein Baum das Vergehen seines menschlichen Körpers beschatten.

Die Nachricht vom Sterben des Buddha verbreitete sich wie ein Lauffeuer. Die Mallas, der Adel der nahe gelegenen Stadt, Hauptort einer kleinen Stammesrepublik unter der Oberherrschaft des Königs von Koshala, statteten dem dahinschwindenen Schuloberhaupt ihre Respektbesuche ab, bis Ānanda niemanden mehr vorließ. Ein Bettelmönch namens Subhadra, der bereits 120 Jahre alt war, sollte der letzte sein, den der Buddha belehrte und in seinen Orden aufnahm.

Die letzten Worte

Vor seinem Tod wandte sich der Buddha an Ānanda: »Nichts habe ich zurückgehalten, meine Lehre wird euch leiten. Gibt es noch Fragen, ist noch etwas undeutlich geblieben?« Manche Quellen werfen Ānanda vor, er hätte bei dieser Gelegenheit den Buddha bitten müssen, noch länger am Leben zu bleiben. Doch Ānanda verneinte wahrheitsgemäß – nach 45 Jahren war der *dharma* vollständig verkündet.

Der Erhabene ermahnte dann seine Gemeinde »Überprüft alles für Euch selbst! Glaubt nichts, nur weil ich es gesagt habe!« und fuhr dann fort: »Wenn einer so spräche: ›Der Buddha lebt nach dem Tode weiter‹, oder auch so: ›Der Buddha existiert nach dem Tode nicht mehr‹, in beidem würde er Unrecht haben. Jenseits von Existenz und Nicht-Existenz, jenseits von ›Sowohl existiert er als auch nicht‹ und ›Weder existiert er noch nicht‹ ist der Buddha. Der Buddha ist der Pfadvollender, der Heilige, der vollkommen Erwachte, der nun ins *Parinirvāṇa* eingeht.«

Als alle zum Zeichen des Einverständnisses schwiegen, sprach der Buddha seine letzten Worte:

›Mönche, wohlan! Ich ermahne euch eindringlich:
Die karmischen Gestaltungskräfte sind der Vergänglichkeit unterworfen!
Bemüht euch voll Eifer!‹

(Mahāparinibbāna-Sutta D. 16, 6, 7)

Nach diesen Worten trat der Erhabene in tiefe Versenkung ein. Er durchlief alle Bereiche der Meditation, wie so oft. Nur diesmal kehrte sein Bewusstsein nicht mehr zurück. Nach der letzten Stufe trat er in die ›Große Befreiung‹, ins endgültige Nirvāṇa ein. Ein Meer von Blüten regnete auf den Verstorbenen nieder. Der Buddha war tot.

Die karmischen Gestaltungkräfte *(saṃskāra*, Pāli: *sankhāra*), von denen der sterbende Buddha sprach, werden uns im zweiten Kapitel im Zusammenhang mit der »Kette des Bedingten Entstehens« begegnen. Sie bilden nach der Unwissenheit das zweite Glied dieser Bedingungsreihe. Diese Kräfte, auch ›Karmafaktoren‹ genannt, stehen hinter jedem Wollen von Handeln, Sprache und Geist, welches sich in heilsamem oder unheilsamem Karma niederschlägt. Die Gestaltungskräfte bilden so den ›Motor‹ des Kreislaufs der Wiedergeburten *(saṃsāra)*. Allgemein kann ›Gestaltungskraft‹ *(saṃskāra)* auch alles, was in der bedingten Welt auftritt, bezeichnen. Der Buddha ermutigt seine Anhänger also in seiner letzten Stunde, nicht zu verzweifeln angesichts der übermächtig scheinenden Gewalt des Karmas. Alles Bedingte ist endlich, die Welt des Leidens hat ein Ende. Darum sollen seine Schüler mit vollem Einsatz nach Befreiung streben. ›*Bemüht euch voll Eifer!*‹. Das sind seine letzten Worte. Sie kennzeichnen den Buddhismus in seinem Unterschied zu den großen Glaubens- und Gesetzesreligionen des Westens. Die Lehre Buddhas ist in erster Linie Praxis, gelebter Heilsweg, nicht geglaubte Wahrheit! Man kann jahrelang buddhistische Philosophie studieren, ohne Buddhist zu sein. Buddhist wird man dadurch, dass man seine Zuflucht zu Buddha, seiner Lehre und der Gemeinde nimmt und sich dann auf dem steinigen Weg zur Erleuchtung abmüht. Hass, Verblendung und Begehren, die Wurzeln des Leidens, können nur im alltäglichen Leben besiegt werden, nicht hinter dicken Buchdeckeln.

Die Reliquien

Nach der Einäscherung des Buddha bei Kushinagara kamen Vertreter der Länder, in denen der Erhabene gewirkt hatte, und forderten einen Teil der Gebeine des Erhabenen als Reliquien. Das war die Geburtsstunde der Stūpas (Pāli: *thūpa*). Ihre ursprüngliche Gestalt ist einem Grabhügel nachempfunden, wie man deutlich an dem Stūpa von Vaishālī (siehe Abbildung 8) erkennen kann. Im 9. Jh. entwickelte sich aus der ursprünglichen Form der Stūpa die Pagode, wie sie noch heute das Bild besonders Südostasiens prägt. Im indo-tibetischen Raum haben Stūpas als Kraftorte besondere Bedeutung. Sie enthalten neben Reliquien auch Schriften (Buddhas Lehren) und bildhafte Darstellungen des Buddha, meist in Form von unzähligen *tsatsas*, gesegneten Tonbildern. Im Bauplan eines Stūpa findet sich der ganze Kosmos angedeutet, der durch den Buddha bzw. seine Lehre durchdrungen und aufgehoben wird: Auf einem quadratischen Fundament, welches das Element Erde symbolisiert, erhebt sich ein rundlich-ovaler Bauteil (für das Element Wasser), der die eigentlichen Reliquien umfasst; nach 13 Stufen der Erleuchtung (Feuer) folgt ein Schirm (Luft), über dem Sonne und Mond dargestellt sind

(Raum); Zielpunkt des Gebäudes bildet eine Flamme auf der Spitze, welche für die Leere steht, die wahre Natur allen Seins, das Absolute.

Zum Zeichen der Verehrung umrundet man einen Stūpa stets im Uhrzeigersinn, so dass die rechte Schulter den Reliquien zugewandt ist.

Verehrung

Während sich somit unmittelbar nach Shākyamunis Tod eine auffällige Form der buddhistischen Frömmigkeit entwickelte, die sehr großen Einfluss auf die Baukunst Asiens hatte, stellte die Verehrung des verloschenen Buddhas die buddhistischen Denker vor ein großes Problem. Was genau war der Buddha? Ein Mensch? Ein Gott oder Übermensch? Existierte er nach seinem Tod weiter? Was für ein Wesen ist ein Buddha? Gott war auszuschließen. Wie gesehen spielen Götter im Buddhismus für die spirituelle Entwicklung der Menschen keine Rolle. War der Buddha einfach ein Mensch? Noch zu Lebzeiten hatte der Erhabene deutlich gemacht, dass keine Einteilung auf ihn zutreffe. Der Buddha ist ein Buddha. Ein Erleuchteter, der aus dem Strom des Leidens befreit ist. Und weil sein Nirvāṇa so vollkommen ist, steht es jenseits der Vorstellung von ›existent‹ und ›nicht existent‹. Der Buddha ist also ein Wesen für sich.

Boudha-Stūpa (Abbildung 10)

Welchen Sinn macht es dann aber, den Buddha nach seinem Eintritt ins Große Verlöschen *(Mahāparinirvāṇa)* zu verehren? Wir müssen uns bewusst machen, dass in einer illusionsgleichen Welt jeder seine eigene Wirklichkeit erschafft. Die symbolische Handlung bewirkt somit eine innere Veränderung. Der Sinn der Reliquienverehrung liegt demnach nicht im äußeren Akt, sondern in der inneren Einstellung. Wer sich verehrend für den Buddha öffnet, erwirbt unermessliche Tugendverdienste. Anders gesagt: Wer den Buddha ehrt, arbeitet an sich selbst, auf dem Weg aus der Verblendung zur Erleuchtung.

Vermächtnis: Das Floß der Lehre

In den folgenden Kapiteln werden wir die verschiedenen Belehrungen des Buddha und ihre Entwicklung in den großen Strömungen des Buddhismus näher vorstellen. Der Praxisweg der buddhistischen Lehre, die der Buddha vollständig weitergegeben und letztlich zu seinem Nachfolger bestimmt hatte, umfasst nach tibetischer Tradition 84.000 verschiedene Unterweisungen: Der Buddha ging nämlich jeweils auf die persönlichen Interessen und Bedürfnisse der Menschen, die ihn um Rat fragten, ein. Darum existieren bis heute auch so viele verschiedene buddhistische Schulen und Wege. Obwohl sie teilweise sehr unterschiedliche Ansätze lehren, empfinden sie sich nicht als Konkurrenten, sondern erkennen sich gegenseitig an. Denn, auch wenn man als Einzelner den Berg zur Erleuchtung nur jeweils auf einem Pfad besteigen kann, so führen doch viele von Buddha gelehrte Wege zum Ziel der Bergspitze.

Doch wie sind die Belehrungen zu verwenden? Wie gezeigt, handelt es sich nicht um starre Glaubenssysteme mit Geboten und offenbarten absoluten Wahrheiten! Der *dharma* gleicht einem Floß, das die Menschen sicher ans andere Ufer des *saṃsāra*, des Kreislaufes der Wiedergeburten, bringt.

Das Floß ist gut gebaut, trefflich gefügt,
hinüber zum Ziele bringt es durch die Flut.
Dort angelangt – lässt man's zurück. (Sutta-nipāta 21)

In seiner berühmten Lehrrede vom Floß (Nr. 22 in der Mittleren Sammlung des Pāli-Kanons) beendet der Buddha sein Gleichnis so:

Wenn ihr das Gleichnis vom Floß recht begreift, müsst ihr auf die Dauer selbst die guten Lehren aufgeben, aber zuerst natürlich die falschen.

Vom Standpunkt der Erleuchtung aus gesehen ist also selbst Buddhas Lehre nicht endgültig, sondern nur ein taugliches Mittel, das zur letzten Wahrheit führt. Dieser Gedanke macht den Buddhismus einmalig unter allen Religionen.

Teil II

Hīnayāna: Die erste Umdrehung des Rades der Lehre

In diesem Kapitel wollen wir die Lehren des Buddha und des frühen Buddhismus vor allem nach der Tradition des südlichen Buddhismus (im heutigen Sri Lanka, Myanmar/Burma, Thailand, Laos, Kambodscha) kennen lernen. Es handelt sich um die so genannte »erste Umdrehung des Rades« der Lehre. Die Einteilung der buddhistischen Schulen nach Umdrehungen des Lehrrades geht auf frühe Lehrschriften der nördlichen Tradition zurück, die Dreiteilung findet sich zuerst in dem *Saṃdhinirmocana-Sūtra* (2. Jh.), einem frühen Text der idealistischen buddhistischen Philosophie.

Nach der tibetischen Einteilung setzt sich die erste Umdrehung vor allem mit Ursache und Wirkung *(karma)* auseinander. Die Einteilung nach Typen von Belehrungen ist für die lebendige Tradition des südlichen Buddhismus keinesfalls ausreichend, wie unsere Darstellung des modernen Buddhismus Süd(ost)asiens später zeigen wird.

Auch die Bezeichnung Hīnayāna ist problematisch, da sie ein Werturteil beinhaltet: »Geringerer Weg« oder »Geringeres Fahrzeug« – im Gegensatz zu Mahāyāna, dem »Großen Weg« des nördlichen Buddhismus, den wir im dritten Kapitel vorstellen. *Hīnayāna* wird dennoch in der Wissenschaft als Überbegriff für die alten, Nicht-Mahāyāna-Schulen verwendet. Die Selbstbezeichnung Theravāda, »Schule der Älteren«, bezieht sich nur auf den einzig überlebenden Zweig dieser Strömung.

Manche Forscher umgehen das Problem dadurch, dass sie von Pāli-Buddhismus sprechen und sich somit auf die heiligen Schriften des Theravāda in der Pāli-Sprache beziehen. Diese bewahren teilweise die ursprüngliche Buddhalehre *(dharma)* sehr gut, gleichzeitig zeigen sie aber auch deutlich eine geschichtliche Weiterentwicklung und Neuakzentuierung. Andere sprechen vom Nikāya-Buddhismus, dem Buddhismus, der nur die im Pāli-Kanon enthaltenen Lehrreden als echt akzeptiert. Dieses beinhaltet aber erneut ähnliche Probleme.

Frühbuddhistische Lehren

Im letzten Kapitel haben wir das Leben des Buddha, des Erwachten, kennen gelernt und sind dabei auch kurz auf sein geistesgeschichtliches Umfeld – das alte Indien im 6./5. Jahrhundert v. u. Z. – eingegangen.

Tatsächlich können wir das Neue und Aufregende von Buddhas Belehrungen nur vor diesem Hintergrund begreifen.

Fassen wir noch einmal zusammen:

- Indien im 5. Jh. v. u. Z. ist gekennzeichnet durch eine starre Klassengesellschaft.
- Die Geltung der heiligen vedischen Schriften und die Autorität der brahmanischen Priester prägen das religiöse Leben.
- Das spröde vedische Opfer ist das zentrale Ritual; spätvedische Schriften deuten dieses Opfer mystisch.
- Die Upanishaden – Geheimlehren dieser Zeit – lehren die Einheit der unsterblichen Seele (*ātman*, Selbst) mit dem kosmischen Absoluten (*brahman*, Weltseele).
- Wanderasketen bilden eine spirituelle Reformbewegung; radikale Askese wird als Weg zur Befreiung des *ātman* (Selbst) aus dem Gefängnis des Körpers gesehen.
- Materialisten *(Lokāyatas)* predigen dagegen Sinnenlust; sie verneinen jede spirituelle Wirklichkeit, Wiedergeburt und ein Weiterleben nach dem Tod.

In der Legende von Prinz Siddhārtha, dem zukünftigen Erwachten, haben wir dieses materialistische Extrem kennengelernt. Der junge Adlige wuchs in Luxus und Sinnesfreuden auf. Auch dem anderen Extrem sind wir in seinem Leben begegnet – selbstzerstörerischer Askese, Ausmergelung bis auf Haut und Knochen, unmenschliche, selbstverachtende Kasteiungen als Sinnsuche. Hinter beiden Polen steht eine allgemein-menschliche Spannung, die Schiller 1786 so trefflich in seinem Gedicht *Resignation* beschrieb:

Zwei Blumen blühen für den weisen Finder,
Sie heißen Hoffnung und Genuss.
Wer dieser Blumen **eine** *brach,*
begehre die andre Schwester nicht.
Genieße, wer nicht glauben kann.
Die Lehre ist ewig wie die Welt.
Wer glauben kann, entbehre.

Wie wir gesehen haben, formulierte der Buddha dagegen in seiner ersten Predigt von Benares seine Lehre als mittleren Weg zwischen materialistischem Sinnesgenuss und asketischer Selbstzerstörung in der Hoffnung auf Erlösung: *›Auf folgende zwei Extreme darf ein Weltentsager nicht verfallen … Hingabe an sinnliche Lust … Hingabe an selbstmarternde Askese.‹ (siehe Kapitel I)*

Im Anschluss daran verkündet der Buddha seine grundlegende Lehre – er setzt zum ersten Mal das »Rad der Lehre« *(dharma-cakra)* in Bewegung:

Die ›Vier Edlen Wahrheiten‹

- *Dieses ist die erste Edle Wahrheit:* **Das Leiden**.
  Geburt ist Leiden; Alter ist Leiden; Krankheit ist Leiden; Sterben ist Leiden; Trauer, Jammer, Schmerz, Aufwallung und Beunruhigung bedeuten Leiden; Abwesenheit von Ersehntem und Anwesenheit von Verhasstem bedeutet Leiden. Kurz: Die formenden Kräfte des Daseins sind Leiden.
- *Dieses ist die zweite Edle Wahrheit:* **Das Entstehen des Leidens**.
  Die Begierde ist es, gepaart mit Vergnügen und Lust, immer auf der Suche nach Befriedigung, das in immer neue Wiedergeburten zwingt: die sexuelle Begierde, die Begierde zu leben und die Begierde nach Lebensvernichtung.
- *Dieses ist die dritte Edle Wahrheit:* **Die Vernichtung des Leidens**.
  Die vollständige Vernichtung, Auflösung, Aufhebung, Ablehnung, Abkoppelung und das Ablegen dieser Begierde.
- *Dieses ist die vierte Edle Wahrheit:* **Der Weg zur Vernichtung des Leidens.**
  Der Edle Achtfache Weg ist es: Rechte Anschauung, rechter Beschluss, rechte Rede, rechtes Handeln, rechter Lebenserwerb, rechte Anstrengung, rechte Aufmerksamkeit, rechte Versenkung.

(Mahāvagga 1, 6, 19-22 = Saṃyutta-Nikāya 56, 11, 6-8)

Wir sehen den Buddha hier wie einen Arzt vorgehen: Er beschreibt einen Krankheitszustand (die *Pathologie:* Leiden), erstellt eine *Diagnose* (›Durst‹ = Begierde), nennt den *Idealzustand* (Freisein von Leiden) und schreibt eine *Kur* vor (den Achtgliedrigen Pfad).

Leiden

Wenden wir uns zunächst Buddhas Beschreibung der Krankheit zu. Der verwendete indische Begriff, *duḥkha* in Sanskrit, *dukkha* in Pāli, wird traditionell mit ›Leiden‹ übersetzt. Das hat zu dem Trugschluss geführt, Buddhas Lebenseinstellung sei sehr pessimistisch. Aber der Buddha verwendet den Begriff *duḥkha* ohne irgendwelche Sentimentalität. Manche Gelehrten übersetzen das Wort dann auch mit dem Eigenschaftswort »unbefriedigend«.

Die Erste Edle Wahrheit sagt also vor allem aus, dass das Leben unbefriedigend ist. Es gibt keine bleibende Freude, keine dauerhafte Erfahrung von Erfüllung, bevor Befreiung und Erleuchtung erreicht sind. Angenehme Eindrücke wechseln mit unangenehmen, und solange wir die Dinge nicht so sehen können, wie sie wirklich sind, sind wir einer emotionalen Achterbahn von Hochs und Tiefs unterlegen und schaffen mal Glück, mal Leid für uns selbst und andere. Nur Erleuchtung ist zeitlose, höchste Freude …

Exkurs: Gute Schöpfung – schlechter Mensch?

Erlauben Sie mir an dieser Stelle einen kurzen Einschub. Im Dialog der Religionen begegne ich häufig irrigen Auffassungen zur ersten Wahrheit vom Leiden. Aufgrund verkürzter Formulierung wie »Leben ist Leiden« oder sogar das verfälschende »alles ist Leiden« unterstellen besonders christliche Gesprächspartner und Autoren dem Buddhismus immer wieder ein sehr negatives Weltbild: Buddhisten verschließen angeblich die Augen vor der Schönheit der »guten Schöpfung«. Nun, zunächst glauben Buddhisten nicht an Schöpfung und einen Schöpfergott. Ein Blick auf die Welt, wie die meisten füh-

> Der Buddha lehrt nicht, dass »alles Leiden« ist, sondern, dass Erleuchtung zeitlose, höchste Freude ist.

lenden Wesen sie erleben, zeigt zweitens, dass sie weit von gut und schön entfernt ist; es ist schwer einzusehen, wie Christen das Argument »einer guten Schöpfung« angesichts unendlicher Qual zahlloser Lebewesen (nicht nur Menschen!) aufrechterhalten können: Dieses scheint im System der »Schöpfung« angelegt sein – die christliche Sichtweise von der Freiheit des Menschen zum Bösen erklärt keinesfalls die egoistischen, zerstörerischen *Tendenzen* in jedem Menschen, geschweige denn das methodische Leid im Kreislauf von »Fressen und Gefressen werden« innerhalb der Tierwelt. Ein wirklich guter Schöpfergott hätte sicherlich menschliche Freiheit auch ohne ein System von Grausamkeiten der »Geschöpfe« untereinander schaffen können.

Die buddhistische Sicht der Dinge ist nicht pessimistisch, sondern realistisch. Menschen sind nicht schlechte Akteure in einer guten Welt. Menschen sind verwirrt – nicht böse (Diese Erkenntnis teilt der Buddha mit dem griechischen Philosophen Sokrates.). Es geht darum im Buddhismus auch nicht um *Erlösung* – auch wenn dieses Missverständnis seit den Schriften des Religionssoziologen Max Weber durch die wissenschaftliche Literatur geistert. Keine Sünde schreit nach Vergebung wie im Christentum. Im Buddhismus geht es um spirituelles Wachstum und innere Verwandlung, um Überwindung von Begierde und tiefer und aktiver Unwissenheit, die zu immer neuem Leiden führt. Doch mehr dazu später.

> Menschen handeln verwirrt, nicht »böse«. Es geht nicht um Sündenvergebung und Erlösung, sondern um spirituelles Wachstum.

Begierde

Die zweite Wahrheit enthält die Diagnose: Der unbefriedigende Zustand unseres Daseins entsteht durch Begierde. Der indische Begriff (*trishṇā*, Pāli *taṇhā*) bedeutet wörtlich »Durst« – also eine körperlich empfundene, unausweichliche Gier. Der Buddha veranschaulicht dieses am Beispiel sexuellen Begehrens, der Gier (lange und gut) zu leben und dem gegenübergestellten Verlangen nach Vernichtung des (eigenen) Lebens *(vibhava)*. Die Deutung besonders des letzten Beispiels macht Schwierigkeiten. Offensichtlich zielen Lust und Lebensgier auf die Materialisten hin. Sind mit Selbstvernichtung dann die extremen Asketen in Buddhas Zeit gemeint? Das scheint einleuchtend, aber man muss bedenken, dass es diesen Asketen ja gerade nicht um Selbstvernichtung, sondern um Befreiung des Selbst vom Körper ging. Eine Möglichkeit ist es, den Begriff *vibhava* auf die Lehre der Materialisten vom »Ganztod« zu beziehen: Seele und Körper sind eins, nach diesem Leben kommt nichts mehr. Diese Lehre hat auch zur Folge, dass man in diesem Leben an keine unabhängigen sittlichen Regeln gebunden ist. Wer egoistisch sorgenfrei leben will, empfindet vollständige Vernichtung nach dem Tod selbst als erstrebenswert, da sonst die Folgen des angerichteten Leidens im nächsten Leben reifen. Für mich scheint diese Deutung plausibel. Eine andere Möglichkeit liegt in der hier ungewöhnlichen Übersetzung des Begriffes mit ›Reichtum‹: Sex, langes Leben und Reichtum fassen in der Tat die Lebensideale vieler Egoisten zusammen.

Vernichtung des Leidens

Interessanterweise spricht der Buddha von seinem Ideal überraschend zurückhaltend: Er formuliert es als Vernichtung *(nirodha)* des unerwünschten Zustandes. In anderen Zusammenhängen spricht der Buddha vom Ziel seines Weges als *Nirvāṇa*, »Verlöschen, Verwehen«. Dieser Begriff ist bildhaft zu verstehen: eine Kerze, die verlöscht. In Fragen, die das Jenseits betreffen (Metaphysik) wählt der Buddha also »negative« Beschreibungen, Ausdrücke, die nur sagen, was etwas nicht ist, aber keine »positive« Schilderung geben. Das ist Absicht. Buddhas Lehre hält als Mittelweg ja nicht nur Abstand zum plumpen Materialismus, sondern auch zu den Jenseits-Spekulationen der *Upanishaden* und Asketen.

Zugleich weist diese sprachliche Eigentümlichkeit auf einen zentralen Punkt in Buddhas Belehrungen hin: Eigene Erfahrung und Verwandlung sind wichtiger als schlichte Glaubensvorstellungen. Diese Vernichtung des Leidens ist wirkliche Möglichkeit, es steht jedem offen, sie in Buddhas Nachfolge zu verwirklichen. Buddha will uns gerade nicht einfach nur informieren, wie die Dinge letztendlich wirklich sind; er zeigt uns den Weg, dieses selbst zu entdecken!

Der Pfad

Der Buddha spricht von seiner Lehre, dem *dharma*, als Weg oder Pfad *(mārga)*. Noch einmal wird Buddhas konkretes, auf das Hier und Jetzt bezogene Anliegen deutlich: Was er verkündet, ist kein Katechismus, den man auswendig lernen muss, sondern eine praktische Anleitung zu dauerhaftem Glück.

Der Edle Achtgliedrige Pfad *(Ārya-aṣṭāṃgika-mārga)* beinhaltet eine Stufenschau heilsamen Verhaltens auf dem Weg zur Erleuchtung:

<table>
<tr><td>1. Rechte Anschauung (Pāli sammā-diṭṭhi)</td><td rowspan="2">Einsicht, Weisheit
(prajñā, P. paññā)</td></tr>
<tr><td>2. Rechter Beschluss (sammā-saṃkappa)</td></tr>
<tr><td>3. Rechte Rede (sammā-vācā)</td><td rowspan="3">Sittlichkeit, Ethik
(shīla, P. sīla)</td></tr>
<tr><td>4. Rechtes Handeln (sammā-kammanta)</td></tr>
<tr><td>5. Rechter Lebenserwerb (sammā-ājiva)</td></tr>
<tr><td>6. Rechte Anstrengung (sammā-vāyāma)</td><td rowspan="3">Versenkung,
Meditation
(samādhi)</td></tr>
<tr><td>7. Rechte Achtsamkeit (sammā-sati)</td></tr>
<tr><td>8. Rechte Versenkung (sammā-samādhi)</td></tr>
</table>

Die ersten beiden Glieder liegen auf der Ebene der Einsicht: es geht um die Erkenntnis (1.), dass die Lehren des Buddha frei machen, und den Willen (2.), diese Lehren zu befolgen.

Das 3.–5. Glied umfasst das Gebiet der Sittlichkeit oder Ethik. Dabei ist entscheidend, keinem fühlenden Wesen Leiden zuzufügen, weder mit Wort (3.) noch Tat (4.) oder durch die Art und Weise, wie wir unseren Lebensunterhalt verdienen (5.): Buddhisten vermeiden Lügen und verletzende Worte, sie lassen sich nicht durch z. B. Zorn zu »schädlichen« Handlungen verleiten und arbeiten auch selten z. B. in einer Schlachterei.

Die letzten drei Glieder beziehen sich auf das Gebiet der Meditationspraxis: Eifer, Ausdauer und Regelmäßigkeit (6.) sind für die buddhistische Meditation ebenso erforderlich wie Konzentration und die richtige Methode (7.) und der rechte, vertiefte Meditationsvorgang selbst (8.).

Wie dieser Pfad im Einzelnen sich im Alltag der Laien und Mönche gestaltet, werden wir später hören.

Die Vier Edlen Wahrheiten bilden das Zentrum der frühbuddhistischen Lehre. Einige weitere Kerngedanken wollen wir im Folgenden noch betrachten, um das Bild zu vervollständigen. Den Satz vom Leiden und seiner Ursache können wir ohne die indische Vorstellung von *karma* (Ursache und Wirkung) und dem Kreislauf der Wiedergeburten *(saṃsāra)* nicht vollständig begreifen. Auch tauchen in diesem Zusammenhang noch die Fragen »Was ist der Mensch?«, »Was ist das Ich?« auf, die durch den Buddhismus überraschend und komplex beantwortet werden. Denn dieses führt zu den Meisterstücken buddhistischen Denkens, der einzigartigen buddhistischen Psychologie und »Epistemologie« (Frage nach den Grundlagen von Wissen, Erkenntnis und Einsicht).

Schließlich wollen wir die Vernichtung des Leidens im Nirvāṇa genauer unter die Lupe nehmen.

Zunächst aber zu Ursache und Wirkung und dem Kreislauf der Wiedergeburten.

Karma und Saṃsāra

Karma (Pāli *kamma*) ist der indische Begriff für »Tat«. Es geht also um keinen mysteriösen Vorgang von Schicksal oder Vorsehung, sondern nur darum, was wir tun – genauer: was wir denken, reden und tun. Karma ist ein Naturgesetz: Ursache und Wirkung …

Im Buddhismus geht man davon aus, das alles, was wir tun, sagen und denken, unausweichliche Folgen hat, heilsame *(kushala)*, unheilsame *(akushala)* oder neutrale *(avyākrita)*; die Art und Weise, wie wir mit diesen Folgen umgehen, ergibt dann neue Ursachen, die erneut Folgen haben usw.; alles, was geschieht, ist so bedingt und bedingend. *Karma* bezeichnet neben der Gesetzmäßigkeit auch den einzelnen Eindruck im Bewusstsein, der sich in vergangenen, gegenwärtigen oder zukünftigen Bedingungen ausdrückt. Die Folgen unseres Tuns enden demnach nicht mit unserem Tod. Die Geschichten, die wir in diesem Leben nicht zu Ende bringen, setzen sich nach unserem Tod fort, im Bösen wie im Guten. Wie in einer Kettenreaktion folgt so Wiedergeburt auf Wiedergeburt, die eine bedingt durch die andere. Dies ist der Kreislauf der Wiedergeburten, der »Zustand des Wanderns«: *Saṃsāra.*

Karma und Sünde

Die Idee von *karma* im Buddhismus erklärt den Zustand unseres Erlebens nach rein naturgegegebenen Grundsätzen. Kein moralischer Zeigefinger ist nötig. Buddhisten wissen: Wenn ich hasse, verursache ich viele leidvolle Wahrnehmungen bei mir selbst und anderen. Wenn ich liebe, erzeuge ich viele Glücksmomente. Es ist also keine Frage von Moral, von Sünde oder Schuld, sondern eine Frage der Einsicht, der Weisheit, wenn wir nicht hassen, sondern lieben. Zudem meint *karma,* dass nichts zufällig geschieht, alles hat seinen Sinn, d.h. eine Ursache. Wer wir sind, welche Fähigkeiten und Begrenzungen wir haben, was uns widerfährt – das alles ist letztlich Ausdruck unserer vergangenen Entscheidungen.

Karma ist eine Naturgesetzlichkeit: Ursache und Folge.

Karma und Zufall

Karma ist das Gegenteil von ›Zufall‹. Wir erleben die Konsequenzen unseres früheren Handelns. Natürlich lässt es sich auf den ersten Blick viel leichter leben, wenn es eine übernatürliche Macht gibt, die uns bestimmt, etwas wie ›Schicksal‹ oder auch ›Gott‹. Man atmet schwerer unter der Last der eigenen Verantwortung. Vor allem aber atmet man freier: Echte Freiheit besteht erst da, wo wir die Folgen unserer Entscheidungen selbst tragen müssen. Das ist Karma. Dabei gilt dieses nicht nur für unheilsame Handlungen. Wenn wir das Gesetz von Ursache und Wirkung richtig begreifen, werden wir uns bewusst, dass wir nun – hier und jetzt – eine kostbare Möglichkeit haben, unendlich viel Gutes zu tun. Heute säen wir die Samen für unsere Zukunft. Darum sind Buddhisten auch nicht so sehr an ihren früheren Wiedergeburten interessiert. Wichtiger ist ihnen die Frage, welche Möglichkeiten sie jetzt haben, um zum Wohle der Wesen zu wirken. Nicht was wir waren oder sind ist wichtig, sondern was wir sein wollen und werden. Das Ziel zählt: Erleuchtung.

Saṃsāra und das ›Rad der Existenzen‹

Kehren wir noch einmal zum *saṃsāra* zurück, in die Welt, wie wir sie im unerleuchteten Zustand erleben. Dass diese Welt grundsätzlich aber eine Illusion *(māyā)* ist, ist ein allgemein östlicher Gedanke, den der Buddhismus mit den mystischen Formen des Hinduismus und dem chinesischen Taoismus (besonders bei Lieh-tzu) teilt. Im Pāli *Dhammapada* (171. 174-5) lesen wir z. B.:

Wohlan, betrachtet diese Welt
wie einen Königswagen, so glänzend schön!
Hier kleben die Törichten an,
doch keine Haftung hält die Wissenden!

Verblendend-blind ist diese Welt,
kaum einer, der sie recht durchschaut.
So, wie ein Vogel, netz-befreit,
zum Himmel fliegt, sind wen'ge frei.

Wildgänse Sonnenpfade zieh'n,
den Luftraum befliegen Zauberer,
Die Weisen aber verlassen die Welt:
Den Tod samt seiner Schar besiegten sie.

Doch für uns ›Törichte‹ ist *Saṃsāra* unangenehm wirklich …

Die Welt der Erscheinungen und Wiedergeburten wird traditionell-folkloristisch in fünf oder manchmal sechs Wiedergeburtszustände *(gati)* eingeteilt, die aus der allgemein-indischen »Kosmologie«

(Lehre vom Aufbau der Welt) stammen. Die indo-tibetischen Abbildungen des Rades der Existenzen *(bhavacakra)* stellen sie besonders eindrucksvoll dar:

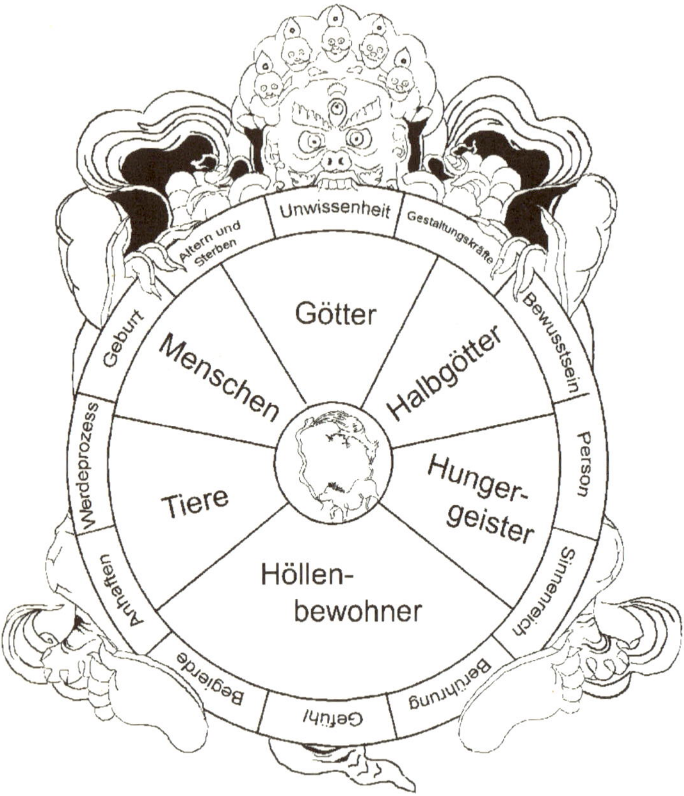

Bhavacakra © Patrick de Vries

Die *bhavacakra*-Abbildungen gehen angeblich auf eine Vision von Buddhas Meisterschüler Maudgalyāna zurück. In der Mitte sehen wir die drei ›Wurzeln des Unheilsamen‹ *(akushala-mūla)*, also die drei schwierigen emotionalen Zustände Verwirrtheit (oder Dummheit), Gier und Hass symbolisch als Schwein, Hahn und Schlange abgebildet. Sie beißen einander in den Schwanz und drehen so das Rad der

Existenzen. Im Hauptkreis werden die bereits angesprochenen fünf (sechs) Wiedergeburtsreiche abgebildet:

- Oben sind die Götter. Götter sind im Buddhismus lediglich besonders mächtige, lange und glücklich lebende Wesen, die letztendlich auch wieder sterben und durch ihr Karma in neue, niedrigere Existenzen gezwungen würden. Sie spielen für die Lehre und Spiritualität keine Rolle. Psychologisch gedeutet ist das Götterreich die Welt des Genusses in der Verblendung: die Welt der Reichen und Mächtigen.

Dann folgen:

- das Reich der so genannten Halbgötter *(asura)*, die Welt der Macht- und Streitlustigen;
- das Menschenreich oder die Welt des Stolzes; das Tierreich oder die Welt der Verwirrung;
- das Reich der Hungergeister *(pretas)* oder das Reich zwanghafter Gedanken (Neurosen);
- das Höllenreich oder die Welt tiefer Wahnzustände (Paranoia, Schizophrenie).

Am äußersten Rand finden sich die zwölf Glieder des bedingten Entstehens, die wir später genauer betrachten werden.

Yama, der Herr des Todes *(gshin rje)*, hat das ganze Rad fest in seinem Klauen.

An dieser Stelle ist es wichtig festzuhalten, dass Wiedergeburt im Buddhismus nicht Seelenwanderung im Sinne einer Fortsetzung individueller Personen meint. Die lebendigen Darstellungen der Wiedergeburtsreiche schildern letztlich nicht individuelle Schicksale, sondern die psychische Bandbreite verwirrten Erlebens. Hier unterscheiden sich Hinduismus und Buddhismus deutlich. Wiedergeburt ist im Buddhismus lediglich »Wieder-Entstehen«, das Fortsetzen von Ursache und Wirkung, in einer Kette von Bedingungen, die als persönlich wahrgenommen werden.

Die Lehre vom Nicht-Ich

Wie bereits erwähnt, ist alles, was geschieht, vergänglich und durch das Gesetz von Ursache und Wirkung bedingt. Das gilt auch für uns Personen, die wir nur momentan wahrnehmbar (›empirisch‹) sind, aber keine Eigennatur, kein ›Selbst‹, kein ›Ich‹ besitzen. Das nennt man die Lehre vom ›Nicht-Ich‹ (*anātman*, Pāli: *anattā*). Wie aber funktioniert »Seelenwanderung« ohne Seele?

In den ›Fragen des Königs Menander‹ (*Milindapañha* 2, 2) finden wir verschiedene Vergleiche, die dieses Paradoxon beschreiben: Zunächst kann man in der menschlichen Entwicklung – Embryo, Säugling, Baby, Kleinkind usw. bis hin zum greisen Menschen – diese seltsame Mischung von Kontinuität und Wandel entdecken. Ist der 60jährige etwa noch derselbe, der er mit 16 war? Ist anderseits die gestandene Frau völlig verschieden von dem jungen Mädchen, das sie einst war? Wir sind, was wir waren und auch wiederum nicht, alles unterliegt ständigem Wandel.

Die Lehre vom ›Nicht-Ich‹ bedeutet, dass wir unsere Ego-Trips nicht ernst nehmen müssen.

Auch die Flamme einer Öllampe, welche die ganze Nacht hindurch brennt, ist so dieselbe und auch wieder nicht. Dass unser Karma die Grundlage bildet für eine folgende Existenz, ohne dass ›wir‹ diese Existenz sein werden, verdeutlicht ein letztes Beispiel: So, wie aus Milch Dickmilch, aus Dickmilch Butter und aus Butter Butterschmalz wird, so bildet auch die eine Existenz die Grundlage der nächsten, ist darin enthalten und ist doch nicht dieselbe.

Unsere Taten verursachen also eine Kette von Folgen *(karma)*, die auch nach dem Tod einer empirischen Person weiterwirken, wie eine Töpferscheibe, die sich weiterdreht, wenn sie einmal angestoßen wurde, oder wie ein Dominosteinchen das nächste anstößt.

Der Buddha lehrt, dass die körperliche Form vergänglich *(anicca)* ist; was vergänglich ist, ist leidvoll *(duḥkha)*, ist Nicht-Selbst, ist *nicht mein, das bin ich nicht, das bin ich nicht selbst* (Vinaya 1, 15 = Saṃyutta-Nikāya 4, 283 = Majjhima-Nikāya 2, 35).

Der Philosoph Nāgārjuna, den wir im dritten Kapitel näher kennen lernen, gießt dieses in folgendes Gedicht:

»Nicht bin ich, nicht werd' ich sein, / nichts ist mein, nichts wird es sein.«
Das ist der Toren Schreckensbild, / des Weisen aber Schreckensend'.

(Ratnāvalī 1, 26)

Die ›Ich‹-Illusion ist ein hartnäckiges Denkmuster. Wir unterscheiden uns von der Umwelt durch Gedanken wie ›Ich fühle …‹, ›Ich will …‹ usw. Somit erschaffen wir zunächst eine zweigeteilte (dualistische) Wahrnehmung und bringen diese sprachlich durch »Ich«, »mein« usw. zum Ausdruck. Und unsere Sprache verstärkt und erschafft immer aufs Neue die Bahnen unseres Ego-Denkens. So verstricken wir uns immer tiefer in den *Saṃsāra*.

Mit der Nicht-Ich-Lehre hat die erste Wahrheit vom Leiden eine paradoxe Bedeutung bekommen: Das Leiden, das wir subjektiv erfahren, ist vom absoluten Standpunkt gesehen eine Illusion – es gibt Leiden, aber niemanden, der leidet! Auf unserer unerleuchteten Ebene ist es freilich sehr wirklich. Darum gebietet Mitgefühl, nach der Aufhebung des Leidens bei allen fühlenden Wesen zu streben …

Buddhistische Psychologie

Die fünf Skandhas

Mit der Nicht-Ich-Lehre wies der Buddha die Jenseits-Spekulationen seiner Zeitgenossen ab, aber verkündete auch keinen Nihilismus: Er ersetzte schlichtweg hochtrabende Metaphysik oder Materialismus durch das Verständnis von Wahrnehmungs- und Gefühlsprozessen, durch »kognitive Psychologie«. Für eine Religion, die Erfahrung über alles setzt, ist eine gründliche Einsicht in das Funktionieren von Erfahrung natürlich unerlässlich. Darum wies der Buddha bei Fragen nach einer Person oder dem »Selbst« immer wieder auf fünf Faktoren hin, die »Gruppen des Anhaftens« *(upādāna-skandha*, P. *khandha*). Unter ›Anhaften‹ *(upadānā)* versteht man dabei jedes emotionale Verhaftetsein mit der Ich-Illusion, der lieb gewonnen Vorstellung von ›Ich‹ und ›Mein‹ und den jeweiligen charakteristischen Zuneigungen, Abneigungen und Verwirrtheiten, die unsere Persönlichkeit ausmachen.

Die fünf »Gruppen des Anhaftens« werden mit den Bestandteilen eines Wagens verglichen: Obwohl wir das Gefährt als Ganzes ansprechen, besteht es doch in Wahrheit aus Rädern, Achsen, Karosserie usw.

Genauso wirken zur Erfahrung unserer selbst als Person und Individuum vier geistige Aspekte (»psycho-mental«) und das Körperliche (»physisch«) zusammen:

Das Bewusstsein ist so »Subjekt« der Erfahrung. Dies kann noch weiter unterschieden werden in die Sinneserfahrungen – sechs nach buddhistischer Lehre, die zu Sehen, Hören, Riechen, Schmecken, Tasten noch das Denkvermögen hinzufügt. Um Sinneserfahrungen (sehen etc.) zu ermöglichen, sind sechs innere Grundlagen *(āyatana)* nötig, denen sechs Objekte (äußere Grundlagen) entsprechen.

Zu diesen treten sechs verschiedene Arten von Bewusstsein:

Seh-, Hör-, Riech-, Schmeck-, Tast-, Denk-Bewusstsein

Organ		← →	**Objekt**	*Vorgang*
Auge	(Sehorgan)	← →	Sehobjekt: Form, Körper	Sehen
Ohr	(Hörorgan)	← →	Hörobjekt: Klang	Hören
Nase	(Riechorgan)	← →	Riechobjekt: Geruch	Riechen
Zunge	(Schmeckorgan)	← →	Schmeckobjekt: Geschmack	Schmecken
Körper	(Tastorgan)	← →	Tastobjekt	Tasten
Intellekt	(Denkorgan)	← →	Denkobjekt: Konzept	Denken

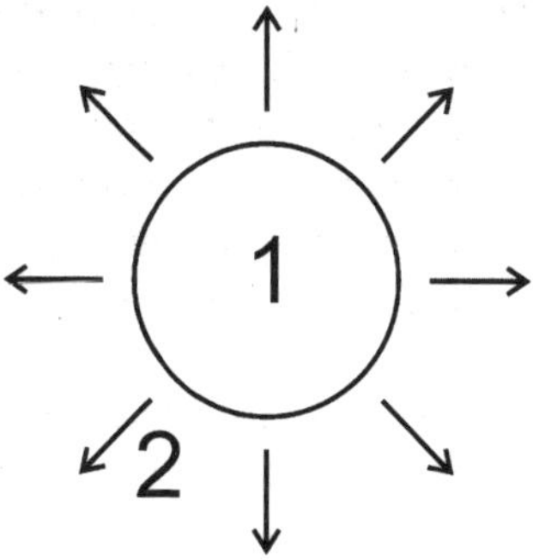

Eine Form (1.), Körper oder äußeres Objekt, (rūpa) ruft einen Sinneseindruck, ein Gefühl, (2., vedanā) hervor.

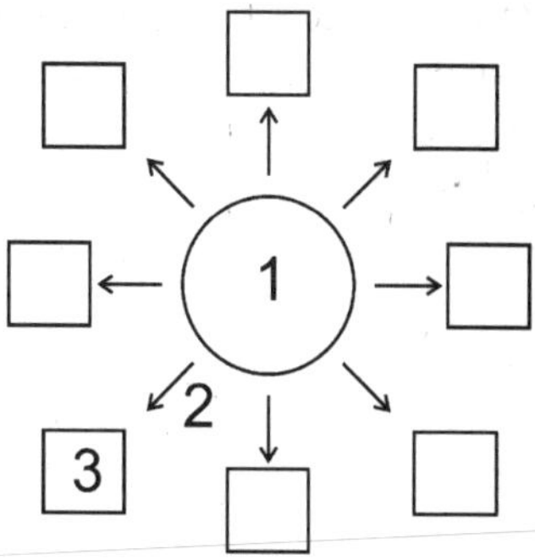

Dieser Sinneseindruck wird dann in seiner Eigenart erkannt; das ist Wahrnehmung (3., saṃjñā Pāli saññā).

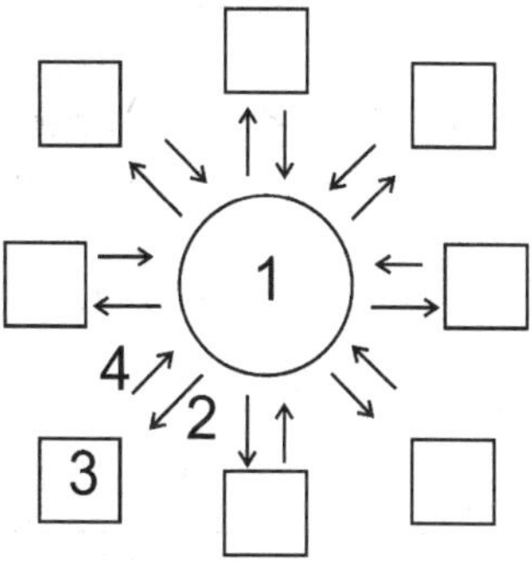

Wahrnehmung zieht gefühlsmäßige und geistige Einordnung mit sich. So entstehen Konzepte und Absichten: saṃskāra (4. Pāli sankhāra, »Geistesformationen«, »Gestaltungs-kräfte«).

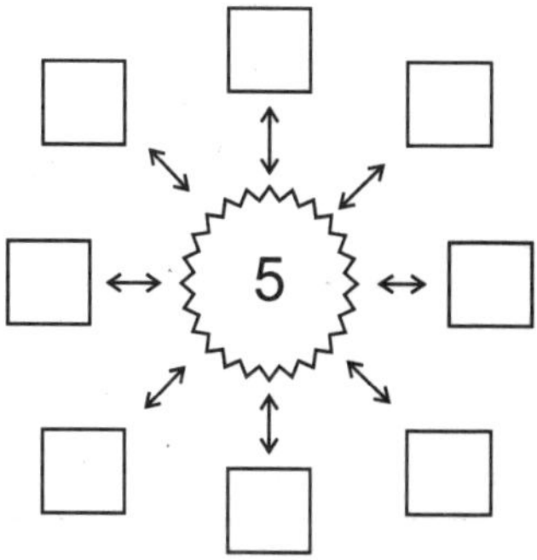

Die damit verbundene Willensregung führt zu einer Erfahrung von Trennung zwischen innen und außen, es entsteht die Illusion eines ›Ichs‹ und somit ein (Ich-)Bewusstsein (5., vijñāna Pāli viññāna).

Bedingtes Entstehen

Wie die fünf Gruppen des Anhaftens die Selbsterfahrung einer Person in Momentaufnahme erklären (statisch), zeigt die Kette des bedingten Entstehens (*pratītyasamutpāda*, P. *paṭ iccasamuppāda*) mit ihren zwölf Gliedern *(nidāna)* die Entwicklung einer Bewusstseinserfahrung durch Raum und Zeit (dynamisch). In der Abbildung des Rades der Existenzen *(bhavacakra)* haben wir diese zwölf Kettenglieder bereits im äußeren Kreis gesehen. Die Kette des bedingten Entstehens (auch: Konditionalkette) ist aus verschiedenen Reihen zusammengesetzt, die in frühbuddhistischer Zeit entstanden sind. Sie wird vor allem im wichtigen Nidāna-Sutta *(Saṃyutta-Nikāya* 12 ii.1-133) und im späteren Shālistamba-Sūtra der Mahāyāna-Tradtion (3. Jh., Kap. 3) erläutert. Der Urzeit-Buddha Vipashyin soll sie entdeckt haben und Gautama in der Nacht seiner Erleuchtung durchlotet haben. Tatsächlich wird gesagt, dass sie die gesamte buddhistische Lehre beinhaltet. Wenn dies so ist, ist sie in ihrer Schwerverständlichkeit nicht gerade eine gute Werbung für den *dharma*. Auf der anderen Seite reizte sie immer wieder große buddhistische Gelehrte, wie z.B. den bereits erwähnten Nāgārjuna, zu Höchstleistungen des Denkens.

Versuchen wir nun, der Kette in ihren Gliedern zu folgen:

Die ersten drei *nidānas* geben eine abgekürzte Form des *skandha*-Theorie; sie beginnen mit Verwirrtheit, Dummheit, Unwissenheit *(avidyā)*:

Den alten Kommentaren zufolge werden hier im *pratītyasamutpāda* zwei Wiedergeburtsprozesse ausgedrückt, die Vergangenheit (1-2), Gegenwart (3-10) und Zukunft (11-12) umfassen (vgl. S. 65).

Nirvāṇa

Kehren wir nun noch einmal zurück zum Ziel des frühen Buddhismus, das wir bei der dritten Edlen Wahrheit unter dem Begriff *nirvāṇa*, ›Verwehen‹, ›Verlöschen‹ kennen gelernt haben. Für uns Menschen im Westen, die wir gewohnt sind, so viel Aufmerksamkeit unseren Eigenheiten, unserer persönlichen Geschichte, den eigenen Gefühlen und Gedanken zu schenken, kommt das Verlöschen all dieser in-

1. Unwissenheit (*avidyā;* Pāli *avijjā*) ~ Zweite Edle Wahrheit

↓

2. Gestaltungskräfte (4. *skandha: saṃskāra*)

↓

3. Bewusstsein (5. *skandha, vijñāna*)

↓

Die folgenden vier Glieder geben die 5 *skandhas* verkürzt und umgekehrt wieder:

↓

4. Person (›Name und Form‹, *nāmarūpa*)

↑ ↓

5. Sinnenreich (Sechs Grundlagen, *shad-āyatana*) ~ 5. *skandha, vijñāna*)

↑ ↓

6. Berührung (*sparsha,* Pāli *phassa* ~ 3. *skandha saṃjñā*)

↑ ↓

7. Gefühl (*vedanā* = 2. *skandha*)

↓

Die letzten fünf nidānas führen von der Ursache des Leidens (Zweite Edle Wahrheit) zum Anhaften (= die Fünf Gruppen, die empirische Person) und weiter zum Prozess von Leiden innerhalb eines Menschenlebens, so wie die erste Edle Wahrheit es beschreibt:

↓

8. Begierde (»Durst«, *trishṇā,* Pāli *taṇhā*) – Zweite Edle Wahrheit

↓

9. Anhaften (*upādāna*) – 5 *skandhas*

↓

10. Werdeprozess (Existenz, *bhava*)

↓

11. Geburt (*jāti*)

↓

12. Altern und Sterben (*jarāmaraṇa*)

} Erste Edle Wahrheit (Leiden) [10.–12.]

dividuellen Merkmale häufig einem Nichts gleich. Und nicht-spirituelle Menschen erwarten wie die Materialisten zu Buddhas Zeit, dass nach dem Tod einfach ein nicht genauer umschriebenes Nichts folgt. Gegen diese Deutung von Nirvāṇa hat sich der Buddha entschieden gewehrt:

Mich ... schmähen einige Wanderasketen und Brahmanen unwahr: ›Nihilistisch ist der Wanderasket Gautama, er verkündigt eines seienden Wesens Ausrotten, Vernichtung, Verschwinden‹. Das ... aber behaupte ich nicht. ... Sowohl früher als auch jetzt verkündige ich (lediglich die Lehre vom) Leiden und (die Lehre vom) Erlöschen des Leidens.

(Majjhima-Nikāya 22, i 140)

Wenn der Buddha also von *nirvāṇa*, ›Verwehen‹ (Pāli *nibbāna*) sprach, meinte er damit lediglich Erlösung aus der Welt des Leidens *(saṃsāra)*. Nirvāṇa ist demnach ein Zustand, in dem die Leid bringenden Ursachen verloschen sind, kein Karma – Ursache und Folge – mehr existiert und es damit auch in letzter Folge die Person, die doch nur eine Illusion ist, nicht mehr gibt. Nirvāṇa ist fern vom ›Nichts‹. Es ist höchste Freude:

nibbānaṃ paramaṃ sukhaṃ (Dhammapada 203d)

Der Glaube an das Nichts gilt dagegen im Buddhismus als noch gefährlichere Falle als der Glaube an die Wirklichkeit der Dinge:

Nicht ist freilich Nirvāṇa *Nichtsein,*
geschweige denn Seinheit davon.
Seins- und Nichtseinsgedankenvernichtung
heißt Nirvāṇa . (Nāgārjuna, Ratnāvalī 1, 42)

Im südlichen Buddhismus gibt es die Unterscheidung zwischen vorläufigem Nirvāṇa vor dem Tod, das mit der Erleuchtung verwirklicht ist, und dem nach-todlichen Nirvāṇa, das dem ›Großen Verlöschen des Buddha‹ entspricht. Im Theravāda ist Nirvāṇa der einzige nicht-zusammengesetzte, nicht-bedingte Zustand. Andere frühe Schulen des Hīnayāna, wie der Sarvāstvāda, fügen dem noch den »Raum« *(akāsha)* hinzu. Später gehen wir darauf genauer ein.

Im Nirvāṇa zur Lebenszeit *(sopadhishesha- nirvāṇa)* hat ein Praktizierender in der Nachfolge des Buddha den Zustand erreicht, in dem er nichts mehr persönlich nimmt: Die drei »Wurzeln des Unheilvollen«: Unwissenheit, Begierde und Hass sind verloschen. Er ist zum *Arhat*, ›Würdigen‹, geworden. Die verschiedenen Stufen auf dem Weg zum Arhat werden wir im Zusammenhang mit Meditation und Versenkung genauer betrachten. Während nun der Geist eines Arhats befreit ist, hält sein ›Rest‹-Karma den menschlichen Körper noch so lange zusammen, bis alle Folgen aus früheren Taten abgewickelt sind. Dann stirbt er und geht ins *nirupadhishesha- nirvāṇa* ein. Dieses endgültige Nirvāṇa ist dann ein Zustand jenseits von Sein und Nichtsein: Die fünf Gruppen des Anhaftens *(skandhas)* sind verloschen, es ist das Ruhen im unbedingten Zustand des Aufhörens aller bedingten Erscheinungen. Dies kann als unbedingtes, gegenstandsloses Gewahrsein oder Bewusstsein gedeutet werden. Der große Systematiker des Theravāda, Buddhagosa (5. Jh.), beschrieb Nirvāṇa in seinem ›Pfad zur Reinheit‹ *(Visuddhimagga)* als ›gegenstandslos und gleichzeitig Gegenstand des Bewusstseineines *arhat*.‹

In den folgenden Kapiteln werden wir andere spannende Deutungen von Erleuchtung und Nirvāṇa kennenlernen, und für die besonders Philosophie-Begeisterten findet sich hier unten eine Vorschau.

Alle – zurecht – ›Erschöpften‹ können diesen Vorgriff mit ruhigem Gewissen überschlagen: die Darstellung der schwierigen Kernlehren des frühen Buddhismus hat nun ihren Abschluss gefunden und die weitere Behandlung des Hīnayāna beinhaltet viel weniger Gedankenakrobatik: Hier lernen wir die Lebenspraxis der Gemeinde und ihre heiligen Schriften kennen und folgen der geschichtlichen Entwicklung des südlichen Buddhismus bis ins moderne Süd(ost)asien.

> Nirvāṇa ist nicht das Nichts. Nirvāṇa ist Verlöschen der Ego-Trips. Es ist höchste Freude.

Vorschau:

Nirvāṇa nach den Lehren der zweiten und dritten Umdrehung

Der nördliche Buddhismus, der Große Weg (Mahāyāna), unterscheidet das »statische« Nirvāṇa des arhat *vom ›dynamischen‹, aktiven Nirvāṇa desjenigen, der weit auf dem Weg zur Buddhaschaft entwickelt ist. Die idealistische Denkschule*

(cittamātra) sieht Nirvāṇa als wirkliche Natur der Dinge, ihre ›So-heit‹, ungeschieden vom Saṃsāra; der madhyamaka-Philosophie Nāgārjunas ist Nirvāṇa weder seiend noch nicht-seiend. Nirvāṇa und Saṃsāra sind wie zwei Seiten derselben Medaille. Letzte Wirklichkeit ist Leerheit. Im nördlichen Buddhismus fallen Leiden und Befreiung vom Leiden im Lichte der höchsten Wahrheit zusammen; nach ihrer Eigenart sind sie Leerheit, in ihren Möglichkeiten absolutes Gewahrsein (»Geist«). Nirvāṇa als Heilsziel des Einzelnen wird abgelöst durch die Erkenntnis der Leerheit und das liebende Wirken des Erleuchtungsstrebenden (Bodhisattva) zum Wohle und letztendlich zur Befreiung aller Wesen.
Im vierten Kapitel werden wir dann sehen, dass das Absolute – Leerheit/Raum oder Geist – nach den Lehren der alten buddhistischen Schulen Tibets als Offenheit und Freude in der Meditation unmittelbar erfahrbar ist. Das bedeutet die »Große Vervollkommnung« (Mahā-Ati, Dzogchen) und das »Große Siegel« (Mahāmudrā) …

Gemeinde

Kehren wir noch einmal an den Punkt zurück, an dem die frühe Gemeinde selbstständig werden musste, den Eintritt des Buddha in das »Große Verlöschen« *(Mahāparinirvāṇa)*. Wie gesehen lautete sein Vermächtnis:

- *Alles ist vollständig dargelegt!*
- *Prüft alles für Euch selbst!*
- *Bemüht euch ohne Unterlass!*

So weit, so gut. Wie aber sichert man das reiche Erbe des Erleuchteten für die Zukunft? Wie gestaltet sich das Leben in der frühen Gemeinde?

Konzil und Kanon

Nach Buddhas Verlöschen kam es zu insgesamt drei allgemeinen Zusammenkünften oder »Konzilen«. Das Erste Konzil *(saṃgīti)* ist in diesem Zusammenhang besonders bedeutend. Es soll von Mahākāshyapa bereits innerhalb des Todesjahres des Buddha in Rājagriha, der alten Hauptstadt des Königreichs Magadha, zusammengerufen worden sein: An diesem Ort hatte der Buddha oft gelehrt. 499 verwirklichte Mönche kamen, einer zog es vor, ins Nirvāṇa einzugehen; obwohl er damals noch nicht erleuchtet war, trug der wegen seines Gedächtnisses berühmte Ānanda die Lehrreden (*sūtra*, Pāli *sutta*) des Buddha vor, Upāli folgte mit den Ordensregeln *(vinaya)* und Mahākāshyapa selbst legte die philosophischen Erläuterungen *(Abhidharma)* dar. Sieben Monate lang rezitierten die Mönche daraufhin Buddhas Worte, um sie wortgetreu im Gedächtnis zu bewahren.

Aufgeschrieben wurden Buddhas Lehren erst viel später und so entstand der buddhistische Kanon. Nun besaßen verschiedene Schulen des Hīnayāna ihre eigenen Schriftsammlungen und die Schulen der zweiten und dritten Umdrehung sammelten ihre heiligen Schriften gesondert.

Zum besseren Überblick finden Sie im Anhang dieses Buches eine tabellarische Übersicht zu Überlieferung, Gliederung und Inhalt der verschiedenen Schriftsammlungen. !

Der in der Pāli-Sprache aufgezeichnete Kanon des Theravāda nimmt eine besondere Stellung unter den heiligen Schriften des Buddhismus ein: Er ist der einzige in einer indischen Sprache vollständig erhaltene Kanon. Tatsächlich steht das mittelindische Pāli der Muttersprache des Buddha Shākyamuni, dem Dialekt von Magadha, sehr nahe. Aufgezeichnet wurde der Pāli-Kanon im 1. Jh. v. u. Z. in Sri Lanka; er gliedert sich in drei Abteilungen, »Körbe« *(piṭaka)*, die den drei Themenkreisen des ersten Konzils entsprechen. Darum wird er auch »Dreikorb« *(tipiṭaka)* genannt.

Der erste Korb betrifft die Mönchsregeln *(vinaya)*, deren Kernstück das *Pātimokkhasutta* (Beichtformular: *pratimoksha*) bildet. In der alten Beichtfeier der Gemeinde wurde anhand dieses Textes die Reinheit des Ordens festgestellt. Neben dem Korb der Ordensregeln der Theravāda-Schule sind noch 6 weitere vollständige *vinayas* in chinesischer Übersetzung überliefert. Sie gehören nun ausgestorbenen Schulen des Hīnayāna an (siehe Tabelle 2 im Anhang).

Der Pāli-*Vinaya* ist in drei Teile gegliedert – *Suttavibhanga* (Regeln), *Khandaka* (Organisation) und *Parivāra* (siehe Tabelle 3 im Anhang).

Im zweiten Korb sind die Lehrreden (*sutta*, Sanskrit *sūtra*) des Buddha gesammelt. Es finden sich mehr als 5.000 im Pāli-Kanon. Diese sind wiederum in Gruppen *(nikāyas)* zusammengefasst: Die Gruppe der langen, mittleren, zusammengehörigen, angereihten und vermischten (›Bruchstücke‹) Lehrreden (*Dīgha-*, *Majjhima-*, *Saṃyutta-*, *Anguttara-* und *Khuddaka-nikāya)*. Diese finden ihre Entsprechungen in den *āgamas* (»Überlieferungen«) im Kanon des Sarvāstivāda – einer andern alten Hīnayāna-Schule. Dieser war ursprünglich in Sanskrit verfasst, hat aber vollständig nur in chinesischer Übersetzung »überlebt«. Interessante und teilweise bedeutende Unterschiede ergeben sich beim Textvergleich dieser alten Lehrreden (siehe Tabelle 4 im Anhang).

Unter den Schriften der letzten Gruppe von Lehrreden, den ›Bruchstücken‹ *(Khuddaka-nikāya)*, befinden sich herrliche Dichtungen, wie das *Suttanipāta*, die Lieder der Mönche und Nonnen *(Thera-/Therī-gāthā)* und das *Dhammapada* (›Pfad der Lehre‹), welches auch in Sanskrit und verschiedenen mittelindischen Versionen sowie im Chinesischen erhalten ist. Andererseits findet sich hier aber auch die bereits angesprochene Sammlung von 547 Vorgeburtslegenden *(jātaka)*. Im Ganzen zählt der Pāli-Kanon 15 teils kuriose teils sehr poetische und bedeutende Schriften in der vermischten Sammlung (siehe Tabelle 5 im Anhang).

Eine Lehrrede des Pāli-Kanons, ein *Sutta*(*nta*), beginnt mit Ausnahme der kleinen Sammlung *Itivuttaka* immer so:

So habe ich gehört. Zu einer bestimmten Zeit weilte der Erhabene (= Buddha*) in …* Auch die Lehrreden, die in Sanskrit überliefert wurden *(Sūtra)*, haben meistens diesen Anfang. So wird der Inhalt der Belehrung auf Ohrenzeugen des Buddha (genauer: auf den einen Ohrenzeugen mit besonderer Geltung: Ānanda) zurückgeführt. Es wird deutlich gemacht, dass der Erleuchtete selbst spricht und niemand etwas hinzugefügt oder weggelassen hat.

Der dritte Korb umfasst die jüngsten Lehren, die philosophischen Erläuterungen der Lehre, das *Abhidhamma* (Sanskrit *Abhidharma*) in sieben Büchern. Hier findet sich die große systematische Philosophie des Theravāda., seine so genannte »Scholastik« (siehe Tabelle 6 im Anhang).

Auch die alte Hīnayāna-Schule des Sarvāstivāda besaß solch einen Korb der Scholastik. Ihr *Abhidharma-piṭaka* ist in chinesischer und tibetischer Übersetzung erhalten geblieben, doch unterscheiden sich seine Schriften – ebenfalls sieben – gänzlich von denen des Pāli-*Abhidhamma*. Das liegt daran, dass hier die größten Lehrunterschiede zwischen den alten Hīnayāna-Schulen liegen; das zeigen auch die teilweise in chinesischer Übersetzung erhalten gebliebenen scholastischen Schriften der Sautrāntikas und Dharmaguptaka. Auf einige umstrittene Punkte der *Abhidhamma*-Lehren, wie der Theorie von »Daseinsfaktoren« *(dhammas)*, werden wir später kurz eingehen.

Die scholastischen Spekulationen erörtern die Wirklichkeit und die Natur der Erscheinungen. !

Lassen Sie uns nun zuerst betrachten, wie Buddhisten auf Buddhas Pfad fortschreiten und wie sich das Leben in der buddhistischen Gemeinde gestaltet.

Zuflucht: Zugehörigkeit zur Gemeinde

Erwache! Übe mit Eifer Achtsamkeit!
Lebe die Lehre des Guten Wandelns!
Denn zum Glück zieht, wer nach der Lehre handelt,
jetzt und im anderen, kommenden Leib.

(Dhammapada 168)

Der Ruf des Buddha war nicht ungehört verschollen. Seine Lehre, der *dharma*, hatte sich schnell verbreitet. Viele idealistische junge Männer ließen sich von der Tiefe seines Wortes berühren, ließen Familie und Freunde hinter sich, um dem Buddha nachzufolgen.

Zu Buddhas Lebzeiten nahm der Erhabene neue Mitglieder nur selbst mit der so genannten *ehi-bhikshu-* (»Komm, Mönch ...«-) Formel auf:

Komm, Mönch!
Wohl geoffenbart ist die Lehre,
führe nun ein fleckenloses Leben!
Gebiete Einhalt dem Leiden!

(Vinaya, *Mahāvagga* 1, 6, 32)

Bald schon entwickelte sich die dreifache Formel, mit der heute Mönche und Laien Buddhisten werden: Die Zuflucht in die ›Drei Juwelen‹ *(triratna):* Buddha, *dharma* (seine Lehre) und *sangha* (die Gemeinde):

Buddhaṃ sharanaṃ gacchāmi	Ich nehme Zuflucht zum *Buddha.*
Dharmaṃ sharanaṃ gacchāmi	Ich nehme Zuflucht zum *Dharma.*
Sanghaṃ sharanaṃ gacchāmi	Ich nehme Zuflucht zum *Sangha.*

Auch in den heutigen Strömungen des Buddhismus wird die Zufluchtnahme praktiziert. In der Zufluchtsformel legen Buddhisten Zeugnis ab für das, was ihnen wichtig ist. Nicht Geld, Macht, Zerstreuung, Dinge also, zu denen so viele Menschen Zuflucht nehmen. Nein, wichtig sind der Buddha, der das Ziel der Erleuchtung darstellt, seine Lehren, welche die Mittel sind, um Erleuchtung zu erlangen und die, die uns auf dem Weg begleiten.

Laien (upāsakas) fügten in der frühen Gemeinde hinzu:

Der Erhabene Buddha betrachte mich bitte als Laien; von nun an bis zum Rest meines Lebens habe ich Zuflucht genommen!

Mönchsanwärter scherten sich Kopf und Bart und legten die typischen gelb-orangen Gewänder – Zeichen der Armut und Weltabwendung – an, bevor sie die Zufluchtsformel dreimal wiederholten. In späterer Zeit wurde die Zeremonie vielschichtiger, die Anwärter wurden entsprechend einer Standardformel *(karmavācā)* nach Hinderungsgründen befragt, und die Mönchsweihe aufgeteilt: Mit einer niederen Weihe (»Auszug in die Hauslosigkeit«, *pravajrā*) wird man noch heute im Theravāda zum Novizen *(shrāmaṇera*, frühestens mit 15 Jahren), der frühestens mit 20 Jahren die höhere Weihe *(upasaṃpadā)* zum Vollmönch *(bhikshu)* folgen kann. Beide Weihen können nun bei über 20-Jährigen auch zusammen gegeben werden.

Solange es im südlichen Buddhismus auch einen Frauenorden gab, galten für die Aufnahme etwas strengere Vorschriften: Bevor sie zu Vollnonnen *(bhikshunī)* geweiht wurden, mussten die Anwärterinnen nach der Novizinnenweihe noch eine zweijährige Probe- und Studienzeit durchlaufen.

Da die Gemeinde *(sangha)* beständig wuchs, war es bald schon nötig, bestimmte Vorschriften für das Zusammenleben festzulegen, die den Tagesablauf regelten und die Satzung des Ordens festlegten. Der Korb der Ordensregeln *(vinaya)* entstand. Wie bereits gesehen, bildet er den ersten Teil des buddhistischen Kanons.

Was bestimmt nun das Alltagsleben der Mönche? Was ist der Kern der Ordensregeln?

Alltag und Ordensregeln

Zehn Sittenregeln *(shīla)* bilden das Zentrum der Mönchsgebote bis heute, die ersten sind allgemeine Regeln, die fünf weiteren spezielle für das Leben im Orden:

1. Nicht töten
2. Nicht stehlen
3. Keuschheit
4. Nicht lügen
5. Keinen Alkohol
6. Nicht nach 12 Uhr mittags essen
7. Sich fernhalten von Festlichkeiten
8. Vermeiden von Schmuck, Blumen und Parfum
9. Vermeiden von luxuriösen Betten
10. Keine Wertgegenstände annehmen.

›Nicht töten‹ bzw. ›Nicht verletzen‹ *(ahiṃsā)* ist dabei das Wichtigste. Das gilt übrigens auch gegenüber Tieren. Viele Buddhisten sind darum Vegetarier: Denn alle Wesen streben nach Glück und wollen frei sein von Leiden.

Wie sieht ein Tag in der Gemeinde Buddhas aus? Die Mönche verrichten ihre dürftige Toilette, bevor sie sich schweigend in das nächste Dorf begeben. An jede Tür klopfen sie, mit gesenktem Blick warten sie still, ob sie einen Almosen bekommen. Kein Haus lassen sie aus, kein Wort des Dankes gönnen sie den Spendern: Ein Almosen geben zu dürfen, ist den Laien Dank genug. Ja, es ist selbst die größte Strafe für einen Laien, wenn der Almosentopf vor ihm umgedreht wird. Kurz vor Mittag versammeln sich die Mönche wieder an einem schattigen Platz und nehmen die erbettelten Speisen zu sich. Danach wandern sie weiter. Die Pausen und der Abend dienen den Belehrungen, Lehrgesprächen, dem Aufsagen der auswendig gelernten Worte des Buddha und dem Meditieren. Zeitig legt man sich auf dem harten Boden zur Ruhe.

Buddhas Lehre:
Angebote, nicht Gebote.
Ordenszucht: Vermeiden von Leiden durch Einhalten strenger Regeln.

In heutigen Theravāda-Ländern leben Mönche in der Regel in Klöstern *(vihāras)* zusammen. Zu Buddhas Zeit zogen die Mönche dagegen in den trockenen Jahreszeiten pausenlos umher, nur in der Regenzeit (Juni bis Oktober) durften sie sich eine feste Bleibe suchen, ein Kloster oder eine einfache Regenhütte. Auch wenn die meisten Theravāda-Mönche heute nicht mehr umherwandern, ist die Feier zum Ende der Regenzeit *(pravāraṇā)* immer noch bedeutend.

Auch der Almosengang ist heute meistens nur noch Ritual, aber noch immer obliegt es den Laienanhängern, für die materiellen Bedürfnisse der Mönche zu sorgen. Moderne Theravāda Mönche übernehmen häufig wichtige Rollen in den Dorfgemeinschaften, lehren, sprechen Recht und kümmern sich um Kranke, Alte und Arme. Besonders für die Reformbewegungen des 19. und 20. Jh. war soziales Engagement wichtig.

Für die Wandermönche der alten Zeit und die modernen Klostermönche war die ungebrochene Reinheit in Verhalten und Regeltreue wichtig. Darum wurde und wird sie rituell immer wieder bestätigt:

Zu jedem Neu- und Vollmond und teilweise auch zu den Viertelmonden versammelt sich die Ordensgemeinschaft zu einer Art Beichtfeier (*poshatha* Pāli *uposatha*). Die Ordensregeln werden anhand einer Liste möglicher Vergehen rezitiert *(prātimoksha):* Verstöße gegen die Verhaltensvorschriften werden nun öffentlich bekannt. Die Reinheit der Gemeinde wird danach festgestellt oder durch geeignete Maßnahmen wiederhergestellt. Die vier schwersten Vergehen *(pārājikas)* werden mit Ausschluss geahndet: (Vaginaler) Geschlechtsverkehr, Diebstahl, Töten und falsche Behauptungen über eigene spirituelle Verwirklichungen. Nach einer älteren Liste gelten dagegen Vatermord, Muttermord, Mord an einem Vollendeten *(Arhat)*, Ordensspaltung und das Verwunden oder Töten eines Buddhas als unsühnbare Verbrechen.

In den Ordensregeln führen nach den vier Schwerstvergehen 13 (bei Nonnen 17) weitere Vergehen zum zeitweiligen Ausschluss und zu einer Probezeit. Sie betreffen u. a. verschiedene sexuelle Aktivitäten. Sechs weitere Klassen von Vergehen folgen. Im Ganzen gelten 227 Regeln für Mönche im Theravāda – in anderen Schulen sind es 250 oder 258 – und 311 für die Nonnen (in anderen Schulen 348 oder 366).

Wenden wir uns nun den Laien zu: Wie sieht Laienbuddhismus im Theravāda aus?

Laien und Frauen

Wie gezeigt, obliegt den Laien die Sorge für das Wohl der Mönche. Dadurch sammeln sie gute karmische Verdienste an. Nach der Auffassung des südlichen Buddhismus und vieler Schulen des nördlichen Buddhismus können tatsächlich nur Mönche Buddhas besondere Lebenspraxis und Meditation üben. Dies ist aber im Grunde nicht mit

Buddhas Lehren zu decken, wie bereits früh in der ›Lehrrede des Laien Vimalakīrti‹ *(Vimalakīrtinirdesha-Sūtra)* aufgezeigt wird (ca. 200 v. u. Z.). Laien spielen darum im nördlichen Buddhismus, Mahāyāna und Diamantweg (siehe Kapitel III und IV) eine viel prominentere Rolle.

Im Theravāda bleibt den Laien nur Glaube und Sittlichkeit, um somit in einem künftigen Leben die Chance zu erwerben, als Mönch an der eigenen Befreiung zu arbeiten. Laienanhängern *(upāsakas)* werden die fünf allgemeinen Sittenregeln ans Herz gelegt, die auch die Mönche befolgen: nicht Töten, nicht Stehlen, keusch leben, nicht Lügen und keinen Alkohol trinken. ›Keuschheit‹ wird übrigens eher kulturell als religiös verstanden. In der konservativen Lesart, z. B. in Sri Lanka, bedeutet dies für Laien keine vor- und außerehelichen Aktivitäten. Die Lebenspraxis in Theravāda-Ländern ist dagegen viel weniger deutlich: Unverheirateten Männern werden viel größere sexuelle Freiheiten zugestanden als Frauen etc. Der Kern dieser dritten Regel ist einfach: Der Buddha warnt davor, Sexualität so auszuleben, dass Verletzungen und Leiden entstehen. Dies kann dann je nach Kultur unterschiedlich ausgelegt werden: eng und ängstlich als Sex nur innerhalb der Ehe, oder freier als einverständlicher und liebevoller Sex zwischen zwei gleichberechtigten Partnern.

Die weiblichen Anhänger des Buddha waren zunächst doppelt benachteiligt: Männliche und asketische Arroganz in einer patriarchalischen und unterdrückenden Gesellschaft im alten Indien führten zu der verzerrten Ansicht, dass Frauen erst als Männer und Mönche wiedergeboren werden müssten, bevor sie Erleuchtung erlangen könnten.

Dennoch erlaubte der Buddha schließlich die Gründung eines Nonnenordens. Der Überlieferung nach war es Mahāpajāpatī, die Stief- und Ziehmutter des Erhabenen, die den Buddha dazu bewegen konnte, auch Frauen in die Gemeinde aufzunehmen – für das Indien der damaligen Zeit eine Revolution! Buddhas Vetter Ānanda spielte dabei eine entscheidende Vermittlerrolle, die ihm von mancher Mönchsseite recht übel genommen wurde. Die Gründung ihres Ordens war jedoch mit einer Bedingung verbunden: Die Nonnen mussten für sich bleiben und waren stets den Mönchen untergeordnet. Weiterhin wurden ihnen zusätzliche Ordensregeln auferlegt.

Als der Buddha schließlich den Bitten seiner Ziehmutter nachgab, war er als Mann seiner Zeit davon überzeugt, dass er die Lebensdauer seiner Gemeinde um 500 Jahre verkürzt habe. Hierin irrte der Erhabene. Wie weiter unten gezeigt wird, riss die Tradition des Nonnenordens im südlichen Buddhismus im 10. Jh. ab und ihre Wiederbelebungsversuche von Seiten der Reformbewegungen seit dem 20. Jh. sind im Theravāda nicht unumstritten. In Teilen des nördlichen Buddhismus dagegen blieb die Tradition ununterbrochen bewahrt.

Die Frage nach der Stellung der Frau im frühen Buddhismus ist sehr interessant zu betrachten. In der Männergesellschaft der Buddhajünger herrschte keine besonders frauenfreundliche Stimmung. Viele Mönche waren früher Wanderasketen und sahen Frauen vor allem als Versuchungen an. Doch dies waren eher allzu menschliche Überlegungen. Denn Buddhas Weg sprengte ja gerade Geschlechter- und soziale (Kasten-) Grenzen. In Bezug auf die spirituelle Befreiung von Frauen zeigt dies eindrucksvoll ein Gedicht aus der ›Zusammengehörigen Sammlung‹:

Der Weg heißt ›Gerade‹, den du ziehst,
›Furchtlos‹ die Wohnstätt', auf die du zielst,
Dein Wagen wird ›lautloser Läufer‹ genannt,
mit Rädern der rechten Anstrengung bespannt.
Bewusstsein die Lehne, auf die du dich stützt,
Achtsamkeit der Windbehang, der dich schützt.
Zum Lenker geb' ich die Lehre dir,
den rechten Gedanken als treues Zugtier.
Ob solch Gefährt eine Frau nutzt oder ein Mann:
Im gleichen Fahrzeug kommen sie im Nirvāṇa an.

(Samyutta-Nikāya 1, 5, 6)

Frauen sind also den Männern ausdrücklich gleichgestellt, beide Geschlechter können also Buddhas Heilswagen, die Möglichkeiten zur Erlösung, nutzen.

Was nun erwarteten die Laien und Ordensleute vom Weg des Buddha? Welche Stufen galt es auf dem Weg zur Erleuchtung zu verwirklichen? Und wie sieht buddhistische Meditation im ›Kleinen Weg‹ aus?

Meditation

Ziel des Weges des Buddha ist Befreiung vom Leiden und Erleuchtung. Im südlichen Buddhismus ist das der Weg zur Vollendung, *Arhat*schaft. Die Stufen der Vollendung werden wir nun zuerst kennenlernen.

Der Weg zur Arhatschaft führt natürlich in erster Linie über die Meditation. Buddhismus ist schließlich eine Religion der Erfahrung.

Im Folgenden wollen wir darum die Meditationstechnik des ›Kleinen Wegs‹ näher betrachten, deren Grundlage die Achtsamkeit ist. Schließlich betrachten wir den Zustand der Versenkung, um einen Eindruck vom Erleben eines Erleuchtenden gewinnen zu können.

Stufen der Vollendung

Wer sich auf den Weg des Buddha nach den Lehren des Hīnayāna begibt, kann nach langem Studium und Meditation seinen gewöhnlichen Zustand als ›Normalmensch‹ *(prithagjana)* zurücklassen und ist zur Edlen Person *(ārya-pudgala)* in den »Strom der Befreiung eintreten«. Buddhas Gleichnis von der Lehre als Floß, das wir am Ende des ersten Kapitels erwähnt haben, gehört zu derselben bildhaften Sprache wie dieser Stromeintritt. Die vier Stufen der Vollendung auf dem Weg zur Erleuchtung und Befreiung werden so gekennzeichnet:

1. Der ›**Stromeintreter**‹ *(shrota āpanna)* hat den Glauben an eine Persönlichkeit, Zweifel und Ritualismus überwunden.
2. Der ›**Einmalwiederkehrer**‹ *(sakridāgāmin)* hat Begierde und Übelwollen schon beinahe besiegt.

3. Der ›**Niewiederkehrer**‹ *(anāgāmin)* hat Begierde und Übelwollen völlig überwunden.
4. Der **Arhat** (›Würdige‹, ›Vollendete‹).

Neben den in 1.–3. genannten fünf Geisteshaltungen (›niedrigen Fesseln‹: Persönlichkeitsglaube, Zweifel, Ritualismus, Begierde und Übelwollen) ist ein Arhat zusätzlich frei von den fünf ›höheren Fesseln‹: Begehren nach feinkörperlichem Dasein, nach Unkörperlichkeit, Hochmut, Gefühlsunruhe und Unwissenheit.

Wie oben gesehen, ist Nirvāṇa Gegenstand der Wahrnehmung eines Arhat.: Vor seinem Tod ist es das Nirvāṇa des Freiseins von Verwirrtheit, Begierde und Hass; sobald sein ›Rest‹-Karma, also alle Bedingungen, die seinen Körper geformt haben, aufgebraucht ist, tritt er ins endgültige Nirvāṇa ein. Eng verwandt mit ›Arhat‹ ist der Begriff des ›Privat-Buddha‹ *(Pratyeka-Buddha)*. Dieser ist zur Erleuchtung gelangt, gibt die befreiende Lehre aber nicht weiter und geht ins Nirvāṇa ein.

Welche Techniken werden zur Verwirklichung von Befreiung und Erleuchtung verwendet?

Die Grundlagen der Achtsamkeit

Im Edlen Achtgliederigen Pfad, den wir oben kennengelernt haben, beziehen sich die drei letzten Glieder auf Meditation:

Rechte Anstrengung *(sammā-vāyāma)*	}	***Versenkung, Meditation*** *(samādhi)*
Rechte Achtsamkeit *(sammā-sati)*		
Rechte Versenkung *(sammā-samādhi)*		

Nach der ›Rechten Anstrengung‹ (Regelmäßigkeit, Ausdauer und Einstellung) steht die Rechte Aufmerksamkeit oder Achtsamkeit (*sati*, Sanskrit *smṛti*) im Zentrum der Meditation.

In einer seiner wichtigsten Belehrungen, der Rede von den Grundlagen der Achtsamkeit (*Satipaṭṭhāna-sutta:* Majjhima-Nikāya 10; Dīgha-Nikāya 22), legte der Buddha diese Meditationstechnik dar.

Wenn man diese anwendet, kann man die Sieben »Erleuchtungsglieder« verwirklichen, die wir unten sehen. Man erreicht so die Stufe der Versenkung *(samādhi)*, das 8. Glied des Pfades. Alle Schulen des Buddhismus kennen diese Technik als Bewusstseinsstille: *shamatha* (Pāli *samatha*, Tibetisch *zhi-gnas*) und höhere Einsicht (*vipashyanā*, Pāli *vipassanā*, Tibetisch *lhag-mthong*).

Die Texte nennen vier Grundlagen der Achtsamkeit:

- Betrachtung des Körpers
- Betrachtung der Gefühle
- Betrachtung des Bewusstseins
- Betrachtung der ›Geistesobjekte‹.

Der Meditierende untersucht also seine Erlebniswelt, angefangen von den Körperfunktionen wie Atmen, Blutstrom etc. über die aufkommenden (Stör-) Gefühle bis hin zu dem noch als persönlich vorgestellten Bewusstsein und den ›Geistesobjekten‹, d.h. alles, was sich im Geist wie auf einer leeren Leinwand abspielt. Bei allem erkennt der Übende die Vergänglichkeit und Bedingtheit dessen, was geschieht. Er durchschneidet die triebhafte Bindung an die Welt und erkennt die Leerheit aller Erscheinungen; dadurch erlangt er schließlich Erleuchtung. Der Buddha bezeichnete diese Methode auch als den ›einzigen Weg‹ aus dem Leiden.

Durch das rechte Üben der Achtsamkeit ergeben sich die Sieben »Erleuchtungsglieder« (*Saṃyutta-Nikāya* 46, 6).

Sieben »Erleuchtungsglieder« Pāli bhojjhangas, Sanskrit bodhyangas:

• Achtsamkeit	*sati, smṛti*
• Tiefes Verständnis der Lehre	*dhammavicaya, dharmavicaya*
• Willensstärke	*viriya, vīrya*
• Freude	*pitī, prīti*
• Geistesruhe	*passadhi, prashrabelha*
• Versenkung	*samādhi*
• Gleichmut	*upekkhā, upekshā*

Versenkung

In tiefer Versenkung erlebt der Meditierende das Schwinden der Sinnestätigkeiten und die Befreiung von geistigen Blockaden. Dieser Zustand wird ›Vertiefung‹ oder Meditation im eigentlichen Sinne (*dhyāna* Pāli *jhāna*) genannt. Die Texte des südlichen Buddhismus unterscheiden 8 Stufen der Vertiefung. In den ersten vier Stufen ist das körpergebundene Eigenbewusstsein noch nicht vollkommen zurückgelassen:

Die ›körperlichen‹ Vertiefungen (rūpa-jjhāna)

1. Freiheit von Sinneswahrnehmung
2. Innerer Frieden, Einsgerichtetheit des Geistes
3. Gleichmut
4. Zustand jenseits von Freude oder Leiden

In den folgenden vier Vertiefungszuständen herrscht nicht-körpergebundenes Bewusstsein:

Die ›unkörperlichen‹ Vertiefungen (arūpa-jjhāna)

5. Bereich der Raumunendlichkeit
6. unendliche Erfahrung von Bewusstsein *(vijñāna)*
7. Bewusstsein des Nicht-Vorhandenseins von Erscheinungen
8. weder Bewusstsein noch Nicht-Bewusstsein

Diese Beschreibung der Versenkung kann uns einen gefühlsmäßigen Eindruck geben, was erleuchtete Meister in der Meditation, egal welcher buddhistischen Tradition, erleben. Theravāda Vollender, Zen-Meister und tibetische Verwirklicher heilen die verwirrte Alltagserfahrung der Erscheinungswelt in der Meditation und erlangen so Befreiung: Unabhängigkeit von allen Ego-Trips und dem ganzen *Disneyland* unserer Sinneseindrücke.

Verbreitung und geistige Vielfalt

Auch wenn die Gemeinde nach dem Tod des Buddha beständig wuchs, gelang dem Buddhismus erst im 3. Jh. v. u. Z. der Durchbruch zur führenden Religion Indiens. In diese Zeit fallen auch die ersten Missionen buddhistischer Mönche außerhalb des indischen Kulturraumes. Dies alles verdanken wir dem Kaiser des nord-indischen Maurya-Reiches: Ashoka (268–223 v. u. Z.).

Ashoka

Der Legende nach soll sich dieser nach einem besonders blutigen Feldzug im westindischen Kalinga (Orissa) zum Buddhismus bekehrt haben und in der Folge Krieg und Gewalt abgeschworen haben. Häufig wird Ashoka mit dem römischen Kaiser Konstantin verglichen, der 314 das Christentum zur Staatsreligion des römischen Reiches erhob. Doch Tatsache ist, dass der Buddhismus auch unter Ashoka nicht zur Staatsreligion wurde: Nach gutem indischen Brauch förderten alle Maurya-Kaiser jede religiöse Gruppe, die dem Gemeinwesen nutzte. Tatsächlich hatte Ashoka ein riesiges Reich geschaffen, das sich von Afghanistan bis Hinterindien erstreckte. Und nach seinen Eroberungen verwendete er etwas, das er *dharma* nannte, um die unterworfenen Völker zu befrieden: In riesigen Inschriften, den Felsedikten, ließ er in allen Sprachen seines Reiches – Aramäisch, Griechisch, Persisch und indischen Sprachen – seine spirituelle Staatsverfassung verkünden. Und er benutzte dabei besonders buddhistische Gedanken und berief sich so überzeugend auf den Erhabenen, dass der Eindruck entstand, der Buddhismus sei Staatsreligion geworden …

Ashokas Förderung des Buddhismus war enorm; unzählige architektonische Meisterleistungen bezeugen sein Wirken. Neben Klöstern soll er 84.000 Stūpas (Reliquienschreine, siehe Kapitel I) erbaut haben. Sein Markenzeichen, das berühmte vierseitige Löwenkapitel, schmückt noch heute die Flagge Indiens (siehe Abbildung 8). Mit der räumlichen Verbreitung des Buddhismus ging auch eine geistige Entwicklung einher. Der frühe Buddhismus entwickelte zahlreiche Schulen und Unterschulen, die sich teilweise nur in kleinen Dingen, z. B. der Praxis, unterschieden. Manche Schulen hatten ein starkes Selbstverständnis und grenzten sich deutlicher auch in der Auslegung des *dharma* (Buddhalehre) ab. Es schien beinahe so, als wäre die Mahnung des Buddha nach Einheit und vor metaphysischen Spekulationen vergessen worden.

Wie sah die geistige Vielfalt des frühen Buddhismus aus? Welche Hīnayāna-Schulen entstanden?

Frühe Schulen des Hīnayāna

110 Jahre nach Buddhas Eingang ins *Mahāparinirvāṇa* fand ein 2. Konzil statt, diesmal in Vaishālī (ca. 380 v. u. Z. nach der ›langen Chronologie‹). Die Gemeinschaft war sich uneinig, ob 10 praktizierte Neuerungen in den Ordensregeln rechtmäßig waren. Auch wurden die fünf Streitpunkte eines Mönches Mahādeva diskutiert, welche letztlich mit der Frage nach der genauen Stellung eines Vollendeten *(Arhat)* vor seinem Tod in der Alltagswelt zu tun hatten. Die genauen Umstände sind undeutlich und werden in den Texten widersprüchlich dargestellt, fest steht aber, dass sich hier oder auf dem 3. Konzil über Lehrfragen in Pāṭaliputra (der neuen Hauptstadt Magadhas, 3. Jh. v. u. Z.) die Gemeinde spaltete, nämlich in die Mehrheitsrichtung, *Mahāsanghikas*, und eine konservativere ›Schule der Älteren‹, *Sthaviravāda*, dem Vorläufer des Theravāda, des südlichen Buddhismus (Das 4. Konzil – nach der Tradition des nördlichen Buddhismus das 3. – fand im 1. Jh. v. u. Z. in Kaschmir statt).

Konzile und Meinungsverschiedenheiten: Die Schulen des frühen Buddhismus entstehen.

Nach der ceylonesischen Chronik *Mahāvaṃsa* (5, 1–13; 5. Jh.) gab es im 3. Jh. v. u. Z. 17 Schulen (10 Sthaviravāda, 7 Mahāsanghika); der Philosoph Bhāvaviveka (6. Jh.) überliefert uns die klassische Sthaviravāda-Einteilung in 18 Schulen (10 Sthaviravāda, 7 Mahāsanghika); manche sind nur Namen für uns, andere sind uns auch aus nördlichen Quellen wie dem *Samayabhedoparacanacakra* bekannt. Die Beziehung der einzelnen Schulen wird von Quelle zu Quelle recht verschieden angegeben.

Die Mahāsanghika-Schulen scheinen ursprünglich weniger an Streitfragen zur Lehre interessiert gewesen zu sein. Sie waren es, die sich zuerst den Einflüssen der Mahāyāna-Bewegung ab dem 2. Jh. v. u. Z. öffnete. Eine noch im 7. Jh. in Afghanistan lebendige Mahāsanghika-Schule, der *Lokottaravāda*, übte großen Einfluss auf das Neuverständnis der Person des Buddha aus. Sie deuteten Buddha Shākyamuni überweltlich, »doketisch«: Sie sehen in ihm nicht einen echten Menschen, sondern den »Scheinleib« des zeitlosen Buddha, dem Programm »Erleuchtung«.

Eine Gruppe von Sthaviravāda-Schulen (Vātsiputrīya, Saṃmitīya, Kaurukullika, Avantaka) entwickelte die Vorstellung eines ›Selbstes‹ oder einer ›Person‹ *(pudgala)*, die der Nicht-Ich-Lehre des Buddha widersprach und spaltete sich beim 3. Konzil von Pāṭaliputra (Patna) ab. Sie wurden darum *Pudgalavāda* genannt. Noch im 7. Jh. blühte diese Schule, 25 % aller indischen Mönche gehörte ihnen damals an. Dennoch sind direkte Schriften dieser Richtung nur in vier Texten in chinesischer Übersetzung bewahrt geblieben.

Ebenfalls im 3. Jh. v. u. Z. spaltete sich der Sthaviravāda in zwei philosophisch gegensätzliche Richtungen, aus denen weitere Unterschulen entstanden. Einige Namen dieser Schulen finden sie auch in den Tabellen zum buddhistischen Kanon im Anhang aufgeführt:

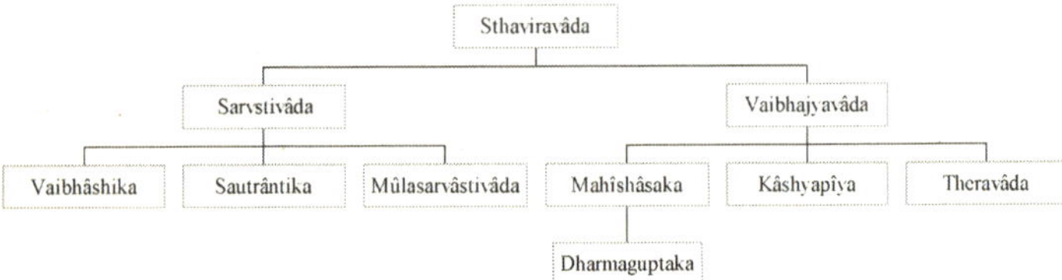

Die *vinaya* Ordensregeln der dem Theravāda sehr verwandten *Dharmaguptaka*, einem Zweig der Mahīshāsakas, werden noch heute in China, Korea und Vietnam befolgt. Diese Schule scheint auch im Zusammenhang mit der Entwicklung der Schriften der Höchsten Weisheit (Prajñāpāramitā) gestanden haben (siehe Kapitel III).

Das Erbe des *Sarvāstivāda* (auch Vaibhāshikas genannt) findet sich ebenfalls im nördlichen Buddhismus: Das größtenteils auf Sarvāstivāda-Philosophie zurückgreifende *Abhidharmakosha* des Vasubandhu (4. Jh.) steht noch in großem Ansehen in den Schulen des Mahāyāna und in Tibet. Und der *vinaya* der *Mūlasarvāstivāda* lebt im klösterlichen Leben Tibets fort.

Die philosophische Frage nach dem Wesen der Erscheinungen war unter den Sthaviravāda-Schulen besonders strittig. Die gegensätzlichen Standpunkte der einflussreichen *Sarvāstivāda* (»Alles-existiert-Schule«) und der Vorläufer des modernen Theravāda, der südindische *Vibhajyavāda* (»Unterscheidungs-Schule«), sind gut bezeugt. Im Folgenden stellen wir beide Standpunkte näher vor.

Dhammas, Abhidhamma und die Wirklichkeit der Dinge

Der Ausgangspunkt der wichtigsten Streitfrage des Buddhismus im 3. Jh. war die Nicht-Ich-Lehre und die Auffassung der Welt der Wiedergeburten als Illusion. Fassen wir noch einmal zusammen: Die Welt, wie wir sie wahrnehmen, gleicht einem Traum. Das gilt besonders für Lebewesen. Nach der Nicht-Ich-Lehre gibt es kein Selbst, keine Seele, nur Personen, wie wir sie wahrnehmen (›empirische Personen‹), die letztlich keine Eigennatur besitzen. Anstelle eines ›Ichs‹ findet sich nur ein Strom von Bewusstseinszuständen, die durch das Gesetz von Ursache und Wirkung bedingt werden. So weit, so gut. Die frühen Lehren von den fünf Gruppen des Anhaftens *(skandhas)* und des bedingten Entstehens greifen hier und erklären das Zusammenspiel psychischer Faktoren, die zur Ich-Illusion führen. Was aber macht diese Ich-Wahrnemung aus? Die Sthaviravāda-Scholastik setzt hier an: Nach den Lehren des dritten Korbes des Kanons, den philosophischen Erläuterungen *(Abhidharma)*, kann man diese Bewusstseinszustände bis zu letzten, unteilbaren Einzelbedingungen, so genannten

Daseinsfaktoren (*dharmas* Pāli *dhammas*), aufgliedern. *Dhammas* machen die Welt, wie wir sie erleben, aus. Der Pāli-*Abhidhamma* untersucht über 100 verschiedene Daseinsfaktoren. Nirvāṇa gilt nun als nicht-bedingtes *dhamma*. Dies stellt eine feine, aber wichtige Erweiterung der Lehre vom Nirvāṇa dar: Von einem Bewusstseinszustand ohne Störgefühle und Erscheinungen wird Nirvāṇa nun zu einem unbedingten Daseinsfaktor, einem Bereich, in den man eintritt: Während der Buddha seine Lehre als Mittelweg – schwebend zwischen Nihilismus (Nicht-Existenz letzter Dinge) und Substantialismus (Existenz letzter Dinge) – halten wollte, neigt sich die *dhamma*-Philosophie eindeutig dem Substantialismus oder Realismus zu. Nāgārjuna, der große Philosoph des nördlichen Buddhismus, sieht sich auf sicherem Boden der ursprünglichen Lehren des Buddha, wenn er seine Philosophie der Mitte (*madhyamaka*) als ›*via media, dharma media*‹ formuliert. Doch davon mehr im dritten Kapitel!

Für den Sarvāstivāda waren alle kleinsten bedingten Daseinsfaktoren existent, wirklich und immer vorhanden. Davon leitet sich ihr Name ab: *sarvam asti*. »Alles ist.« Dem Vibhajyavāda-Theravāda ging dieser ›pluralistische Realismus‹ zu weit: Für sie existieren die bedingten *dhammas* nur den kleinsten Bruchteil eines Momentes – sie bewegen sich nicht nur im Fluss von Ursache und Wirkung, sondern entstehen und vergehen auch darin. Für die bedingte Welt hält der Theravāda also an der Urlehre vom Mittelweg fest.

> Die einflussreiche alte Hīnayāna-Schule der Sarvāstivādins vertritt einen »substantialistischen« Standpunkt: Die Erscheinungen existieren wirklich.

Ein weiterer Unterschied ist, dass der Sarvāstivāda neben Nirvāṇa auch den Raum (*ākāsha*) als nicht-bedingten Daseinsfaktor anerkennt, was die Theravāda-Tradition strikt ablehnt (z. B. im *Kathāvatthu* des Abhidhamma-Piṭaka, siehe Tabelle 6 im Anhang). ›Raum‹ spielt in der Bildersprache des nördlichen Buddhismus, besonders in der Philosophie Tibets, eine große Rolle (siehe Kapitel IV). Dies stößt innerhalb konservativer Kreise des südlichen Buddhismus auf Misstrauen – ein Erbe der alten Kontroverse um ›Raum‹ als unbedingtem Daseinsfaktor. Dabei wurde ›Raum‹ auch nach dem Zeugnis des Theravāda vom Buddha selbst als Vergleichspunkt für die geistige Konzentration während der Meditation verwendet (Majjhima-Nikāya 62). Und wie erwähnt, heißt die fünfte Stufe der Vertiefung der Bereich der Raumunendlichkeit *(ākāshānantyāyatana)* …

Von den philosophischen Streitfragen wollen wir uns nun jedoch wieder dem Fortlauf der Ereignisse zuwenden. Wie erging es dem Buddhismus in seinem Heimatland in den Jahrhunderten nach seiner Blüte unter Ashoka?

Das Ende des indischen Buddhismus

Wie dargestellt, gilt die Regierungszeit des Maurya-Kaisers Ashoka vielen Buddhisten als Goldenes Zeitalter. U. a. wurden buddhistische Delegationen nach Persien, Zentralasien und, wie weiter unten gezeigt wird, nach Sri Lanka und Thailand gesandt. In den folgenden Jahrhunderten blühte der Buddhismus in Indien. Besonders in Bihār und in Bengalen (Nordwestindien) entstanden gewaltige Klosteruniversitäten wie Nālandā (Blüte: 5./6. Jh.) und Vikramashīla (8./9. Jh.). Doch bereits zu dieser Zeit drohte den Klöstern Plünderung und Zerstörung, wie ein chinesischer Pilger des 7. Jh. berichtet: Der erneute Zuwachs des Hinduismus und die Begehrlichkeiten von Lokalherrschern schwächten den indischen Buddhismus zunehmend. In der inzwischen größeren buddhistischen Welt – Süd-, Zentral- und Ostasien – behielt Indien, die Wiege des Buddhismus, dennoch den ersten Rang in Lehre, Philosophie und Wissenschaft. Das veränderte sich dramatisch mit dem verheerendsten Ereignis der indischen Geschichte: Dem Einfall der Muslime.

Wenn man heute durch Nordindien reist, fällt im Vergleich zu Südindien ein Unterschied besonders ins Auge: In ganz Nordindien steht kein Hindutempel, der älter als ein paar Jahrhunderte ist. Was an baulichen Zeugnissen des Alten Indien zu sehen ist, wurde erst ab der britischen Kolonialzeit ausgegraben. Der Grund dafür sind die barbarischen Einfälle islamischer Eroberer. 711 – 745 wurde das Industal erobert, für zwei Jahrhunderte blieb der Rest Indiens weitgehend verschont; im 11. Jh. hinterließen islamische Raubzüge dann zunehmend eine Spur der Vernichtung, bis Nordindien Anfang des 13. Jh. endgültig erobert war. Eine unvergleichliche Kulturbarbarei begann: Hinduistische Tempel, Schreine und Kunstschätze wurden ebenso zerstört und dem Erdboden gleich gemacht wie die Klöster und Kraftplätze der friedlichen Buddhisten. Der indische Buddhismus überlebte diesen Holocaust nicht. Er lebt einzig in seinen Nachfolgern weiter, im Norden in Nepal und Tibet, in Osten in China, Korea und Japan und im Süden in Sri Lanka und Südostasien im modernen Theravāda ...

Theravāda: Staats- und Volksbuddhismus

Der moderne südliche Buddhismus, das Erbe des Hīnayāna, wird heute vor allem in Sri Lanka (Ceylon), Myanmar/Burma, Thailand, Laos und Kambodscha praktiziert. Ceylon und dann Burma (Myanmar) spielten und spielen bei der Entwicklung des modernen Theravāda, »der Schule der Alten«, eine besondere Rolle. Buddhismus wurde hier (wie auch teilweise in Thailand) Staatsreligion und entwickelte manchmal nationalistische Züge. Besondere Eigenheiten entwickelten sich z. B. in den Festen und Ritualen des Volksbuddhismus dieser Länder: Wie auch in den Ländern des nördlichen Buddhismus passte sich der buddhistische Weg der spirituellen Umwandlung an die lokalen kulturellen Bedürfnisse an.

Im Folgenden soll ein grober Überblick über Geschichte und Gegenwart des südlichen Nationalbuddhismus gegeben werden. Den natürlichen Anfangspunkt und Schwerpunkt der Darstellung bildet der erste und für lange Zeit auch der einzige buddhistische Staat: Sri Lanka.

Sri Lanka

In seiner »Großen Chronik« *(Mahāvaṃsa)*, berichtet Mahānāma, ein Mönch aus dem bedeutenden Großkloster in Anurādhapura (Nord-Ceylon), von den Anfängen des Buddhismus in Sri Lanka bis ins 4. Jh.

Dieses Geschichtswerk in Versen aus dem 5. Jh. erzählt die Legende vom dreimaligen wundersamen Besuch des Buddha auf dem Eiland Lanka. Dieses soll damals noch nicht von Menschen bewohnt gewesen sein. Der Buddha soll die Dämonen der Insel vertrieben und die Lokalgötter und Schlangengeister bekehrt haben: So machte er menschliche Besiedlung möglich. Sein linker Fußabdruck auf dem zweithöchsten Berg der Insel, dem Sumanakūṭa, ist noch heute zu sehen. Für Hindus ist dies freilich der Abdruck des Gottes Shiva, für Muslime stellt er den Abdruck des Urvaters Adam dar; der Berg heißt darum heute im Westen *Adam's Peak*.

Sri Lanka ist seit mehr als 2200 Jahren eine Hochburg des Theravāda Buddhismus.

Historisch gesichert ist die Ankunft des Buddhismus in Sri Lanka für das 3. Jh. v. u. Z.: Der bereits erwähnte Maurya-Kaiser Ashoka schickte 247 v. u. Z. eine Abordnung unter der Leitung seines Sohnes, des hochrangigen Mönches Mahendra (Mahinda), zum singhalesischen König Devānampiyatissa. Dieser wurde zu einem glühenden Förderer des Buddhismus. U. a. soll er das bereits genannte Großkloster *(mahāvihāra)* in seiner Hauptstadt Anurādhapura gestiftet haben (*Mahāvaṃsa* 15, 214 u. ö.). Dieses Kloster blieb das vorherrschende spirituelle Zentrum des Buddhismus in Ceylon. Seine Ausrichtung war von Anfang an streng konservativ. Mahendra folgte der Richtung der *Sthaviravāda* in einer strikten Unterform, die sich selbst dann in der Pāli-Sprache Theravāda nannte und behauptete, mit dem Hauptstrom der indischen Sthaviravādin identisch zu sein; tatsächlich bildete sie nur eine besonders rigorose Strömung dieser alten Hīnayāna-Schule.

Im 1. Jh. v. u. Z., in derselben Zeitspanne, in welcher der Pāli-Kanon niedergeschrieben wurde, stiftete König Vaṭṭagāmanī nach erfolgreicher Abwehr einer tamilischen Invasion auf den Ruinen eines Jaina-Klosters das Abhayagiri-Kloster, ebenfalls in Anurādhapura. Dieses weniger strenge Kloster konkurrierte in der Folgezeit mit dem Großkloster um die königliche Gunst und die geistige Vorrangstellung innerhalb des singhalesischen Buddhismus. Die Lehren des Großen Wegs (siehe Kapitel III) erreichten Sri Lanka im 4. Jh.; für ihre Anhänger wurde ein drittes Kloster in Anurādhapura gebaut, der *Jetavana-Vihāra*. Bis zum 12. Jh. stand Sri Lanka unter starken Einflüssen des Mahāyāna und ab dem 8. Jh. auch des tantrischen Buddhismus (siehe Kapitel IV). Besonders der Kult Bodhisattvas des Mitgefühls *(Avalokiteshvara)* ist gut bezeugt. Er wurde mit dem singhalesischen Schutzgott *Nātha* gleichgesetzt.

Gleichzeitig erreichte die ›rechtgläubige‹ Lehre durch die Ankunft des indischen Mönchsgelehrten Buddhagosa im 5. Jh. neue denkerische und schriftstellerische Höhepunkte. Sein »Pfad zur Reinheit« *(Visuddhimagga)* ist ein umfassendes und monumentales Handbuch der buddhistischen Lehre und Buddhagosa trug auch in seinen bahnbrechenden Kommentaren zu kanonischen Schriften entscheidend zur Ausbildung des modernen Theravāda bei. Die tamilisch-hinduistische Fremdherrschaft der Coḷa ab 993 und eine große Hungersnot im 11. Jh. brachte die ununterbrochenen Ordenslinien zum Erliegen. Dies war das Ende der Theravāda-Nonnenorden – auch in den anderen Theravāda-Ländern erlosch er, und bis heute gibt es starke Widerstände, die gerechtfertigte Wiederaufnahme der Vollordination von Frauen in der Theravāda-Tradtion, z. B. über die chinesische Nonnenlinie, zuzulassen oder anzuerkennen.

Der große Gelehrte Buddhagosa fasst im 5. Jh. die philosophischen Lehren des Theravāda in einem monumentalen Handbuch zusammen.

In Sri Lanka wurde ein Jahrhundert nach seinem Erlöschen der Männerorden mit burmesischer Hilfe wieder hergerichtet. Während der singhalesischen Blütezeit unter König Parakkama Bāhu I (12. Jh.) wurde der strenge Theravāda des Großklosters *(Mahāvihāra)* zur Staatsreligion, Mahāyana und Tantra verschwanden aus Sri Lanka und zeigten sich nur noch in Kulten des ceylonesischen Volksbuddhismus.

Im 15. Jh. zerfiel der ceylonesische Nationalstaat in drei unabhängige Reiche: das tamilische Jaffna und die singhalesisch-buddhistischen Königreiche von Kandy (Zentral-Ceylon) und Koṭṭe (beim heutigen Colombo). Portugiesen, Niederländer und schließlich Briten kolonisierten die Insel; der Buddhismus verlor an Ansehen und der Mönchsorden im Reich Kandy erlosch noch dreimal und wurde durch burmesische und schließlich siamesische (thailändische) Hilfe erneuert. Diese letzte Erneuerung führte zur »Siamesischen Kongregation« *(siyam-nikāya)*, einer der drei noch heute wirkenden Ordenslinien. Diese blieb allerdings nur hochkastigen Singhalesen offen: Hinduistische Volksfrömmigkeit und Kultur hatten sich in Sri Lanka so hartnäckig gehalten, dass selbst das Kastenwesen weitgehend intakt geblieben war. Die beiden anderen lebendigen Kongregationen, der *Amarapura-* und der *Rāmañña-Nikāya,* entstanden dagegen im 19. Jh. als Reformbewegungen. Der Einfluss der westlichen Esoteriker des 19. Jh. – der »Theosophischen Gesellschaft« – und dem Christentum kritisch gegenüberstehender Philosophen führte zu einer Wiederbelebung des Buddhismus in Sri Lanka. Sie stellten den Buddhismus als »Religion der Vernunft« dem ›irrationalen‹ Christentum entgegen. Dabei wurden mythisch-folkloristische Aspekte des Buddhismus ausgeblendet; unter ›Buddhismus‹ wurden die rein intellektuellen Teile des alten Pāli-Kanons verstanden. Dieser westliche Einfluss führte so erneut zu einer konservativen, intellektuellen Glaubensform, die man im Westen als »protestantischen Buddhismus« bezeichnet hat.

Südostasien

Auch für Südostasien waren die Missionen des Maurya-Kaisers Ashoka der Startpunkt des buddhistischen Einflusses. Im 3. Jh. v. u. Z. erreichten Mönche das Königreich der Mon (heute Südburma und Thailand). In der Folgezeit festigte sich der Theravāda hier besonders durch Missionen aus Sri Lanka. Südostasiatische Herrscher brachten in hohem Maße indische Kultur und Spiritualität in ihre Reiche. Kambodscha z.B. erlebte bereits früh die Ankunft von Buddhisten und Shiva-Anhängern; vom 2. Jh. an förderten mit kurzen Unterbrechungen die meistens shivaitischen Gottkönige der Khmer den Buddhismus des Großen Weges (Mahāyāna, siehe Kapitel III), ab dem 9. Jh. von der neuen Hauptstadt Angkor-Wat (Zentral-Kambodscha) aus. Auch tantrische Praktiken (siehe Kapitel IV) sind für diese Periode gut bezeugt. Erst im 15. Jh mit der thailändischen Eroberung Kambodschas 1431 wurde der Theravāda in Zentralsüdostasien vorherrschend. Das andere zentrale Königreich, Laos, war bereits ein Jahrhundert zuvor rein theravādisch geworden. Nur in Vietnam hielt sich der Mahāyāna-Buddhismus aufgrund des chinesischen Einflusses.

Besonders spannend ist, dass vor der Ankunft des Islams in Malaysia und besonders Indonesien eine blühende Mischkultur aus mahāyānischem und tantrischem Buddhismus (siehe Kapitel III und IV) mit Hinduismus ausgeübt wurde, die in Ansätzen noch heute auf der kleinen Insel Bali lebt. Die eindrucksvolle Tempelanlage des Borobudur in Zentraljava (9. Jh.) legt hiervon lebhaft Zeugnis ab: Insgesamt 72 Stūpas sind hier zu einer Meditationskarte, einem Mandala, angeordnet, welche den Stufenweg eines Erleuchtungsstrebenden (Bodhisattvas) symbolisieren. Doch davon später mehr.

Im heutigen Südostasien ist der Theravāda-Buddhismus fest verankert. Jeder, der Thailand oder Sri Lanka besucht, kann einen guten Eindruck davon bekommen, wie tief diese Strömung des Buddhismus das Straßenbild und Leben der Menschen dort bestimmt. Die Theravāda-Gemeinschaft bemüht sich über die Ländergrenzen hinweg rege um Austausch und Einheit. Das zeigen auch die südlichen Sonderkonzile von Mandalay (1871) und Rangun in Burma (1954): Auf diesem so genannten 6. Konzil wurde der Wortlaut des Pāli-Kanons erneut für alle Theravāda-Schulen verbindlich festgelegt.

Betrachten wir nun abschließend das religiöse Leben des einfachen Mannes in Theravāda-Ländern. In einer Religion, die so auf Ordensleben festgelegt ist wie der südliche Buddhismus, muss schließlich

Platz für die Bedürfnisse der Laien nach spiritueller Erbauung, Trost und Festlichkeit sein.

Theravāda – Feste und Rituale

Bei der Beschreibung der buddhistischen Gemeinde haben wir bereits gesehen, dass Laienanhänger ermahnt werden, die fünf sittlichen Vorschriften einzuhalten (›Nicht töten‹, ›Nicht stehlen‹, ›Nicht sexuell verletzen‹, gedeutet als ›keinen außerehelichen Sex‹, ›Nicht lügen‹ und ›Keine Drogen/Alkohol‹). Davon abgesehen beschränkt sich ihre spirituelle Anteilnahme auf tätige Liebe: Almosen an die Mönchsgemeinde bauen gute Verdienste für kommende Leben auf.

Auch zu wichtigen Zeremonien der Mönchsgemeinde wie der Beichtfeier *(poshatha)* oder der Zeremonie des Einander-Einladens am Ende der Regenzeit *(pravāraṇā)* haben Laien keinen Zutritt bzw. tragen nur durch Schenkungen bei den anschließenden Umzügen zur Feier bei. An bestimmten Gedenktagen nehmen Laien an Prozessionen und erbaulichen Unterweisungen teil. Der wichtigste dieser Festtage ist der erste Vollmondtag im Frühling, der Tag von Buddha Shākyamunis Geburt, Auszug, Erleuchtung und Verlöschen: *Vesākh.*

Theravāda-Zeremonien: Beichtfeiern und der rituelle Gesang der Schutztexte prägen Ordensleben und Seelsorge.

Wie aber steht es mit den Lebens- und Schwellenfesten im südlichen Volksbuddhismus: Geburt, Erwachsenwerden, Hochzeit, Krankheit und Tod? Theravāda-Mönche führen zu diesen besonderen Gelegenheiten Schutzrituale durch: Sie rezitieren bestimmte Lehrreden zur Begleitung der Ereignisse. Diese Texte nennt man *paritta* (Singhalesisch *pirit*, Schutztexte). Tatsächlich rezitieren moderne Theravāda-Mönche diese Texte in der Regel mehrfach am Tag, und jeder Morgen beginnt in aller Frühe mit dem Aufsagen dieser Sammlung aus 29 *suttas* des Pāli-Kanons. Drei davon sind besonders wichtig *(mahāparitta)*: Das *Ratana-Sutta* (über Wahrheit, *Suttanipāta* 222-238), das *Mahāmangala-Sutta* (soziales Verhalten, *Suttanipāta* 46) und das *Metta-Sutta* (Güte, *Suttanipāta* 143-152):

! *Mögen alle Wesen Glück und inneren Frieden haben …*

Zu bestimmten Anlässen werden auch sehr spezielle Texte rezitiert, z. B. vor einer Geburt das *Angulimāla-Sutta*, in dem die Befreiung von Geburtsschmerzen durch das Zeugnis des Arhat Angulimāla geschildert wird. (*Majjhima-Nikāya* 2, 97, *Milindapañha* 150-1)

Diese Schutzzeremonien durch Rezitieren werden im Pāli-Kanon bereits dem Buddha zugeschrieben (z. B. im *Khanda-sutta* der ›Angereihten Sammlung‹, *Anguttara-Nikāya* 2, 72); ihr Überleben im nüchternen Theravāda-Buddhismus zeigt aber den Einfluss des Hinduismus und des Mahāyāna, in dem Textpassagen als quasi magische Formeln *(dhāraṇī)* in Volksfrömmigkeit und als Meditationsmittel im tantrischen Buddhismus sich weiter Beliebtheit erfreuten.

Der gewöhnliche Verlauf einer *paritta*-Zeremonie lässt sich wie folgt zusammenfassen:

Mitten unter einem speziellen Baldachin *(pirit maṇḍapa)* wird ein neu getöpferter Krug mit Wasser gestellt; Blumen, Weihrauch und eine Kokosnussöl-Lampe zieren des Weiteren den Altarraum. Um ihn herum nehmen die Mönche Platz. Sie halten während der Rezitation einen weißer Faden, der um den Wasserkrug, einen *paritta*-Text und ggf. eine Reliquie gewunden ist. Die Zeremonie hebt mit diesen Formeln an:

Um alles Unheil abzuwenden, und alles Glück zu verwirklichen, zur Vernichtung allen Leidens, sprecht das glückbringende parrita!
zur Vernichtung aller Ängste, sprecht das glückbringende parrita!
zur Vernichtung aller Krankheiten, sprecht das glückbringende parrita!
(Rezitationsmeister:)
Mögen sich alle Gottheiten in allen Weltkreisen versammeln, um die gute Lehre des Königs der Weisen (Buddha) zu vernehmen, die himmlische Befreiung verleiht.

Es folgt die Rezitation der drei *mahāparittas* und dann die Gelegenheitstexte.

Eine andere sehr beliebte Form der Volksfrömmigkeit besonders in Sri Lanka sind Schenkungen *(dāna)* im Namen eines Verstorbenen. Hier hat sich eine Form der altindischen Ahnenverehrung erhalten. Vorfahren werden als Wesen des Geisterreiches *(pretas)* vorgestellt, die unser Mitgefühl nötig haben. Indem man in ihrem Namen Verdienste aufbaut, verhilft man ihnen zu einer schnellen, besseren Wiedergeburt.

Teil III

Mahāyāna: *Die zweite Umdrehung des Rades der Lehre*

Einleitung

Die Mehrheitsgemeinde auf dem Weg zum ›Grossen Weg‹

Ab dem 2. Jahrhundert v. u. Z. wurden in Indien innerhalb gewisser buddhistischer Kreise die Lehren des Erhabenen neu gewichtet: Besonders innerhalb der ›Mehrheitsgemeinde‹ *(Mahāsanghika)* schien die allmähliche Verschiebung zu neuen Schwerpunkten auf fruchtbaren Boden gefallen zu sein. Doch die neue geistige Bewegung war nicht auf die Mehrheitsgemeinde beschränkt: Diese hatte sich, wie in Kapitel II gesehen, wahrscheinlich im 3. Jh. von der ›Schule der Älteren‹ (Sthaviravāda) getrennt. Und Unterschulen des alten Sthaviravāda beeinflussten die neue Sichtweise sehr: Sarvāstivāda, Sautrāntika und Dharmaguptaka trugen zur Entwicklung einer geistigen Bewegung bei, die sich ab dem 2. Jh. als *Mahāyāna*, ›Großer Weg‹ (auch ›Großes Fahrzeug‹), bezeichnete.

Die Lehren bilden die zweite Umdrehung des Rades der Lehre: Die Belehrungen zu Weisheit und *Mitgefühl*.

Es ist diese Form des Buddhismus, die man zusammen mit der dritten Umdrehung (Diamantweg) geographisch als *nördlichen Buddhismus* bezeichnet: Der lebendige Buddhismus in Ostasien und Tibet.

! *Manchmal findet man auch die Bezeichnung ›östlicher Buddhismus‹ für den Mahāyāna in China, Vietnam, Korea und Japan; ›nördlicher Buddhismus‹ bezieht sich dann nur auf den Diamantweg in Tibet, der Mongolei, Sibirien und im Himalaya (Ladakh, Nepal, Sikkim und Bhutan).*

Es ist wichtig, im Gedächtnis zu behalten, dass es sich bei der Entwicklung des frühen Buddhismus nicht so sehr um radikale Neuerungen oder Abspaltungen in verfeindete Sekten handelte. Vielmehr waren die Grenzen zwischen Hīnayāna und Mahāyāna fließend, beide Strömungen bestanden friedlich nebeneinander in Klöstern und an den großen Universitäten, z. B. in Nālandā und Vikramashīla.

Natürlich hat es von beiden Seiten im Laufe der Geschichte gegenseitige Vorwürfe und polemische Streitschriften gegeben. Aber zu keiner Zeit führte dies zu einer Situation, die der Kirchenbildung im Christentum vergleichbar wäre: Konfessionskriege, Scheiterhaufen und gegenseitige Verketzerung hat es im Buddhismus nie gegeben. Statt dessen erkennen die verschiedenen Schulen des Buddhismus sich gegenseitig an: Der Berg zur Erleuchtung lässt sich schließlich auf verschiedenen Pfaden erklimmen …

Drei Kernpunkte kennzeichnen den ›Großen Weg‹ (Tib.: theg pa chen po):

1. Die Philosophie von Leerheit und Geist
2. Die Neubewertung des Buddha
3. Das Ideal des ›Erleuchtungsstrebenden‹, des Bodhisattva

Vom dritten Punkt leitet sich ein weiterer früher Name des Mahāyāna ab: *Bodhisattva-yāna, ›Weg des Erleuchtungswesens‹.* Die Anhänger der neuen geistigen Bewegung sahen ihre Rolle auf dem Weg zur Erleuchtung viel aktiver, nicht als bloße ›Zuhörer‹ *(shrāvakas)*. All diese Punkte werden wir in diesem Kapitel ausführlich behandeln, beginnend mit Leerheit und Geist.

Doch zunächst wollen wir die geistigen und sozialen Umstände zusammenfassen, die letztlich zum Herausbilden des Mahāyāna geführt haben: Buddha-Verehrung, Laienbewegung und das neue Ideal des *Bodhisattva.*

Der überweltliche Buddha

Wir haben bereits kurz eine noch im 7. Jh. in Afghanistan lebendige Mahāsanghika-Schule erwähnt, den *Lokottaravāda.* Diese übte einen großen Einfluss auf das Neuverständnis der Person des Buddha aus. In ihren Ordensregeln *(vinaya)* befand sich ein Text, der das Leben des historischen Buddha Shākyamuni überhöhte – das *Mahāvastu,* ›die Schrift über das große Ereignis‹.

Nichts an den Buddhas ist mit den Maßstäben der Welt messbar; alles, was ihnen zukommt, ist überweltlich.

(Mahāvastu 1, 159)

Nach dem Mahāvastu ist alles, was der Buddha tut, überweltlich: gehen, stehen und liegen; Kleider tragen, essen und baden. Die Buddhas verbergen ihre Macht über Saṃsāra, sie altern nur zum Schein – alles, in Einklang mit den weltlichen Naturgesetzen zum Wohle der Wesen: Buddhas zeigen sich in der Welt nur zum Schein in einem menschlichen Leib. So drücken sie das überweltliche Programm »Erleuchtung« aus. Ähnliche »Scheinleib«-Lehren in Bezug auf Jesus von Nazereth findet man übrigens in der Lehre früher christlicher und gnostischer Sekten.

Diese ›Christologie‹ nennt man ebenso wie die ›Buddhologie‹ (Lehre vom Wesen des Buddha) des Lokottaravāda *Doketismus;* der Name *Lokottaravāda* meint dann auch ›Überweltlichkeits-Schule‹ oder ›Transzendentalismus‹.

Die Lehre von der Überweltlichkeit des Buddha Shākymuni und aller Buddhas kam einem sehr menschlichen Bedürfnis entgegen: Verehrung, Inbrunst und spirituelle Liebe für den Weg zur Erleuchtung nutzen zu wollen. Gerade Laien, die in den meisten frühen Schulen eine sehr untergeordnete Stellung einnahmen, sahen in der hingebungsvollen Verehrung des Buddha einen Weg, gute Verdienste zu sammeln.

Die Laienbewegung

Verehrendes Gedenken des Buddha *(buddhānusmriti)* als Weg zur Erleuchtung ist bereits in Hīnayāna-Schriften erwähnt. In dem sehr altertümlichen Pāli *Suttanipāta* erklärt der Brahmane Pingiya:

Es gibt keinen noch so kleinen Augenblick, an dem ich von Gautama getrennt bin … Tag und Nacht, in ständiger Achtsamkeit sehe ich ihn im Geiste so deutlich wie mit Augen. Weil ich ihn Nacht für Nacht verehre, bin ich meiner Meinung nach keinen einzigen Augenblick von ihm getrennt.

(Suttanipāta 1140. 1142)

Die frühe Verehrung des Buddha in den Stūpas (Reliquienschreinen) haben wir in den vorigen Kapiteln kennen gelernt. Es ist allzu menschlich, dass die Verehrung teilweise ein mystisches, gefühlsmäßiges Ausmaß erreicht, zumal unter den Laienanhängern, die Meditation und Studium nicht zu ihrer Ganztagsbeschäftigung machen konnten. Die Sicht vom Buddha als überweltlichen Gegenstand der Verehrung kam ihnen sehr entgegen. Und wie immer in seiner Geschichte nutzt der Buddhismus alle möglichen Mittel, die Menschen auf den Weg zur Erleuchtung zu führen. Warum nicht auch liebevolle Hingabe und Verehrung? Besonders in der japanischen Buddhismus-Forschung wird der Ursprung der Mahāyāna-Bewegung darum vor allem im Laienbuddhismus gesucht. Teilweise wird hier behauptet, es hätte Laiengemeinden gegeben, die sich um Stūpas gebildet hätten und sich stark von den Mönchen abgesetzt hätten. Die Mehrheit der frühen Mahāyāna-Schriften deutet aber darauf hin, dass die neue Bewegung im klösterlichen Umfeld entstand – dann aber als Reform zu der einseitigen Begünstigung des Mönchslebens. Es ist dagegen wahrscheinlich, dass meditative Verehrung des Buddha-Wortes *(buddhavācana)* – sprich des heiligen Buches – in Rezitation und Beschauung eine wichtige Rolle beim Entstehen des Mahāyāna gespielt hat. Wie dem auch sei, frühe Mahāyāna-Schriften deuten auf eine starke, selbstbewusste Laienbewegung zu Beginn des ›Großen Weges‹ hin: Im Vimalakīrti-nirdesha-Sūtra ist es der Laie Vimalakīrti, der auf dem Weg zur Buddhaschaft voranschreitet und dabei Ordensleute in der Lehre verbessert und ermahnt. Auch Frauen und Kinder bekamen in den Mahāyāna-Belehrungen ein größeres Gewicht. Im Sūtra ›Löwengebrüll der Königin Shrī Mālā‹ erklärt die Monarchin auf Buddhas Bitte hin die tiefgründigen Lehren von der Buddhanatur (siehe Kapitel IV). Und in einem anderen Sūtra, dem *Ashokadattā-vyākaraṇa-sūtra*, werden die Mönche durch Ashokadattā – ein zwölfjähriges Mädchen! – belehrt.

Laien werden nun also nicht mehr als bloße Zuhörer und Almosengeber dargestellt. Überhaupt wird aktive Liebe verbunden mit buddhistischer Weisheit als Lebensziel. Dem Weg der Zuhörer (shrāvaka-yāna) setzt man den Weg des Erleuchtungswesens *(Bodhisattva-yāna)* entgegen.

Der Weg von Weisheit und Mitgefühl: Das Bodhisattva-Ideal

Hīnayāna Schriften nennen Buddha Shākyamuni vor seinem vollständigen Erwachen einen ›Bodhisattva‹ – ein ›Erleuchtungswesen‹, jemand der seinen Sinn auf Erleuchtung gerichtet hat. Im Sinne der überweltlichen Deutung des Buddha wird die Bezeichnung zu einer Aufmunterung: Jeder sollte nach Erleuchtung streben und dabei anderen helfen. Der Mahāyāna stellte darum dem ›Vollendeten‹ *(arhat)* des ›Kleineren Weges‹ den Bodhisattva als neues Ideal entgegen. Weisheit und aktive Liebe verbinden sich hier. Nach den Lehren des nördlichen Buddhismus bleibt ein Bodhisattva – ein bereits hoch entwickeltes Wesen auf dem Weg zur Erleuchtung – in der Welt des Leidens *(saṃsāra)* aktiv, um anderen zu helfen. Vom Standpunkt der Weisheit aus hat er erkannt, dass es Leiden gibt, und doch: Wer leidet? Niemand! So besagt die ›Nicht-Ich‹-Lehre. Aus Mitgefühl strebt der Bodhisattva nach Vernichtung des Leidens bei jedem (vorgeblichen) Wesen. Das ist seine Erleuchtungshaltung *(bodhicitta)*, das hat er in einem feierlichen Gelübde (*praṇidhāna*) versprochen. Dies wird auch als heroischer Akt der Selbstentsagung verstanden; z. B. bedeutet die tibetische Bezeichnung von Bodhisattva ›Erleuchtungskrieger‹ (byang chubs sems dpa') … Jeder, der ernsthaft Mahāyāna oder den Diamantweg praktiziert, wird irgendwann dieses Versprechen ablegen; Erleuchtung wird dann zu einer selbstlosen Reise und nicht zu einem Ego-Trip.

Später werden wir ausführlicher auf den Bodhisattva eingehen. Wenden wir uns nun zunächst den spannenden ›neuen‹ Schriften der Mahāyāna-Bewegung und ihrer ebenso spannenden Philosophie zu: Leerheit und Geist.

Weisheit

Mahāyāna-Sūtras

Ab dem 2. Jahrhundert v. u. Z. tauchten innerhalb der buddhistischen Klöster Lehrreden *(Sūtras)* des Buddha auf, die nicht in den bisherigen Kanons enthalten waren. Die Reaktion auf diese Schriften war zwiespältig: von begeisterter Annahme bis zur feindlichen oder gar höhnischen Ablehnung. Im *Pratyutpanna*-Sūtra, einem frühen Mahāyāna-Text, sieht der Buddha die Anschuldigungen der Kritiker dieser Lehrreden und seiner Anhänger voraus: Die Schrift sei eine Erfindung arroganter Besserwisser … Dagegen weisen Mahāyāna-Lehrreden wie das Lotus-Sūtra darauf hin, dass den alten Kanons wesentliche Teile der Belehrungen des Buddhas fehlten, da die Mönche beim Sammeln zu einseitig auf bestimmte Lehren bedacht waren. Manche Lehrschriften des ›Großen Weges‹ erklären ihr späteres Auftauchen in mythischen Bildern: Der Buddha habe sie versteckt, da die Zeit für sie noch nicht reif war. Auffallend ist, dass der Buddha in vielen Mahāyāna-Sūtras nicht selbst lehrt, sondern entweder am Anfang einen hoch entwickelten Schüler (z. B. Subhūti) oder einen Bodhisattva bittet zu lehren und/oder die Belehrungen am Ende gutheißt oder die Person des Lehrenden ›autorisiert‹, d. h. bezeugt, dass sie oder er so verwirklicht ist, um zu lehren.

In diesem Zusammenhang ist es interessant festzustellen, dass es Regeln zur Anerkennung nicht-wörtlicher Buddhalehren gab; das *Adhyāshaya-samcodana Sūtra* nennt:

1. Wahrheitigkeit
2. *Dharma*-Inhalt,
3. Von den Geistesschleiern befreiende Wirkung
4. Wegweisung zum *nirvāṇa* (zitiert in Shāntideva, *Shikshā-Samuccaya* I).

Alles, was diese Bedingungen erfüllt, kann also als echtes Buddha-Wort *(buddhavācana)* angesehen werden. Buddhismus zeigt sich hier erneut von seiner pragmatischen und flexiblen Seite: Was hilft, ist gut!

Die Literatur des Mahāyāna ist enorm. Viele Schriften werden uns im Laufe dieses Kapitels begegnen. Einige werden wir genauer untersuchen.

Hier folgt zum ersten Eindruck zunächst ein Überblick:

1.	*Schriften der Höchsten Weisheit* (**Prajñāpāramitā**)	2. Jh. v. u. Z. – 4. Jh.
2.	*Lotus-Sūtra* (**Saddharmapuṇḍarīka Sūtra**)	1. Jh. v. u. Z., endgültige Zusammenstellung ca. 200.
3.	*»Darlegung des (Laien) Vimakakīrti«*, **Vimalakīrti-nirdesha-Sūtra**	1./2. Jh.
4.	*Verehrungs- und Reine-Länder-Sūtras*, z. B. **Sukhāvatī-vyūha Sūtras**	ca. 1. Jh.; frühste chinesische Übersetzung 223
5.	*Meditations-Sūtras*, z. B. das **Samādhirājā Sūtra**, das **Pratyutpanna-Sūtra** und das **Shūrangama-samādhi** über den heldenhaften Fortschritt in Meditation und Vertiefung.	1. Jh. v. u. Z. – 2. Jh.
6.	*Beicht-Sūtras*, wie der Kern des Goldglanz-Sūtras (**Suvarṇa-prabhāsa-Sūtra**)	2. Jh. (?)
7.	*›Blumenkranz-Schriften‹ Avataṃsaka Sūtra (= Hua-yen)*, u. a. **Dashabhūmika** (Nr. 26, zuden 10 Stufen des Bodhisattvas) und **Gaṇḍavyūha** (Nr. 39, Spirituelle Reise des Knaben Sudhana und Offenbarung des kosmischen Buddha Mahā-Vairocana).	Endfassung zusammengestellt ca. 400
8.	*›Juwelhaufen‹-Schriften* (**Ratnakūṭa**) Versammlung von 49 vermischten Lehrreden, u. a. **Rāshṭrapāla-Sūtra** und **Kashyapa-parivarta**. Auch die unter Punkt 4 erwähnten *Sukhāvatī-vyūha Sūtras* und das *Shrī-Mālādevī-siṃhanāda Sūtra* werden zu den Juwelenhaufen-Schriften gerechnet.	Zusammenstellung der Schriften in Zentralasien im 5. Jh.
9.	*Idealistische (cittamātra) Sūtras*, z. B. **Saṃdhinirmocana Sūtra** und das **Lankāvatāra-Sūtra**	2. Jh. 4. Jh.
10.	*›Keim der Buddhaschaft‹-Schriften* (**Tathāgatagarbha**) Diese Schriften gehören streng genommen zu den Vajrayāna Belehrungen (Kapitel IV): z. B. **Shrī-Mālādevī-siṃhanāda-Sūtra** ›Löwengebrüll der Königin Shrī Mālā‹ und das Sanskrit **Mahāparinirvāṇa-Sūtra**.	3. Jh. 3. Jh.

11. *Sūtras zu Ursache und Wirkung*, z. B. das **Saddharma-smrityupasthāna-Sūtra** und das **Shālistamba-Sūtra** zum ›Bedingten Entstehen‹ ca. 250

Nur ein Bruchteil dieser Schriften ist in ihrer ursprünglichen indischen Sprache, dem Sanskrit, erhalten. Die meisten sind im chinesischen und tibetischen Kanon enthalten (siehe Tabellen 8 und 9 im Anhang). Die Textüberlieferung dieser Mahāyāna-Sutras kann sehr unübersichtlich sein. Forscher müssen nicht nur die indischen Sprachen gut beherrschen: Sanskrit, Pāli und Prakrit (Sanskrit wurde meistens mit dem mittelindischen Prakrit gemischt. Man spricht dann von »Buddhistisches Hybrides Sanskrit«); auch gute Kenntnisse des Chinesischen und Tibetischen sind unerlässlich. Und für einzelne Texte sind zentralasiatische Sprachen, wie das iranische Khotansakische und Sogdische, das Tocharische oder das Uighurische wichtig. Ganz zu schweigen von den reichen nord- und ostasiatischen Nationalliteraturen in Mongolisch, Mandschu, Koreanisch und Japanisch!

Namo Buddha, Nepal; der Ort der Selbstopferung des Prinzen Mahāsattva an die hungrige Tigerin (Abbildung 11)

Ein fesselndes Beispiel für so eine vielsprachige Überlieferung stellt das Goldglanz-Sūtra *(Suvarṇaprabhāsa-Sūtra)* dar. Sein originaler Sanskrit-Text ist in vier verschiedene Überlieferungszweige (›Rezensionen‹) aufgeteilt; diese sind uns in mehreren Sanskrit-Handschriften und in Erste-Hand-Übersetzungen ins Chinesische, Tibetische und Khotansakische überliefert. Der Textforscher muss nun sorgfältig all diese Überlieferungen prüfen und vergleichen, will er den ursprünglichen Text so gut es geht wiederherstellen! Einen Stammbaum zur spannenden Textüberlieferung dieses Sūtras finden sie zur Veranschaulichung im Anhang, Tabelle 12.

Wegen wichtiger Aussagen zur Staatskunst erlangte das Gold-

Namo Buddha, Stūpa (Abbildung 12)

glanz-Sūtra besonders in Zentral- und Ostasien hohe Bedeutung: In China und Japan ist das Gemeinwesen traditionell von größerer Bedeutung als die Einzelperson. Kern dieses Sūtra bildet sein drittes Kapitel, ein ›Beichttext‹, in dem allumfassendes Mitgefühl gelobt wird. Und über ganz Asien bekannt ist die Geschichte des Prinzen Mahāsattva, der sein Leben einer hungrigen Tigerin opferte. Diese Vorgeburtsgeschichte *(jātaka)* bildet das 18. Kapitel des Goldglanz-Sūtra und findet sich auch unabhängig davon in vielen Legendensammlungen. Die Erzählung verdeutlicht die Selbstlosigkeit eines Bodhisattva. Am Rand des Kathmandu-Tal in Nepal findet sich die Stelle dieser Heldentat. Zur Erinnerung steht hier die drittwichtigste Stūpa des Landes – Namo Buddha; bis heute soll ein Tiger in dieser Gegend leben …

Wenden wir uns nun der ersten und ältesten Gattung von Mahāyāna-Lehrreden zu: Den Schriften der ›Höchsten Weisheit‹ *(Prajñāpāramitā)*.

Sie beschreiben in mystischer Sprache eine überweltliche Weisheit, die Gegenstand der Erfahrung von Erleuchtung ist: Leerheit.

Die vollendete Weisheit: Prajñāpāramitā

Die Lehrreden von der ›Höchsten‹ oder ›Vollendeten Weisheit‹ stehen am Anfang der Mahāyāna-Bewegung. Es handelt sich um mystisch-meditative Schriften, die Leerheit und unterscheidende Einsicht, Weisheit *(prajñā)*, behandeln. Der Buddha soll diese Belehrungen der *Prajñāpāramitā* beim zweiten Drehen am Rad der Lehre an der ›Geierspitze‹ in Rājagriha gegeben haben. Da die Zeit für sie noch nicht reif war, sollen die Schriften dann von den Schlangengeistern *(Nāgās)* in den Tiefen des Ozeans verborgen worden sein, bis der große Philosoph Nāgārjuna sie – genauer ihre größte Schrift in 100.000 Versen – von dort zurück auf die Erde gebracht hätte. Am Svayambhūnāth-Stūpa bei Kathmandu/Nepal wird noch die Stelle gezeigt, wo Nāgārjuna wieder zur Erde zurückgekommen sei.

Tempel beim Svayambhūnāth-Stūpa, Nāgārjuna kehrt von den Nāgās zurück (Abbildung 13)

So weit zum Mythos. Tatsächlich hat Nāgārjuna im 2. Jh. die Gedanken der *Prajñāpāramitā*-Texte zu einer systematischen Philosophie der Leerheit *(Madhyamaka)* verbunden. Doch davon später.

Geschichtlich kann man vier Phasen unterscheiden:

1. Die ältesten Texte bilden die ›vollendete Weisheit in 8.000 Versen‹ *(Ashṭasāhasrika Prajñāpāramitā)* und ihre poetische Zusammenfassung, die *Ratnaguṇasaṃcaya-gāthā:* 2. Jh. v. u. Z. –1. Jh. u. Z.
2. Dieser Grundtext wird bis zum 3. Jh. erweitert:
   Die ›Vollendete Weisheit in 100.000 Versen‹, ›in 25.000 Versen‹ und ›in 18.000 Versen‹ entstehen.
3. Im 3.–5. Jh. entstehen kurze Zusammenfassungen dieser massiven Texte, wie das Herz-Sūtra und das Diamant-Sūtra (*Vajracchedikā-Sūtra,* eigentlich: ›Diamantschleifer‹ in 300 Versen).
   Zu dieser Phase gehört auch das klassische Lehrbuch zu den Prajñāpāramitā-Schriften in der tibetischen Tradition: Maitreyas *Abhisamayālaṃkāra.*
4. Im 5.–12. Jh. unterliegen die Schriften ›tantrischem‹ Einfluss; die besondere Weise der Meditation in den Lehren der ›dritten Umdrehung‹ (siehe Kapitel IV) schlägt sich nieder.

Ausgangspunkt der Schriften ist die ›Nicht-Ich‹-Lehre, die wir in Kapitel II kennen gelernt haben: Es gibt keine Seele, kein ›Selbst‹, alles ist bedingt und vergänglich. Dies nannte der Buddha auch ›leer‹ *(shūnya)*: ohne unabhängiges, dauerhaftes Bestehen. Einige Hīnayāna-Schulen, wie der *Sarvāstivāda*, wandten die Nicht-Ich-Lehre nur auf Personen *(pudgalanairātmya)* an, behaupteten aber, dass die Daseinsfaktoren *(dhammas)*, die diese Welt der Erscheinungen ausmachen, wirklich und letztlich existierten. Wir haben dies weiter oben in Kapitel II bei der Besprechung der Scholastik *(Abhidharma)* erläutert. Die Schriften der ›Vollendeten Weisheit‹ wenden sich nun gegen diese verkürzende Deutung der Lehre und betonen im Einklang mit Buddhas ursprünglichen Belehrungen, dass alle Erscheinungen ›leer‹ sind – ohne innewohnende, dauerhafte Existenz *(dharmanairātmya)*. In der ›vollendeten Weisheit in 8.000 Versen‹ ist es Subhūti – ein Buddha-Schüler, der in Hīnayāna-Texten eine untergeordnete Rolle spielt –, der den Meister Scholastiker Shāriputra zurechtweist und belehrt – im Auftrag des Buddhas!

Bevor wir auf die genannte Leerheit der Erscheinungen *(shūnyatā)* näher eingehen, müssen wir noch einen Grundgedanken der *Prajñāpāramitā*-Schriften andeuten: die Lehre von den zwei Wirklichkeiten. Diese sind die gerade wahrnehmbare, illusionshafte Welt (auch *saṃvriti* ›konventionell‹ genannt) und die ›absolute Wahrheit‹ *(paramārtha)*. Mit letzterer wurde das große buddhistische Paradox von der Wiedergeburt ohne Seele gelöst. Dieser schwierige Lehrsatz besagt z. B., dass es zwar Leiden gibt, aber niemanden, der leidet. Alles ist letztendlich leer. Was auf der bedingten Ebene als wirklich erscheint, z. B. das Selbst, die Persönlichkeit, ist vom Standpunkt der höchsten Wahrheit gesehen ohne Eigennatur. Die Sprache der *Prajñāpāramitā*-Schriften ist häufig voller augenscheinlicher Paradoxe. Diese erfüllen in der meditativen Betrachtung der Schriften eine wichtige Funktion: Sie weisen auf die Grenzen des forschenden, ›diskursiven‹ Denkens hin. Der verstandesmäßigen Einsicht in die Weisheit *(prajñā)* der Leerheit muss eine intuitives Durchbrechen aller geistigen Konzepte folgen: Dies ist ›vollendete Weisheit‹: Einsicht in die Leerheit der Erscheinungen durch zunächst unterscheidendes

Nachdenken und dann durch Sprengen aller intellektuellen Vorstellungen …

Betrachten wir nun, wie dies im ›Herz‹, d.h. in der Essenz dieser Schriften, geschieht: Das *Prajñāpāramitā-Hridāya-Sūtra* (Herz-Sūtra) bietet sich wegen seiner mystischen Knappheit besonders zum meditativen, lauten Vorlesen an. In Tibet, China und Japan (vor allem im Zen) ist das Herz-Sūtra darum der am häufigsten rezitierte und kommentierte Text. In seiner kürzeren Version lautet es:

Alle Skandhas (Bildungskräfte der empirischen Person), nämlich Körper, Empfindung, Unterscheidungskraft, Gestaltungswille und Bewusstsein, sind ihrem wahrsten Wesen nach leer.
In der höchsten Wirklichkeit ist der Körper Leerheit und Leerheit Körper, vom Körper nicht verschieden ist die Leerheit, von der Leerheit nicht verschieden ist der Körper, was Körper ist, ist Leerheit, was Leerheit ist, ist Körper. Ebenso verhält es sich mit Empfindung, Unterscheidungskraft, Gestaltungswille und Bewusstsein.
In der höchsten Wirklichkeit sind alle dhammas (Daseinsfaktoren) durch Leerheit gekennzeichnet, nicht entstanden – nicht vergangen, rein – unrein, vollkommen – unvollkommen.
Darum gibt es in der Leerheit weder Körper noch Empfindung, Unterscheidungskraft, Gestaltungswille oder Bewusstsein; weder Auge, Ohr, Nase, Zunge, Tastorgan, Denkorgan, noch Form, Klang, Geruch, Tastobjekt, Denkobjekt; nichts Stoffliches, angefangen bei der Elementarebene bis zur feinstofflich-geistigen Ebene; weder Unwissenheit noch Vernichtung der Unwissenheit; alle Glieder des ›Bedingten Entstehens‹ bis einschließlich ›Altern und Sterben‹ und ihre Vernichtungen existieren dort nicht; nicht der Pfad zum Auslöschen der Leidensentstehung; keine Weisheit, kein Erlangen oder Nicht-Erlangen.

Wir sehen, dass im Herz-Sūtra ›Leerheit‹ sich selbst auf die Kernpunkte des *dharma*, der Buddha-Lehre, bezieht; denn vor dem Hintergrund der Leerheit aller Erscheinungen ist selbst Buddhas Lehre vorläufig: Die vier Edlen Wahrheiten, den Edlen Achtgliedrigen Pfad, die fünf Gruppen des Anhaftens *(skandhas)*, die Kette des ›Bedingten Entstehens‹, selbst die angestrebte Weisheit ist leer! Und es gibt vom Standpunkt der höchsten Wahrheit keine Befreiung (›Erlangen‹); d.h. alles ist bereits befreit, gut so, wie es ist, höchste Weisheit; allerdings haben die meisten von uns diese höchste Sicht noch nicht verwirklicht …

In den ›Höchste Weisheit‹-Sūtras sehen wir einen entscheidenden Denkschritt des ›Großen Weges‹ *(Mahāyāna):* Die Welt der Wiedergeburten und Verlöschen, *saṃsāra* und *nirvāṇa*, sind gleichermaßen leer! Wir erinnern uns, dass Nirvāṇa sich von seiner ursprünglichen Bedeutung als ›Verlöschen‹ in den Theravāda-Lehren entfernt und sich zum einzigen nicht-bedingten Daseinsfaktor entwickelt hatte. Im Mahāyāna wird Nirvāṇa als absolutes Ziel und Konzept überhöht durch Leerheit. Dabei kann Leerheit auch als ›Leerheit von einem absoluten Prinzip‹ verstanden werden. Jedenfalls eröffnet das Zusammenfallen von Nirvāṇa und Saṃsāra in der höchsten Wirklichkeit neue Denkpfade. In der Sprache von Erleuchtung, dem Erfahren des Unbedingten, spielt Nirvāṇa nun in den nördlichen Schulen des Buddhismus nur noch eine untergeordnete Rolle. Absolute Wirklichkeit wird nun ›Leerheit‹ und/oder ›Geist‹ …

Die Welt der Wiedergeburten ist wesensgleich mit Befreiung und Erleuchtung.

Madhyamaka: Die mittlere Lehre

Nāgārjuna

Die Texte der ›Vollendeten Weisheit‹ legten das Fundament für den ›Großen Weg‹. Es war aber ein südindischer Mönch im 2. Jh., der ›Leerheit‹ zu einer philosophischen Schule ausbaute: Nāgārjuna.

Viele Legenden ranken sich um diesen wahrscheinlich größten Philosophen Indiens. Sein Name – ›Arjuna (= ein Held) unter den Nāgas‹ – erklärt sich aus seiner Freundschaft mit den Schlangengeistern. Wie erwähnt, soll er von ihnen die *Prajñāpāramitā*-Schriften erhalten haben. Nāgārjunas Ankunft wird in verschiedenen Texten prophezeit. Angeblich lebte er 600 Jahre lang und übte Alchimie. Unzählige Schriften sind unter seinem Namen überliefert und nur ungefähr ein Dutzend davon gelten als echt. Die Legende von seiner biblischen Lebenszeit und magisch-tantrische Schriften unter seinem

Namen führen zu dem Schluss, dass es später, wohl im 8./9. Jh., zumindest einen weiteren Nāgārjuna gegeben hat.

Fest steht, dass der Philosoph Nāgārjuna wohl im 2. Jh. Mönch in der Klosteruniversität Nālandā im nord-ost-indischen Bihār war und später dort Abt wurde. Im Alter scheint er sich mit seinem Hauptschüler Āryadeva an den Krishna-Fluss zurückgezogen zu haben – an die Stelle in Zentral-Indien, die heute noch ›Nāgārjuna-Hügel‹ heißt: Nāgārjunakoṇḍa.

Nāgārjuna scheint bereits zu Lebzeiten sehr berühmt und einflussreich gewesen zu sein. Neben rein philosophischen Abhandlungen schrieb er auch populäre Belehrungen für königliche Freunde der zentralindischen Shātavāhana-Dynastie. Zu diesen gehört die ›Juwelenschnur‹ *(Ratnāvalī)* und der ›Brief an den Freund‹ *(suhrillekha)*. Auch Lobgedichte verfasste Nāgārjuna und stellte eine Blumenlesung aus 68 Mahāyāna-Sūtras zusammen. Seine wichtigsten Werke aber waren die philosophischen Schriften, allen voran die ›Wurzelverse über den Mittleren Weg‹, *Mūla-Madhyamaka-kārikā*. Nāgārjunas philosophische Schule nannte sich nämlich ›Weg der Mitte‹, *madhyamaka*.

Der mittlere Pfad

Ausgangspunkt von Nāgārjunas philosophischem Hauptwerk, den *Mūla-Madhyamaka-kārikā und den ›70 Versen über Leerheit‹ (Shūnyatā-saptati-kārikā)*, bildet die Kette des ›Bedingten Entstehens‹.

So preist Nāgārjuna im Widmungsvers zu den *Wurzelversen* den Buddha auch in erster Linie für diese Lehre:

Ich verbeuge mich vor dem Vollständig-Erwachten, dem besten Lehrredner, der den pratītyasamutpāda *(das bedingte Entstehen) erklärt hat: Nicht-Vergehen, Nicht-Entstehen, Nicht-Vernichtet-Werden, Nicht-Ewig-Sein, Nicht-Kommen, Nicht-Fortgehen, Nicht-Eigenursächlichkeit, Nicht-Fremdursächlichkeit und das ruhige Zur-Ruhe-Kommen der Gedankenkonstrukte* (prapañca).

Tatsächlich nennt Nāgārjuna dies seinen mittleren Pfad *(madhyamā pratipad):*

Den *pratītyasamutpāda* bezeichnen wir als Leerheit *(shūnyatā)*. Diese stützt sich auf Konvention *(prajñapti)*.* Dies ist der mittlere Pfad. (*Mūla-Madhyamaka-kārikā* 24, 18) *Ein Wortwitz liegt hier im Gleichklang (Assonanz) von *pratītyasamutpāda* und *prajñaptir upādāya!*

Wie Studien der letzten Jahrzehnte gezeigt haben, verstand sich Nāgārjuna keinesfalls als Erneuerer; im Gegenteil, seine Philosophie bewegt sich äußerst vorsichtig im Rahmen der frühen – wenn man so will: ursprünglichen – Lehren des Buddha. Nāgārjuna widerlegt in seinen Schriften vor allem die falschen Ansichten über die angebliche Eigennatur *(svabhāva)* der Erscheinungen; er vermeidet aber positive Aussagen zum Wesen der Dinge: alle Erscheinungen sind leer, ohne Selbst, ohne beständige, unabhängige Existenz oder Eigennatur. Das ist Leerheit, das ist seine Leerheits-Schule *(shūnyatā-vāda)*. Warum aber nennt sie sich der ›Mittlere Weg‹, *Madhyamaka?*

Nāgārjuna greift hier auf die Warnungen des Buddhas zurück, weder dem Glauben an Nicht-Wirklichkeit (Nihilismus) noch Wirklichkeit (Substantialismus, Positivismus) der Erscheinungen zu verfallen. Im Zusammenhang mit den Lehren vom Nirvāṇa hatte sich der Erhabene z. B. gegen den Vorwurf des Nihilismus wehren müssen, wie in Kaiptel II gesehen. Genauso erklärt Nāgārjuna die Welt der Erscheinungen als weder nicht-seiend (nihilistisch) noch seiend (substantialistisch). Eindringlich warnt er vor den Gefahren beider Irrauffassungen, besonders des Nihilismus. In Bezug auf das Gesetz von Ursache und Wirkung und die Illusionshaftigkeit der Welt schreibt er im ersten Buch der ›Juwelenschnur‹ (*Ratnāvalī* 1, 43-46. 50-69):

Der Nihilismus behauptet kurz gefasst, dass die Taten keine Wirkung haben. Als unrein und zu schlechten Wiedergeburten führend ist diese Irrlehre bekannt. || 43
Der Positivismus behauptet kurz gefasst, dass die Taten eine Wirkung haben. Als rein und zu guten Wiedergeburten führend ist diese rechte Lehre bekannt. || 44
Aus dem Wissen, das Ruhen von Nichtsein und Sein umfasst, lässt man schlecht und rein hinter sich. Befreiung von schlechter und guter Wiedergeburt heißt dies bei den Edlen. || 45

Betrachtend glückliche Geburt und die Ursache davon, gelangt man jenseits des Nihilismus. Jedoch folgt man auch der Seinslehre nicht, betrachtend Vernichtung und seine Ursachen. || 46

...

Wenn man so das Werden von Ursache und Folge betrachtet, hängt man nicht mehr dem Nicht-Sein an, weil man die aus mannigfaltiger Möglichkeit hervorgegangene Wirklichkeit dieser Welt erkannt hat. || 50
Und wer aus dem Wesen der Dinge die nicht aus mannigfaltiger Möglichkeit hervorgegangene Vernichtung anerkennt, hängt dadurch nicht mehr dem Sein an, ist frei, da er an keiner von beiden Auffassungen mehr hängt. || 51
Eine Form, die man von Ferne sieht, wird deutlich in der Nähe.
Wenn das Lichtspiel Wasser wäre, warum erkennt man es dann nicht von Nah? || 52
So wie diese Welt von denen, die aus der Ferne schauen, für wirklich angesehen wird, so wird sie nicht gesehen von denen, die aus der Nähe schauen, [denn sie ist] unbegründet und lichtspielhaft. || 53
So wie ein Lichtspiel Wasser mimt, ohne Wasser zu sein, ja ohne wahrhaft zu sein, so mimen die Selbst die Daseinsfaktoren, ohne Selbst zu sein, ohne überhaupt wahrhaft zu sein. || 54
Wenn einer Wasser zu sehen meinte und nur einem Luftspiel nachgefolgt ist und dann folgert: Dieses Wasser gibt es überhaupt nicht, – den muss man doch geistesverwirrt nennen. || 55
Die Welt ist solchem Lichtspiel gleich. Wer also denkt ›Sie existiert‹ und sicherlich wer denkt ›Sie existiert gar nicht‹, ist von Verblendungswahn gefangen. Solange Verblendung herrscht, wird man nicht frei. || 56
Dem Nihilisten harrt schlechte Wiedergeburt, und der Positivist wird gut wiedergeboren. Aus der Erkenntnis des Wesens der Welt aber wird man erlöst, an keine von beiden Auffassungen mehr hängend. || 57
Wer sich weder auf Nihilismus noch auf Positivismus stützen will
aufgrund der Erkenntnis, wie die Welt im Wesen ist, aber aus Verblendungswahn dem Nihilismus verfällt, sollte besser den Positivismus annehmen. || 58
Wenn man einwendet, aus der Ablehnung des Seins ergäbe sich in Wahrheit Nihilismus, wieso ergibt sich dann aus der Ablehnung des Nihilismus also nicht Positivismus? || 59
Die, die auf der Grundlage der Erleuchtung keine Vorstellung, keine Lebensregel, keinen Geist (aner)kennen, da es für sie in Wahrheit kein Sein gibt [= die Mad*hyamakas], warum werden die dann Nihilisten genannt? || 60*

Bis zum heutigen Tage wirkt der Mittlere Weg, wenn er nicht recht verstanden wird, als philosophische Falle. Denn auch viele moderne Forscher werfen Nāgārjuna Nihilismus vor.

Diese Lehre, wenn sie falsch verstanden wird,
richtet den törichten Menschen zugrunde,
weil er versinkt in jenem Schmutz des Nihilismus.

Ratnāvalī 2, 19

Nāgārjuna geht den Mittelweg zwischen ›Sein‹ und ›Nicht-Sein‹: Abhängig-Sein, bedingtes Werden, ›Im-Fluss-Sein‹. Alles ist zusammengesetzt, Teil eines Erscheinungsprozesses, ohne Eigennatur, leer.

Leerheit, ›Nullheit‹, Offenheit, Raum

Fassen wir die entscheidenden Denkschritte der ›Neuen Weisheitsschule‹ der *Prajñāpāramitā*-Schriften und ihrer philosophischen Ordnung zu Nāgārjunas ›Mittlerem Weg‹ noch einmal zusammen:

1. **Keine Eigennatur** *(niḥsvabhāva):* Allen Erscheinungen wird Eigenexistenz *(svabhāva)* abgesprochen. Dies richtet sich gegen die *abhdharma*-Scholastik verschiedener Hīnayāna-Schulen, die man als Abweichung von Buddhas ursprünglicher Lehre deuten kann.
2. **Leerheit** *(shūnyatā): Statt dauerndem (Sarvāstivāda) oder kleinst-augenblicklichem (Theravāda) Dasein von Daseinsfaktoren (dhammas)* setzte die Neue Weisheitsschule Leerheit, ›Sowohl Sein als auch Nicht-Sein‹ (Prajñāpāramitā) oder ›Weder Sein noch Nicht-Sein‹ (Nāgārjuna).
3. **Identität von** *Saṃsāra* **und** *Nirvāṇa:* In Leerheit fallen Welt der Wiedergeburten und Verlöschen zusammen.
4. **Zwei Ebenen von Wahrheit:** Der scheinbare Widerspruch zwischen der konventionellen Wahrnehmung der Erscheinungen und der absoluten Wirklichkeit (= Leerheit) wird durch zwei Arten von Wahrheiten erklärt.

Der Kernbegriff zur Kennzeichnung aller Erscheinungen ist also *shūnyatā*. Was genau ist Leerheit?

Der Begriff ›Leerheit‹ ist gleichbedeutend mit dem, was ›So-heit‹ genannt wird *(tathatā)*; das bedeutet ›Wie die Dinge sind‹ *(dharmatā, dharmadhātu)* und ›Reinheit‹ *(vishuddhi)*: All diese Begriffe sind sprachliche Annäherung an die letzte Wirklichkeit *(paramārtha)*, die in der buddhistischen Philosophie verwendet werden. Nun muss man zunächst bemerken, dass der indische Begriff ›leer‹ *(shūnya)* eigentlich ›null‹ bedeutet. Tatsächlich ist die mathematische ›Null‹ eine Erfindung der Inder! Ohne Null gibt es in der Arithmetik keinen Bezugspunkt. Die unendliche Reihe der Zahlen geht von Null aus und läuft in beide Richtungen – negative Zahlen und positive Zahlen – ins Unendliche ($\pm \infty$): $- \infty - \ldots -5, -4, -3, -2, -1, \mathbf{0}, 1, 2, 3, 4, 5 \ldots + \infty$

Wenn man so will, ist ›Null‹ der Ursprung aller mathematischen Erscheinungen, ihre Achse. ›Leerheit‹ ist also *›Nullheit‹*: Ursprung und Achse aller Erscheinungen …

Dennoch stellen wir uns im Westen unter Leerheit und Nullheit schnell ein Vakuum, ein schwarzes Loch vor, dass alle Hoffnung und jeglichen Sinn in sich aufsaugt und uns ›leer‹ zurücklässt.

Dieses entspricht keinesfalls dem Verständnis von ›Leerheit‹ in der Neuen Weisheitsschule. So wird in der *Prajñāpāramitā* in 8.000 Versen (Kap. 28) *shūnyatā* als ›grenzenlos, unermesslich‹ *(aprameya)* und ohne Merkmal *(animitta)*, d. h. Form, Farbe, Geruch etc., bezeichnet. Leerheit ist hier *Offenheit*. Diese Beschreibung entstammt dem entscheidenden Bild hinter *shūnyatā* auch bei Nāgarjuna: *Raum* (*ākāsha*, *Prajñāpāramitā* in 8.000 Versen Kap. 13). ›Raum‹ als bildhafte Beschreibung der letzten Wirklichkeit (Erleuchtung) und ihrer Erfahrung in der Meditation als Raumunendlichkeit ist uns bereits im zweiten Kapitel in den Zeugnissen des Theravāda kurz begegnet. Die frühe Mahāyāna-Philosophie weicht hier also nicht von Buddhas Lehre ab, sondern nimmt dieses Bild ernst und nutzt es zur geistigen und meditativen Weiterentwicklung. Im Diamantweg findet sich dann dieses Bild in den zentralen Erfahrungen der ›Großen Vollendung‹ und des ›Großen Siegels‹. Doch davon mehr in Kapitel IV …

Betrachten wir nun die Entwicklung der ›Leerheits-Philosophie‹ nach Nāgārjuna.

Madhyamaka nach Nāgārjuna

Nāgārjunas Hauptschüler Āryadeva trug viel zur Festigung des *Madhyamaka* als treibende Kraft hinter den geistigen Höchstleistungen des indischen Buddhismus bei. Seine ›400 Verse‹ *(catuḥshataka)* wandten sich der Verbindung von Weisheit (Leerheit) und Mitgefühl in der Praxis zu: Wie sammelt ein Erleuchtungswesen (Bodhisattva) Einsicht und Verdienst an?

Spätere tibetische Erörterungen des ›Mittleren Weges‹ teilten den Madhyamaka nach Nāgārjuna und Āryadeva in verschiedene Schulen und Unterschulen ein. Die heutige westliche Forschung folgt dieser Konvention meistens: Zunächst sind dort die *›hard-liner‹* zu nennen, allen voran Buddhapālita (470–540) und mehr noch Candrakīrti (600–650). Beide schrieben einflussreiche Kommentare zu Nāgārjunas *Wurzelversen*. Candrakīrtis ›Eintritt zum Mittleren Weg‹ *(Madhyamakāvatāra)* bildet mit dem zugehörigen selbst verfassten Kommentar den klassischen Text für das Studium der ›Leerheits-Philosophie‹ an tibetischen Klosteruniversitäten. Auch der große Dichterphilosoph Shāntideva (695–743 Jh.) gehörte dieser so genannten *Prāsangika*-Schule an. Die *Prāsangikas* wandten sich scharf gegen die Verwendung von eigenständigen Aussagen und Behauptungen bei der Verteidigung der Lehre. Wegen der fehlenden Eigennatur aller Erscheinungen hielten sie es für angemessen, lediglich zu widerlegen, aufzuzeigen, was das Absolute *nicht* ist. *Prasanga* bedeuet ›Folge, Implikation‹ – es geht nur um das Aufzeigen unerwünschter Folgen bestimmter Standpunkte, nicht um aktive Widerlegung.

Kann man ›letzte Wirklichkeit‹ in Worten ausdrücken oder lässt sich nur sagen, was es nicht ist?

Dagegen befürworteten Bhāvaviveka oder Bhavya (500–570) und seine *Svātantrika*-Schule die Verwendung unabhängiger Argumente *(svatantra)*. Bhavyas Hauptwerk ist auch ein Kommentar zu Nāgārjunas *Wurzelversen*, die ›Leuchte zur Weisheit‹ *(prajñā- pradīpa)*.

Leerheit und Eigennatur erfahren in der späteren indo-tibetischen Philosophie eine spannende Entwicklung.

Für die Neugierigen folgt hier ein Überblick:

- Aus der Schule des Bhavya entstand im 8. Jh. eine große Zusammenschau der Leerheitsphilosphie mit der Nur-Geist-Lehre, die im nächsten Abschnitt erklärt wird. Dieses Yogācāra-Madhyamaka erwies sich als sehr einflussreich für den tibetischen Buddhismus und ist verbunden mit Namen Shāntarakshita, seines Schülers Kamalashīla (beide 8. Jh.) und Haribhadra (8./9. Jh.) …
- Die eigentliche Meisterleistung der tibetischen buddhistischen Philosophie liegt in der Verbindung der Yogācāra-Madhyamaka mit der spirituellen Praxis und Erfahrung der tantrischen Mittel. Unter Hinweis auf einige späte Schriften Nāgārjunas wie dem ›Preis des Wesenszustandes‹ *dharmadhātu-stava* wird Leerheit selbst zum Absoluten, zur Eigennatur. Dies nennt man ›Anders-Leerheit‹ (gzhan stong, sprich: Schän-Tong).
- Die Reform des Tsong kha pa (14. Jh.), des Gründers der nun vorherrschenden tibetischen Gelug-Schule des Dalai Lama, machte einen großen Schritt zurück zur ›Leerheit der Leerheit‹: Eigen-Leerheit *(Rang stong)* und zu einem weniger Erfahrungs-gerichteten, stärker auf Studium ausgerichteten Verständnis des buddhistischen Weges. So gehören die Gelug-pas heute eher dem Mahāyāna als dem Diamantweg (der dritten Umdrehung des Rades der Lehre) an.

Die ›Nur-Geist-Schule‹: Yogācāra – Cittamātra

Wenden wir uns nun der zweiten großen Strömung der Mahāyāna-Philosophie zu. Die Rede ist von der ›Nur-Geist‹-Philosophie *(citta-mātra)*. Diese ist auch unter dem Namen ›Bewusstseinsweg‹ *(vi-jñānavāda)* bekannt. Ihren ältesten Namen *Yogācāra*, ›Yoga-Praxis‹, empfing sie wohl durch den glühenden Meditationseifer ihrer frühen Anhänger. Es ist wohl kein Zufall, dass der Buddhismus der ›Vertiefung‹ *(dhyāna)* – der sich zu Ch'an in China und Zen in Japan entwickeln sollte – wesentliche Yogācāra-Schriften in höchstem Ansehen hält. Sūtras wie das Lankāvatāra gelten als Fundament dieser

Schulen, auch wenn z. B. die Zen-Praxis heutiger Schulen gänzlich auf heilige Schriften verzichtet. Doch zurück zu den großen Philosophen der ›Nur-Geist‹-Lehre.

Schriften und Denker

Die bedeutendsten Denker des *Yogācāra* waren Maitreya(-nātha), Asanga (310–390) und Vasubandhu (4. Jh.); ihre Werke waren von überwältigendem Einfluss auf den Buddhismus Chinas und Tibets. Der tibetischen Tradition zufolge war Maitreya niemand anderes als der gleichnamige zukünftige Buddha, der Asanga seine Lehren in einer Vision mitteilte. Das klingt nach einer mythischen Rechtfertigung des Asanga, der eigene Werke dem himmlischen Zukunftsbuddha unterschiebt. Doch unterscheiden sich Stil und Inhalt der Yogācāra-Schriften des ›Maitreya‹ beachtlich von denen des Asanga. Man nimmt darum an, dass Maitreya oder Maitreyanātha – um ihn vom Buddha Maitreya zu trennen – Asangas Lehrer war. Beiden wird das große systematische Handbuch der Schule zugeschrieben, das ›Lehrbuch von den Stufen der Yoga-Praxis‹ *(Yogācāra-bhūmi-shāstra)*. Tatsächlich entstand dieses Handbuch über Jahrzehnte, vielleicht Jahrhunderte der Schulpraxis. In seinem ältesten Teil erläutert es die zehn Stufen der geistigen Entwicklung eines Bodhisattvas – davon später mehr. Eine besonders interessante Persönlichkeit ist Vasubandhu; Asangas Halbbruder. Er war zunächst ein bedeutender Philosoph des *Sarvāstivāda* – jener Hīnayāna-Schule, die das ewige Dasein der Daseinsfaktoren behauptete. Sein ›Schatz der Scholastik‹ *(Abhidharmakosha)* ist bis heute der Studientext zum *Abhidharma* an den Klosteruniversitäten des tibetischen Buddhismus. Asanga überzeugte seinen jüngeren Halbbruder schließlich von der ›Nur-Geist‹-Philosophie und Vasubandhu wurde einer ihrer wichtigsten Denker. Seine ›30‹ und ›20 Verse‹ (*triṃshikā* und *viṃshatikā*) gehören zu den tiefgründigsten Yogācāra-Schriften. Im 6. Jh. wirkten dann Sthiramati an der Universität Valabhī und Dharmapāla in Nālandā als bedeutende Erneuerer und Gründer von Unterschulen. Letzterer wirkte besonders auf die Yogācāra-Tradition in China, die Fa-hsiang-Schule.

Die Hauptlehre des Yogācāra kann man auf einen einfachen Nenner bringen: Alles ist Geist.

Geist

Geist *(citta)* wurde im *Yogācāra* zur Andeutung des Absoluten, wie ›Leerheit‹ in der Neuen Weisheitsschule (*Prajñāpāramitā* und *Madhyamaka*). Tatsächlich stimmen Nāgārjuna und das frühe Yogācāra z. B. in der Lankāvatāra-Sūtra (3. Jh.) in vielen Punkten überein, u. a. was die Bezeichnung der Welt als leer und illusionshaft betrifft: Alle Erscheinungen existieren lediglich als Vorstellungen, Konzepte und Konventionen:

Es gibt die empirische Welt nicht. Die Vielzahl der Erscheinungen entspringt aus dem Geist.

(Lankāvatāra-Sūtra 2, 125)

Doch dann fragte der *Yogācāra* dort weiter, wo die ›Leerheits-Philosophie‹ aufhörte: Wenn alle Erscheinungen leer und illusionshaft sind, nach welchem Vorgang entstehen dann Erscheinungen? Von welcher Art ist der Irrtum? Wie erklären sich Träume, Erinnerungen? Und vor allem: Was ist es, das letzte Wirklichkeit formlos wahrnimmt?

Die Antwort lautet ›Geist‹. *Citta* meint also die wahre Natur der Dinge, nicht die Vielfalt ihrer Erscheinungen. ›Geist‹ ist, was die Welt und die wahrnehmbaren Personen hervorbringen, ›Geist‹ ist der Bildschirm, auf der sich die Dinge zeigen. Durch Verblendung, Verwirrtheit nehmen wir das Geschehen auf der Leinwand wahr und erkennen nicht das Wesen der Bilder, deren Teil wir ausmachen. Und Erleuchtung meint demnach Rückkehr zum ursprünglichen Zustand des Geistes.

In vielen Punkten trifft sich hier buddhistische Lehre mit den Erkenntnissen der modernen Naturwissenschaften, besonders der Quantenphysik. Vereinfacht gesagt zeigt diese, dass Materie nicht fest ist, sondern die starre äußere Form aus Energie und Bewegung entspringt. So kann man nie Ort und Zeit zur gleichen Zeit messen oder exakt angeben – die Welt, wie wir sie erleben, ist ein Widerspruch!

Ein anderer Pfeiler moderner Physik, die Relativitätstheorie, lehrt uns, dass nichts in Zeit und Raum unabhängig vom Betrachter geschieht. Mehr noch: Beobachter und Bezugssystem beeinflussen vielmehr den Ausgang einer Messung, bzw. legen diesen unter bestimmten Umständen selbst fest!

Wie aber entstehen Erscheinungen im Geist?

Das ›Grundbewusstsein‹ und die drei Aspekte der Erscheinungen

Die Vorgänge im Geist entstehen nach dem Gesetz von Ursache und Wirkung (Karma): Bewusstseinseindrücke, Ideen sinken in ein absolutes ›Grundbewusstsein‹. Dieses Speicherbewusstsein (*ālayavijñāna*, auch *mūlavijñāna*) hat viel gemein mit dem, was C. G. Jung das kollektive Unbewusste genannt hat. Es ist aber darüber hinaus absolut, Geist *(citta)* im engeren Sinne: die Matrix der Erscheinungen. Aus den hier versammelten Eindrücken verdichtet sich immer wieder ein Einzelbewusstsein, ein Ich-Bewusstsein: Denken und Denkbewusstsein (*manas* und *manovijñāna*). So erklären sich Wiedergeburt und die Welt des Leidens *(saṃsāra)*. Erkenntnis des absoluten Geistes ist gleich mit Befreiung. In den Worten des Zen-Meisters Sōsan (Seng ts'an):

! *Wenn unser Bewusstsein zur Ruhe kommt, verschwindet es von selbst.*

Nach der Abstufung ihrer tatsächlichen Wirklichkeit werden die Erscheinungen in drei Gruppen eingeteilt. Im 6. Kapitel des grundlegenden *Saṃdhinirmocana-Sūtras* (›Darlegung der geheimen Bedeutung‹, 2. Jh.) belehrt der Buddha den *Bodhisattva Guṇākara* über die drei Kennzeichen oder Aspekte *(trisvabhāva)* aller Erscheinungen. Die vollendete Existenzweise *(parinishpanna-svabhāva)* ist Geist als Matrix aller Erscheinungen. Dieser erschafft in fortwährendem Kreislauf abhängige *(paratantra)* Aspekte, die ›Subjekte‹ des Denkvorgangs, die Gedanken denken und so Konzepte, äußere Erscheinungen und ein ›Ich-bewusstsein‹, erschaffen.

Unser heutiger Zustand ist die Folge früherer geistiger Eindrücke. Wir leben in einer Welt von erstarrten Erzeugnissen von Vorstellungen. Denk- und Gefühlsmuster haben zu der Welt geführt, wie wir sie heute erleben. Das ist Karma. Das beinhaltet aber auch, dass wir nun eine kostbare Möglichkeit haben, gute Eindrücke für die Zukunft zu schaffen! Wir werden noch sehen, dass der praktische Erfahrungsweg buddhistischer Meditation viele Mittel dazu bereit hält.

Aus der ›Nur-Geist-Schule‹ existiert auch ein dritter wichtiger und schwieriger Zweig, der hier nur kurz erwähnt werden soll: Die so genannte logisch-erkenntnistheoretische Schule, oder ›buddhistische Epistomelogie‹. Diese ist verbunden mit den Namen Dignāga (480 – 540) und Dharmakīrti (um 650). Sein ›Kommentar zu den Mitteln der Erkenntnis‹ *(Pramāṇavārttika)* dient als Studientext dieser Philosophie in tibetischen Klöstern.

Mahāyāna-Philosophie entwickelte im Verlauf der buddhistischen Geschichte viele weitere spannende Wendungen. Auf die geistige Entwicklung in Ostasien werden wir in einem gesonderten Abschnitt noch eingehen; auch weitere Mahāyāna-Lehren, wie die ›Drei-Körper-Lehre‹, werden uns im Folgenden im Zusammenhang mit Mitgefühl, Bodhisattva und ›geschickten Mitteln‹ begegnen. Fassen wir vorläufig zusammen:

- Mahāyāna-Sūtras entwickeln Buddhas Lehren von Weisheit und Mitgefühl.
- Mahāyāna-Philsophie kreist um Fragen von Wirklichkeit und dem Absoluten.
- Zentrale Themen umfassen: Leerheit, Eigennatur, Illusion, doppelte Wirklichkeit, Geist und Grundbewusstsein.
- Zwei Schulen sind grundlegend: Nāgārjunas Madhyamaka (Leerheit) und Maitreya/Asangas Yogācāra (Geist).

Diamantzepter (vajra) und rituelle Glocke (ghaṇṭhā) (Abbildung 14)

Im ›Großen Weg‹ muss unterscheidende Weisheit *(prajñā)* und ihr Studium, die Philosophie, Hand in Hand mit den rechten Mitteln, den geschickten Methoden *(upāya kaushalya)* gehen. Beide finden sich in der ›Glocke‹ (Weisheit, Raum) und dem ›Diamantzepter‹ (*vajra*, Dorje: Mittel, männlich, Klarheit) ausgedrückt.

Tatsächlich wird ›Erleuchtung‹ auch die Einheit von Weisheit und Mitgefühl genannt. Und Mitgefühl beginnt mit dem Wunsch, zum Besten aller Wesen Erleuchtung zu erlangen. Mitgefühl ist der Pfad des Bodhisattvas.

Mitgefühl

Der Bodhisattva

Die ›Neue Weisheitsschule‹ der *Prajñāpāramitā-Sūtras* bietet auch auf dem Gebiet der zweiten zentralen Lehre des ›Großen Weges‹ ein Umdenken. Die spirituelle Entwicklung im ›Kleineren Weg‹, die Verwirklichung zum *Arhat* (siehe Kapitel II) wurde als eng und persönlich, ja selbstsüchtig angeschaut. Der Weg des Bodhisattva dagegen warb um aktives, liebendes Wirken zum Wohle und zur Erleuchtung aller Wesen; dies wird durch den Begriff ›Großes Mitgefühl‹ *(mahākaruṇā)* ausgedrückt, darum heißt der Mahāyāna-Bodhisattva auch ›Großes Wesen‹ *(Mahāsattva)*.

Im ersten Kapitel sind wir der Bezeichnung ›Bodhisattva‹ für den historischen Buddha Shākyamuni vor seiner Erleuchtung begegnet.

Wir haben gesehen, dass unzählige Legenden und Vorgeburtsgeschichten *(jātakas)* sich um seine Person ranken. Der Mahāyāna lehrt nun, dass kein Wesen grundsätzlich anders als Gautama Siddhārtha ist: Jeder, der seinen Geist auf Erleuchtung setzt, kann und wird sie früher und später verwirklichen. Somit werden wir alle Bodhisattvas – vorausgesetzt, wir haben die richtige Einstellung und Ausdauer.

Mitgefühl und Erleuchtungsgeist (bodhicitta)

Wer dem Pfad des Mahāyāna folgt, arbeitet immer zwischen der Weisheit (Leerheit, Geist) und dem Mitgefühl (geschickte Mittel): Vom Standpunkt der letzten Wirklichkeit aus ist alles das freie Spiel des Geistes, es gibt keine Person, die leidet; doch gibt es in der vorläufigen Wahrnehmung Leiden genug. Wer nach Erleuchtung strebt (ein Bodhisattva), arbeitet zum Besten aller fühlenden Wesen. Sie/er richtet den Sinn auf Erleuchtung, entwickelt den Erleuchtungsgeist, den *Bodhicitta*.

Bodhicitta, ›Erleuchtungsgeist‹, meint demnach die rechte Einstellung zur Erleuchtung, nämlich das starke Bestreben, dass alle fühlenden Wesen Erleuchtung erlangen mögen. Dieser Wunsch ist unerlässlich zur schnellen persönlichen Entwicklung und mündet gewöhnlich in ein feierliches Versprechen, das so genannte Bodhisattva-Versprechen: Man verspricht, ein ›Erleuchtungswesen‹ zu werden, das anderen auf ihrem Weg zur Erleuchtung hilft. Das in Tibet weit verbreitete *bodhicitta*-Wunschgebet formuliert diese Erleuchtungshaltung so:

Mögen alle Wesen das Glück haben und die Ursache des Glücks.
Mögen sie frei sein von Leiden und den Ursachen von Leiden.
Mögen sie glücklich sein ohne Leiden.
Mögen sie Gleichmut erfahren ohne Anhaften am Angenehmen und Abkehr von Unangenehmen.

Bodhicitta findet sich in dieser Formel als die so genannten ›Vier Unermesslichen‹ *(catvary apramāṇāni)* zusammengefasst:

Liebe *(maitrī)*
Mitfreude *(muditā)*
Mitgefühl *(karuṇā)*
Gleichmut *(upeksha)*

Wie wir später sehen werden, sind diese vier Eigenschaften in den vier Armen von ›Liebevolle Augen‹ (*Avalokiteshvara*, dem Ausdruck des Mitgefühls der Erleuchtung) dargestellt.

Neue Rituale

Jeder Bodhisattva, jeder ›Erleuchtungskrieger‹ *(byang chubs sems dpa')*, jeder, der ernsthaft Mahāyāna oder den Diamantweg praktiziert, legt irgendwann ein feierliches Versprechen *(praṇidhāṇa)* ab, das Zeugnis von seiner rechten Einstellung, seiner Erleuchtungshaltung *(bodhicitta)*, gibt.

Das Diamant (-Schleifer)-Sūtra, das zu den ›Vollendeten Weisheits‹-Schriften gehört, drückt dies so aus:

Diese Geisteshaltung muss ein Mensch, der sich auf den Weg des universellen Erbarmens begibt, haben: Alle Wesen – wie viele es auch auf der Welt gibt, die man mit dem Begriff Wesen bezeichnet, Ei-geboren, Mutterleib-geborene, Schweiß-geborene, Wunder-geborenen, körperliche und unkörperliche, verständige und unverständige und Wesen jenseits von Verstand und Unverstand, welche Form an Wesen auch immer wahrgenommen werden kann – alle diese Wesen ohne Ausnahme gelobe ich zur Befreiung – ins Nirvāṇa *– zu führen!*

(*Vajracchedikā* 3)

Das Ablegen des Boddhisattva-Versprechens geht meistens mit feierlichen Ritualen einher. In der tibetischenTradition gibt es sowohl das tägliche private Ablegen des Versprechens vor der Meditation als auch eine feierliche Zeremonie, bei der ein hoch-verwirklichter Lehrer, wie der Karmapa oder der Dalai Lama, das Versprechen abnimmt und man einen Bodhisattva-Namen erhält.

In manchen klösterlich ausgerichteten Mahāyāna-Schulen legen Laien das Versprechen manchmal vor der versammelten Mönchsgemeinde ab: Ein rituelles Prüfen der Geisteseinstellung durch Fragen und Antworten kann dazu ebenso gehören, wie z. B. das Versprechen, nicht über Ordensleute zu lästern …

Durch das Bodhisattvagelübde wird der Laie *(upāsaka)* zum ›Sohn des Siegers‹ (= Buddhas, *jinaputra*). Er entwickelt Güte bis zur völligen Selbstentsagung und jubelt über seine neue spirituelle Familienanghörigkeit. Shāntideva, Dichter und Philosoph aus der erwähnten Prāsangika-Madhyamaka-Schule (695–743 Jh.), beschreibt dies so:

Schützer der Schutzlosen bin ich und Karawanenführer der Reisenden und Boot für die, die ans andere Ufer wollen, und Brücke und Damm.
Für die, die einer Leuchte bedürfen, will ich Leuchte sein; Ruhelager für die, die eines Ruhelagers bedürfen; Sklave für die, die eines Sklaven bedürfen, will ich sein, für alle Leibeswesen.
Wünschjuwel, Glückstopf, wirkmächtiger Zauberspruch, Großkraut will ich sein und Äonenbaum und Wunschkuh für alle Leibeswesen.
Sowie die Elemente – Erde usw. – für die unermesslich vielen Wesen, die den gesamten Raum bewohnen, mannigfaltige Nutzmittel sind,
so will ich für die im Raum befindliche Wesenwelt mannigfaltiger Lebensgrund sein, solange nicht alle frei von Anhaften sind.
So wie die früheren Sugatas *(= Buddhas)* bodhicitta *entwickelt haben, wie sie nacheinander den Weg der Übungen zum Bodhisattva betreten haben, so werde ich* bodhicitta *erzeugen zum Heile der Welt, und genauso werde ich der Reihe nach die Übungen anwenden.*
Heute ist mein Leben sinnvoll geworden, meine menschliche Existenz ist gerechtfertigt. Heute bin ich in Buddhas Familie geboren, nun bin ich Buddhas Sohn. …
Heute habe ich die Welt eingeladen zur Buddhaschaft und bis dahin zu (irdischem) Glück! In der Gegenwart aller Buddhas, mögen alle Wesen – Götter, Halbgötter usw. – glücklich sein!

Shāntideva, *Bodhicaryāvatāra* 3, 17-25; 33

Neue Ethik

Die Einstellung der Praktizierenden auf dem ›Großen Weg‹ verändert auch die Sichtweise des praktischen Verhaltens. Wir erinnern uns, dass im Hīnayāna sehr klösterlich geprägte Regeln vorherrschen. Fünf Sittenregeln (zehn für Mönche) bilden die Grundlage des Handelns:

›Nicht töten‹, ›Nicht stehlen‹, ›Nicht sexuell verletzen‹, ›Nicht lügen‹ und ›Keine Drogen/Alkohol‹. Vergessen wir nicht, dass es sich hierbei freilich nicht Gebote, sondern eher um Angebote handelt: Nach dem Gesetz von Ursache und Wirkung werden hier schwierige und Leid bringende Situationen vermieden und gute Voraussetzungen für spirituellen Fortschritt und geistige Umwandlung geschaffen.

Im Mahāyāna sieht man auch sittliche Verwirklichung in den sechs so genannten ›Vollkommenheiten‹ *(pāramitā)* eines Bodhisattva: Diese betten die Sittenregeln des Kleineren Weges als zweites Glied ein:

Freigebigkeit	*(dāna)*
Ethik	*(shīla)*
Geduld	*(kshānti)*
Tatkraft	*(vīrya)*
Meditation	*(dhyāna)*
Weisheit	*(prajñā)*

Der bereits erwähnte Shāntideva (695–743 Jh.) beschreibt die ›Sechs Vollkommenheiten‹ vorbildlich in seinem »Eintritt in die Erleuchtungspraxis« *(Bodhicāryavatāra)* für jeden, der den Bodhisattva-Pfad gehen will. Zum Beispiel erklärt er zur *Freigebigkeit:*

Die Vollkommenheit der Freigebigkeit bezeichnet man als die Folge folgender geistigen Einstellung: Alles, was man besitzt, anderen zu überlassen! …
Diese geistige Einstellung ist die Vollkommenheit selbst.

Shāntideva, *Bodhicāryavatāra* 5, 10

Die rechte Einstellung zählt also: nicht an materiellen Gütern zu kleben, sondern sie weise zum Wohle aller einzusetzen!

Bei der Vollendung der *Sittlichkeit* ist es wichtig, dass der Bodhisattva sich in Beherrschung der Leidenschaften übt. Unabhängigkeit von Störgefühlen ist eine wichtige Voraussetzung für die Praxis der Meditation.

Geduld beinhaltet unerschütterlichen Gleichmut. Besonders Wut ist hier der Feind: Wut und Hass sind Luxusgefühle, die uns teuer zu stehen kommen. Sie verbrennen zahllose gute Eindrücke in unserem Geist, und wir gleichen einem Dummkopf, der große Geldscheine zum Heizen gebraucht.

Tatkraft meint Durchhaltevermögen, Begeisterung und Freude bei der täglichen Praxis: Noch niemand ist vom Lesen am offenen Kamin bei heißem Darjeeling-Tee und klassischer Musik erleuchtet worden (sonst wäre ich persönlich schon längst völlig erleuchtet!): Vor Erleuchtung haben die Buddhas Schweiß und unbequeme Mediationskissen gesetzt …

Das führt uns zur fünften Vollkommenheit, der *Meditation* oder Versenkung *(dhyāna)*. Über die Methode der Technik als Bewusstseinsstille *(shamatha)* und höhere Einsicht *(vipashyanā)* haben wir bereits im zweiten Kapitel berichtet. Weitere Mahāyāna-Meditationen werden wir später gesondert behandeln.

›Vollkommene Weisheit‹, die sechste *Pāramitā*, ist natürlich die höchste Weisheit der gleichnamigen frühen Mahāyāna-Sūtras: *Prajñāpāramitā!*

Die früheste Schrift der ›Vollendeten Weisheit‹, die gedichtete Zusammenfassung der ›Sūtra in 8.000 Versen‹, formuliert so:

Juwelen gibt es möglicherweise in der Erde verstreut; wenn die Bedingungen günstig sind, wachsen sie in großer Vielfalt.
Alle Eigenschaften der Erleuchtung – die fünf [anderen] Vollkommenheiten, wachsen aus der Prajñāpāramitā *(Vollendeten Weisheit).*

Ratnaguṇasaṃcaya-gāthā 2, 7 [= 81]

Wie sieht der Pfad des Bodhisattvas nun traditionell aus?

Die fünf Wege und die Stufen eines Bodhisattvas

Im Mahāyāna unterscheidet man, wie auch in den alten Hīnayāna-Schulen *Sarvāstivāda* und *Sautrāntika*, fünf buddhistische Pfade *(mārgas):*

1. Ansammlung *(saṃbhāra)*
2. Anwendung *(prayoga)*
3. Sehen *(darshana)*
4. Geistesschulung *(bhāvana)*
5. Nicht-mehr-Lernen *(ashaikshā)*

Der Pfad der Ansammlung von Erkenntnis *(jñāna)* und ›Verdienst‹ *(puṇya)* wird meisterlich in den ›400 Versen‹ des Āryadeva, Hauptschüler des Madhyamaka-Gründers Nāgārjuna, beschrieben. Gute geistige Eindrücke (›Verdienst‹) setzen die Samen für gute Bedingungen auf dem Weg der Erleuchtung. Dabei ist es wichtig, den Verdienst heilsamer Handlungen immer dem Wohle aller Wesen zu widmen.

Die Stufe der Anwendung ist erreicht, wenn eine stabile Grundlage zur regelmäßigen und intensiven Praxis vorhanden ist.

Mit der Stufe des Sehens hat man Bodhisattvaschaft im engeren Sinne: Sie entspricht der so genannten ersten Bodhisattva-Stufe (»freudevoll«).

Der Pfad der Geistesschulung entspricht den folgenden neun Bodhisattva-Stufen. Mit ›Nicht-mehr-Lernen‹ ist völlige Buddhaschaft erreicht.

Die erwähnten zehn Stufen *(bhūmi)* des Bodhisattva sind eine Beschreibung der Veränderung, die ein hoch entwickeltes Wesen auf dem Weg zur Erleuchtung durchläuft. Die veränderte Erfahrung der Dinge, bis zur Erleuchtung, wenn man die Erscheinungen so sieht, wie sie wirklich sind, sind aus dem Blickwinkel des Bodhisattvas heraus beschrieben.

Besonders in dem alten Teil der Blumenkranz-Sūtras *(Avataṃsaka)*, dem Zehn-Stufen-Sūtra *(Dāshabhūmika)*, finden wir diesen Weg. Der Leerheits-Philosoph Nāgārjuna verfasste einen Kommentar zu dieser Lehrschrift. Auch das bereits erwähnte Handbuch der ›Nur-Geist‹-Philosophie, das *Yogācāra-bhūmi-shāstra*, widmet den zehn Stufen ein zentrales Kapitel, das *Bodhisattvabhūmi*.

Die erste Stufe wird ›freudevoll‹ genannt: Das Wegfallen der Geistesschleier bewirkt großes Glück. Die folgenden Stufen heißen ›rein‹, ›leuchtend‹, ›strahlend‹, ›schwer-zu-erringen‹, ›im-Angesicht (der Wahrheit)‹, ›weit-gereist‹, ›unerschütterlich‹, ›guter Verstand‹ und ›Dharma-Wolke‹. Auf jeder Stufe fallen mehr Geistesschleier vom Erleuchtungs-Strebenden ab und seine Aktivität zum Wohle aller Wesen steigert sich unablässlich.

Vollständige Buddhaschaft ist die letzte Stufe, wenn man so will, die ›elfte‹ Bodhisattva-*bhūmi*.

Es ist übrigens ein im Westen weit verbreiteter Irrtum zu behaupten, dass Bodhisattvas vor der endgültigen Erleuchtung und Nirvāṇa zurückblieben, um allen Wesen zu helfen. Dieses in beinahe allen westlichen Darstellungen des nördlichen Buddhismus auftauchende Missverständnis geht auf bestimmte chinesische und japanische Quellen zurück, die in paradoxer Sprache das Selbstopfer eines Bodhisattva bis zum Opfer der eigenen Buddhaschaft überhöhen. Tatsächlich wird damit die absolut selbstlose Geisteshaltung der Erleuchtungswesen gekennzeichnet.

Der Bodhisattva – Selbstlosigkeit und unbegrenztes Mitgefühl auf dem Stufenweg zur Erleuchtung.

Der Mahāyāna-Stufenweg beinhaltet also deutliche Neubewertungen von spirituellen Verwirklichern. Der nördliche Buddhismus benennt viele verschiedene Buddhaformen oder Aspekte von Erleuchtung als Bodhisattvas oder Buddhas. Häufig wird in diesem Zusammenhang dann von ›transzendenten Bodhisattvas und Buddhas‹ als einer Art überweltlicher Superwesen oder gar buddhistischer Heiliger und Götter gesprochen. Diese Bezeichnungen verkennen, dass es hier um die jedem Wesen innewohnenden Möglichkeiten zu spirituellem Wachstum und Umwandlung handelt. In farbigen Beschreibungen wird uns so der Weg zur vollen Entwicklung des Geistes bildhaft und intuitiv nahe gebracht. Äußere Götter und Superwesen haben im Buddhismus nie eine Rolle gespielt. Was aufgezeigt wird, sind Grade der Entwicklungsmöglichkeiten, Tatbereiche und Eigenschaften von Erleuchtung. Die Unterschiede zwischen ›Bodhisattva‹ und ›Buddha‹ verwischen sich übrigens dabei und bestehen nur noch in den jeweiligen bildlichen Zusammenhängen der Verwendung. Mit den Aspekten der Erleuchtung, den Buddha- und Bodhisattvaformen, verwendet der Buddhismus das menschliche Bedürfnis nach äußerem Vertrauen und Hingabe als geschicktes Mittel zur spirituellen Transformation. Darüber handelt der folgende Abschnitt.

Vertrauen und Hingabe

Das indische Wort für Vertrauen, *shraddhā*, wird manchmal auch als ›Glaube‹ übersetzt. Das ist insofern missverständlich, als dass dies ein wirklich existierendes äußeres Wesen oder Gott voraussetzt. Dies ist im Buddhismus aber nicht gemeint. Gemeint ist eine menschliche Fähigkeit, eine innere Kraft und Hingabe auf das Ziel der Befreiung und Erleuchtung zu richten. Solange wir in Begriffen wie ›Ich‹ und ›Du‹ denken und die Welt, wie wir sie erleben, für wirklich halten, unsere Ego-Trips und Störgefühle ernst nehmen, ihnen Raum, Zeit und Aufmerksamkeit schenken und so unsere eigene Verwirrtheit verschlimmern und anderen Leiden bringen – solange kann es nützlich sein, Erleuchtung jenseits der Grenzen zwischen ›Ich‹ und ›Du‹ zum Gegenstand der Verehrung zu machen. Letzten Endes werden wir dann erkennen, dass Verehrtes und Verehrer ein und dasselbe sind …

Die Verwendung von solchen ›Entwicklungstricks‹, geschickten Mitteln, die uns auf dem Weg zur Erleuchtung helfen, ist ein zentrales Merkmal aller buddhistischen Lehren. In besonders einflussreicher Weise findet sich dieses in einer Schrift, die man auch die ›Bibel Ostasiens‹ genannt hat: dem Lotus-Sūtra.

Das Lotus-Sūtra

Saddharmapuṇḍarīka, ›das Sūtra vom Lotus des rechten Gesetzes‹, wie der Titel des Lotus-Sūtra vollständig lautet, bekam spätestens im 2. Jh. seine endgültige Form. Doch viele seiner Erzählungen lassen sich bereits für die Periode v. u. Z. unter anderem in Malereien und Skulpturen belegen. Beachtliche Parallelen mit den christlichen Evangelien – besonders dem Gleichnis vom verlorenen Sohn in Lukas 15 – zeigen unbestreitbar den Einfluss buddhistischer Motive und Erzählungen auf das frühe Christentum. Das Lotus-Sūtra hat drei zentrale Themen:

1. *Upāya-kaushalya:* Die geschickten Mittel
2. *Ekayāna:* Die Einheit aller buddhistischen Wege
3. *Avalokiteshvara:* Das allen offen stehende befreiende Mitgefühl der Erleuchtung in Gestalt dieses Bodhisattvas.

> Das buddhistische Gleichnis vom verlorenen Sohn: ›Geschickte Mittel‹ bewirken spirituelles Wachstum.

Die geschickten Mittel sind die Lehre Buddhas und das selbstlose und unparteiische Handeln des Bodhisattvas. Im Lotus-Sūtra verdeutlicht der Buddha dies durch zwei berühmte Beispiele: In dem Gleichnis vom brennenden Haus (Kapitel 3) finden wir den Buddha als sorgenden Vater, der seine Kinder mit geschickten Tricks und Versprechungen aus einem in Flammen stehenden Gebäude, dem Kreislauf der Wiedergeburten, lockt. Ebenso einfühlsam handelt der Buddha als Vater in dem berühmten Gleichnis vom verlorenen Sohn (Kapitel 4). Die christliche Fassung dieses Gleichnisses stellt eine Umarbeitung des buddhistischen Gedankengutes dar, die den Unterschied der beiden Religionen gut veranschaulicht: Während der christliche Vater – Gott – den verlorenen Sohn einfach wieder aufnimmt, führt der Vater in der buddhistischen Vorlage den Sohn langsam, Schritt für Schritt, zur Reife seines Geistes, zur Erleuchtung. Die Christen formten das Gleichnis also in die Richtung eines ihrer Hauptgedanken um: Sünde. Diesem westlichen Konzept, das dem Buddhismus wesensfremd ist, steht im Osten die Gesetzlichkeit von Ursache und Wirkung, Karma, entgegen. Dem Buddha als Vater geht es nicht um

Schuld und Sühne oder Vergebung, sondern darum, wie er die Menschen aus dem Kreislauf des Leidens befreien kann.

Buddhistische Ethik kann man als pragmatisches Handeln zum Besten aller beschreiben. Wichtig ist, dass dieses Handeln in vollständig selbstloser Einstellung verwurzelt ist. Nur der weit Fortgeschrittene kann heilsam ›geschickte Mittel‹ verwenden. Erleuchtete Tätigkeit kann den Rahmen der Lebensregeln, wie etwa das sittliche (An-)Gebot ›Nicht lügen‹, sprengen.

Oder nehmen wir das Beispiel der Vasumitrā, eines hoch-verwirklichten Bodhisattvas. Das Blumenkranz-Sūtra berichtet in seinem letzten Abschnitt *(Gaṇḍayvūha)*, dass sie als Kurtisane die Lehre verbreitete. Im einem andern Text, der nur von geschickten Mitteln handelt und darum treffend *Upāyakaushalya*-Sūtra heißt, wird sogar berichtet, dass der Buddha in einem früheren Leben einen Mann tötete – aus Mitgefühl: denn dieser stand im Begriff, 500 Menschen zu ermorden. Dabei dachte der Bodhisattva nicht nur an die Opfer: Durch die schlechten Eindrücke dieser Tat hätte der Mörder für lange Zeit sehr schwierige Wiedergeburten durchlebt. Neben ›befriedend‹, ›begeisternd‹ und ›vermehrend‹ gehört also auch ›beschützend‹ zu den erleuchteten Tatbereichen …

Der zweite wichtige Gedanke im Lotus-Sūtra betrifft das Verhältnis der verschiedenen buddhistischen Schulen untereinander. Das Lotus-Sūtra betont die Gemeinsamkeit der verschiedenen buddhistischen Wege und die Möglichkeit aller Wesen, Erleuchtung zu erlangen: Es verkündet, dass alle Wege letztlich nur ›Ein Weg‹ *(Ekayāna)* sind. Es ist dabei kennzeichnend für Ostasien – China, Korea und Japan –, dass buddhistische Schulen eine einzige Lehrschrift zur letzten Autorität in der Lehre erklärten. Dies wird durch Aussagen im Lotus-Sūtra selbst gestützt: Selbst durch das bloße Aussprechen seines Namens erwirbt man sich unermessliche Verdienste.

In dieser Tradition steht die chinesische *T'ien-t'ai*-Schule (in Japan *Tendai*) in hohem Ansehen; die Verwendung von Vertrauen zum Lotus-Sūtra als Mittel der Befreiung findet am stärksten im japanischen *Nichirin*-Buddhismus statt, der sich selbst auch ungewöhnlich deutlich von anderen Schulen abgrenzt: Hier wird tatsächlich nur der Titel des Sūtra in der japanischen Formel *Nam(u) Myō hō renge kyō* (Verehrung dem Lotus-Sūtra) rezitiert!

Das 24. bzw. 25. Kapitel des Lotus-Sūtra besingt das Mitgefühl der Erleuchtung, den Bodhisattva Avalokiteshvara (chin. *Kuan-Yin*, jap. *Kannon*) als universellen Helfer und Retter: Sein Erbarmen ist das allen offen stehende Tor der Befreiung.

Der Bodhisattva des Mitgefühls veränderte in China übrigens sein Geschlecht. Bemerkenswerterweise änderte Avalokiteshvara als *Kuan-Yin/Kannon* um das 9. Jh. das Geschlecht. Dieses geschah unter dem Einfluss weiblicher Aspekte, wie der tibetischen Befreierin Tārā, aber auch der taoistischen ›Göttin der rotglühenden Wolke‹. Als Helferin besonders der durch starre Rollenbilder in ihrer Entfaltung behinderten Frauen des alten Chinas spielte sie fortan eine wichtige Rolle. Zahllose Legenden zeugen von großer Volksnähe. So gibt sie als Prinzessin Miaoschan in der ›kostbaren Rolle vom Weihrauchberg‹ ohne zu Zögern ihre Hände und Augen für die Genesung ihres grausamen Vaters. In einer anderen Legende (›*Kuan-Yin* mit dem Fischkorb‹) bekehrt sie – wie Vasumitrā im Blumenkranz-Sūtra – als Edelhure ihre Freier zum Buddhismus.

> Männlich – weiblich: Erleuchtung ist jenseits von Geschlechtsgrenzen. In Ostasien wurde der Bodhisattva des Mitgefühls weiblich.

Bevor wir Avalokiteshvara und weitere Ausdrücke von erleuchtenden Eigenschaften näher kennen lernen, ist es nützlich, das Verhältnis der verschiedenen Buddhaformen zu Leerheit, Meditation und Wirken in der Welt zu betrachten. Der ›Große Weg‹ spricht hier von den ›Drei Körpern des Buddha‹ …

Der Buddha, diesseits und jenseits: Die Lehre von den ›Drei Körpern‹ (trikāya)

Innerhalb der ›Neuen Weisheitsschule‹ entwickelte sich eine Vorstellung, die uns hilft, das Wesen von Erleuchtung auf den verschiedenen Ebenen des Bewusstseins und der Wahrnehmung zu begreifen. Es entstand schließlich in der ›Nur-Geist‹-Schule eine klassische Einteilung, die eine Denkhilfe für das schwierige Verhältnis von verwirklichter und unerleuchteter Weltsicht darstellt. Die Rede ist von der Lehre der drei Zustände, den so genannten Körpern des Buddha.

Im *Prajñāpāramitā*-Sūtra in 8.000 Versen wird ein Unterschied zwischen dem körperlichen Leib (›Formkörper‹, *rūpa-kāya*) des Buddha und seinem spirituellen Wesenskern (›Wahrheitskörper‹, *dharmakāya*) deutlich. Buddhisten waren in der schwierigen Situation, den Buddha einerseits geschichtlich als etwas Äußeres wahrzunehmen, ihn andererseits aber gleichzeitig als unverwirklichten Aspekt ungetrennt von ihrer eigenen (vorgeblichen) Person zu begreifen. Diese Zwickmühle versuchten sie so zu lösen. Das voll entwickelte System spricht von drei Körpern *(tri-kāya)* :

Ausgangspunkt ist die schon häufiger erwähnte Auffassung von den zwei Realitäten, der bedingten und der absoluten Realität, hier durch ›Formkörper‹ und ›Wahrheitskörper‹ angedeutet. Dabei hat der Formkörper *(rūpakāya)* im klassischen System zwei Stufen: Er beinhaltet einerseits bei einem irdischen Buddha das Sichtbarwerden oder die ›Ausstrahlung‹ des wahren Wesens in leiblicher Form. Diesen materiellen Körper nennt man dementsprechend den ›Ausstrahlungskörper‹ *(nirmāṇa-kāya)*. Aktive Liebe, Unbegrenztheit als Sichtweise, sinnvolles Handeln zum Wohle aller Wesen kennzeichnen ihn. Gautama Siddhārtha war so eine Ausstrahlung. Und nach den Lehren des tantrischen Buddhismus (siehe Kapitel IV) ist so ein Ausdruck der Erleuchtung auf Erden nicht auf die historischen Buddhas beschränkt, sondern auch den auf Erden wandelnden Bodhisattvas

Die ›Drei Körper‹ erklären, wie Erleuchtung auf den verschiedenen Ebenen der Wahrnehmung wirkt.

und Buddhas zueigen. Diese sind die verwirklichten Lehrer des Diamantweges: Tulkus (Tibetisch: *sprul sku*, ›Ausstrahlungskörper‹). So sind beispielsweise S. H. der Karmapa und Dalai Lama Ausstrahlung des erleuchteten Mitgefühls.

Jenseits der materiellen Welt und nur geistig erfahrbar befinden sich die ›Körper der Freude‹ *(saṃbhogakāya)*. Buddhas und Bodhisattvas haben hier eine in der Meditation erfahrbare, formhafte Wirklichkeit. Wonne, spielerische Vielfalt und Klarheit als Sichtweise, natürliche, selbst entstandene Freude kennzeichnen den *saṃbhogakāya*. Der Freudenköper erklärt die vielfachen, verschiedenen männlichen und weiblichen, friedhaften (weiß/grün), vermehrenden (gelb), begeisternden (rot-blau) und beschützenden (blau-schwarz) Buddhaformen in Kunst und Mediationserfahrung des nördlichen Buddhismus.

Im absoluten Körper *(dharmakāya)* sind die Buddhas mit absoluter Erleuchtung, Leerheit, formlosem Gewahrsein identisch. Jenseits von Form und Gefühl sind sie eins und alles zugleich. Hier befindet sich das *Mahāparinirvāṇa*, von dem Buddha Shākyamuni sprach, und in das er einging. Es wird auch als ›So-heit‹ *(tathatā)*, ›Wahrheits-heit, Wahrheits-reich‹ *(dharmatā, dharmadhātu)* und ›Reinheit‹ *(vishuddhi)* bezeichnet.

In seinem ›Eintritt in den Mittleren Weg‹ beschreibt Candrakīrti den Wahrheitskörper so:

> *Die Stille des* dharmakāya *hat den Brandstoff aller möglichen Wahrnehmungen verzehrt …*

Dabei wird der Wahrheitskörper in späteren Traditionen manchmal noch einmal aufgeteilt: Der Wahrheitskörper im engeren Sinne, der dann auch ›Weisheits-‹ oder ›Einsichts-Körper‹ *(jñāna-kāya)* genannt wird, ist die letzte Erfahrung von Erleuchtung. Furchtlosigkeit, Leerheit und zeitloser Raum als Sichtweise und mühelose, unmittelbare Einsicht sind seine Kennzeichen. Der ›Wesens-‹ oder ›Essenz-körper‹ *(svabhāvika-kāya)* ist reine Leerheit als bloße Möglichkeit, Behälter und Matrix. Gleichmut, Einssein aller Erscheinungen und müheloses Verweilen sind seine Natur.

Durch die verschiedenen Aufteilungen gewinnt man ein System von zwei, drei und vier Zuständen:

I. Wahrheitskörper *(dharmakāya)*		1. Wesenskörper *(svabhāvika-kāya)* 2. Wahrheitskörper *(dharmakāya)* *oder:* Einsichtskörper *(jñāna-kāya)*
II. Formkörper *(rūpa-kāya)*	1. Freudenkörper *(saṃbhogakāya)* 2. Ausstrahlungskörper *(nirmāṇa-kāya)*	3. Freudenkörper *(saṃbhogakāya)* 4. Ausstrahlungskörper *(nirmāṇa-kāya)*

Die verschiedenen Buddhazustände lassen sich anschaulich durch den Vergleich mit Wasser verdeutlichen: Formloser Wasserdampf gleicht dem Wahrheitszustand, seine Verdichtung zu Wolken dem Freudenzustand: wahrnehmbar und doch unwirklich weit weg; dem Regen, der unsere Haut berührt, gleicht der Ausstrahlungskörper. Alles ist Wasser, H_2O. Das ist der Wesenskörper …

Wie nun gestaltet sich die Vielfalt der verschiedenen Ausstrahlungen, Tatbereiche und Eigenschaften der Erleuchtung im nördlichen Buddhismus?

Die vielen Buddhas

Bei westlichen Autoren liest man gelegentlich vom ›Pantheon‹ des Mahāyāna, also der ›Götterwelt‹ des ›Großen Weges‹. Gemeint ist dann die bunte Vielfalt der verschiedenen Buddhaformen, wie sie sich besonders in der buddhistischen Kunst Tibets, Chinas und Japans niederschlägt. Auch wenn man den Vergleich zu katholischen Heiligen oder Hindugöttern zieht, die vielen Buddhas des Mahāyāna und des Diamantweges sind keine von uns selbst getrennten göttlichen Wesen; vielmehr zeigen sie bildhaft Erleuchtung von verschiedenen Blickpunkten. Legenden und Erzählungen über diese Bodhisattvas und Buddhas sind nicht als historische Wahrheiten gemeint, sondern weisen auf die Wahrheit. Wenn man mit dem Finger zum Mond weist, schauen nur Tore auf den Finger selbst …

Das will nicht verleugnen, dass viele dieser Legenden einen geschichtlichen Kern haben. Im Laufe der Zeit hat es viele großartige, hoch entwickelte Wesen gegeben, die auf den Weg zur Erleuchtung gingen und lernten. Doch die Buddhaformen, die Freudenzustand und manchmal auch Wahrheitszustand der Buddhas darstellen, sind Ausdruck der zeitlosen, vollständigen Entwicklung des Geistes. Sie zeigen Tatbereiche und Eigenschaften der Erleuchtung und gleichen so den einzelnen Farben in einem Regenbogen. Dies gilt auch für ihre Kraftfelder, die ›Reinen Länder‹.

›Reine Länder‹

Manchmal liest man in Übersetzungen von buddhistischen Schriften das Wort ›Paradies‹. Gemeint ist dann meistens ein so genanntes ›Reines Land‹, ein Buddhareich *(Buddhakshetra)*. Dieses ist ein geistiger Ort bzw. Zustand, der jenseits der Welt des Leidens *(saṃsāra)* liegt, aber noch nicht mit dem Erlöschen (Nirvāṇa) gleich ist. So ein ›Reines Land‹ wird durch das Kraftfeld eines Buddha oder Bodhisattvas als Ausdruck der allen innewohnenden Erleuchtung »geschaffen«. Es ist durch Meditation ›erreichbar‹; genauer gesprochen verändert der Übende durch Meditation allmählich seine eigene Umwelt in ein ›Reines Land‹: Gedanken werden höchste Weisheit, Geräusche Weisheitstöne, alle Wesen sind Buddhas. Wer in einem ›Reinen Land‹ wiedergeboren wird, entwickelt sich frei von den Gefahren der Welt der Wiedergeburten hin zur Erleuchtung. Im Gegensatz zum christlichen oder islamischen Paradies ist ein ›Reines Land‹ im Buddhismus also kein endgültiges Heilsziel, sondern eine spirituelle Zwischenstation. Obwohl im südlichen Buddhismus die Vorstellung von ›Reinen Ländern‹ nie ausgearbeitet wurde, ist der Gedanke auch dort zu finden, z. B. in *Visuddhimagga* 414. Manchmal wird auch in Theravāda-Lehrreden folkloristisch vom ›Himmel‹ als Heilsziel gesprochen:

So gut, Mönche, habe ich die Lehre dargelegt ..., dass alle, die genug Vertrauen zu mir haben ... den ›Himmel‹ erzielen werden.

(Majjhima-Nikāya 22 i 142)

Da die Geburt in einem Götterhimmel zwar als angenehm gilt, aber nicht zur Befreiung und Erleuchtung führen kann, ist dann damit ein ›Reines Land‹ gemeint.

Besondere Bedeutung haben Buddhareiche jedoch im Buddhismus Tibets und Japans. Vor allem das ›Westliche reine Land‹, *Sukhāvatī* (›Glücksheim‹), ist die Hoffnung vieler Gläubiger. Es ist das Kraftwelt des roten *Buddha des Grenzenloses Lichtes (Amitābha).*

Amitābha und der Buddhismus des ›Reinen Landes‹

Athletisch, strahlend wie ein Berg Rubine im Licht von tausend Sonnen sitzt er in Versenkung, eine lapislazuli-blaue Schale in seinem Schoß blickt er lächelnd und liebevoll zu allen Wesen. Die Rede ist vom ›Buddha des grenzenlosen Lichtes‹: *Amitābha, Öpame* (Tib. *'od dpag med*). Er hat in unermesslichem Mitgefühl das ›Westliche reine Land‹ besonders einfach zugänglich gemacht: Man braucht nur Vertrauen zu ihm, dann gelangt man dorthin. Übt man eine spezielle Meditation *('pho ba)* im Moment des Todes, wird man nach Lehre der alten tibetischen Schulen dort wiedergeboren. Für den Eintritt in das ›Reine Land‹ reicht das Anrufen seines Namens in der Formel ›*Namu-Amida-butsu*‹, ›Verehrung dem Buddha Amida‹ (= *Amitābha*) im japanischen ›Reinen-Land-Buddhismus‹ (*Jōdō-Shinshū* und *Jōdō-Shū*), der darum auch ›Amida-Buddhismus‹ genannt wird. Er wird auch als ›Glaubensbuddhismus‹ bezeichnet, da Vertrauen in Amida als wichtigster und manchmal einziger Motor der geistigen Entwicklung benutzt wird.

Den ersten christlichen Missionaren Japans gefiel diese Form des Buddhismus besonders gut, enthielt sie doch viele Anknüpfungspunkte zu christlichen Gedanken, vor allem zur Lehre von Erlösung nur durch den Glauben *(sola fide)*, wie sie besonders Luther in der Reformationszeit vertreten hat. Und tatsächlich ist die Verwendung von Vertrauen menschlich nahe liegend: Erleuchtung scheint manchmal sehr weit weg, ein allzu steiler Pfad. Warum also nicht im liebevollen Vertrauen zum Buddha gute Verdienste ansammeln, um so eine bessere Wiedergeburt zu erlangen? Dies geschieht im japanischen Amida-Buddhismus in Hinblick auf Amitābha.

Der Amidismus fand seine erste ausgeprägte Form im China des 5.–6. Jh. und blühte in Japan erstmals im 12. Jh.: Die damals gegründeten Schulen *Jōdo* (›Reines Land‹) und *Jōdo Shin* (›Neues reines Land‹) gehen auf das Wirken der großen Erneuerer Hōnen und Shinran in diesem Jahrhundert zurück; bis heute stellen sie in Japan die größten und wichtigsten Schulen des Amida-Buddhismus, wenn nicht des Buddhismus überhaupt, dar.

Als wichtigste Texte des Amida-Buddhismus gelten die beiden Fassungen der ›Beschreibung von Glücksheim‹ (*Sukhāvatīvyūha;* entstanden vor dem 2. Jh.) und das ›Sūtra über die Meditation auf den *Buddha des Grenzenlosen Lebens*‹ *(Amitāyur-dhyāna-Sūtra)*. Diese Texte sind zuerst im 5. Jh. in China bezeugt. Der rote ›Buddha des grenzenlosen Lebens‹, Amitāyus, ist der dem irdischen Leben zugewandte Aspekt Amitābhas. Er wird mit einer überfließenden Vase voller Nektar des langen Lebens dargestellt und bildet mit der so genannten ›Weißen Befreierin‹ (Sita-Tārā) und der achtarmigen weißen Ushṇīshavijayā eine in der Volksfrömmigkeit sehr beliebte Dreier-Gruppe von Langlebens-Aspekten.

Zum Kraftfeld des ›Buddha des grenzenlosen Lichtes‹ gehören auch zwei Bodhisattvas: Links steht *Mahāsthāmaprāpta,* der in Tibet mit der Kraft der Erleuchtung gleichgesetzt wird: ›Diamant-in-der-Hand‹ *(Vajrapāṇi)* in seiner friedvollen, blauen Form. Rechts vom Amitābha steht ›Liebevolle Augen‹ *(Avalokiteshvara)* – der vielleicht populärste Bodhisattva des nördlichen Buddhismus: der Ausdruck des erleuchteten Mitgefühls.

Auf einer flachen Mondscheibe (Klarheit des Bewusstseins) in einer geöffneten Lotusblüte (Reinheit des Geistes) sitzt eine weiße, männliche Gestalt mit vier Armen (den vier *apramāṇa*, ›unermesslichen Eigenschaften‹: Liebe, Mitgefühl, Mitfreude und Gleichmut). Seine Augen blicken mild, er lächelt freundlich. Die rechte obere Hand hält eine Meditationskette *(Mālā)* aus Kristall (tätiges Mitgefühl für alle Wesen), die linke einen dreifachen Lotus mit Knospe, Blüte und Frucht (die Buddhas der drei Zeiten: Vergangenheit, Gegenwart, Zukunft); das andere Händepaar hält das Wunschjuwel (Reichtum und Vielfalt der Erleuchtung). Seine Schultern bedeckt ein Antilopenfell (Güte). Er sitzt in vollständiger Meditationshaltung (›Diamanthaltung‹), die Beine gekreuzt. Sein Haupt krönt der rote ›Buddha des Grenzenlosen Lichtes‹ (Amitābha), zu dessen Buddhafamilie er gehört. So sieht die bekannteste Form des Mitgefühls in indo-tibetischer Darstellung aus: Avalokiteshvara, ›der, der liebevoll auf alle Wesen blickt‹ (tib. *spyan ras gzigs*, ›Tschenresi‹). Seine heiligen Silben, das Mantra ›Oṃ Maṇi Padme Hūṃ‹ strahlt zu allen Wesen der sechs Existenzreiche …

Thangka Liebevolle Augen (Avalokiteshvara) (Abbildung 15)

Spätestens seit dem 2. Jh. tritt Avalokiteshvara in buddhistischer Kunst (in Gandhāra als Padmapāṇi) und Literatur auf. Wie oben gezeigt, besingt das 24. Kapitel des Lotus-Sūtra das allen offen stehende Tor der Befreiung des Bodhisattva ›Liebevolle Augen‹. Ein anderes Sūtra berichtet von seiner befreienden Höllenfahrt: Mit 1.000 Armen wirkt er zum Heil der Wesen *(Kāraṇḍavyūha,* Kap. 1). Tatsächlich wird ›Liebevolle Augen‹ in der indo-tibetischen Kunst seit dem 5. Jh. oft auch stehend mit elf Köpfen und 1.000 Armen abgebildet. Mit dieser Meditationsform ist eine besonders wirksame Fastenpraxis verbunden. In seiner beschützenden Form erscheint er als sechsarmiger ›Großer Schwarzer‹ *(Mahākāla).*

Den Tibetern gilt ›Liebevolle Augen‹ als mythischer Stammvater; er wirkt auch in Austrahlungskörpern als verwirklichte Lehrer (Tulkus) wie S. H. der Gyalwa Karmapa und der Dalai Lama. Dessen Palast in Lhasa, der Poṭala, ist nach Avalokiteshvaras eigenem ›Reinen Land‹ *Poṭalaka* (so z. B. im Gaṇḍavyūha-Sūtra) benannt.

Und wie ebenfalls erwähnt, veränderte Avalokiteshvara in China und Japan sein Geschlecht und genießt unter dem Namen *Kuan-Yin* bzw. *Kannon* besondere Verehrung, so z. B. in der *T'ien-t'ai*-Schule (in Japan *Tendai*). Wenn Sie einmal in einen asiatischen Supermarkt gehen, finden Sie Kuan-Yin dort garantiert in Form von etwas kitschigen weißen Porzellanfiguren, die wie Madonnen aussehen …

Die weibliche Seite des erleuchteten Mitgefühls fehlt natürlich auch im indo-tibetischen Raum nicht: Hier wird es ausgedrückt in den verschiedenen Formen der Befreierin, Tārā.

Tārā

Tārā bedeutet ›Stern‹ oder ›die, die hinüberbringt (ans Ufer der Erleuchtung)‹. Sie stellt Schutz vor weltlichen und geistigen Gefahren dar. Darum nennen die Tibeter sie ›Drölma‹, ›Befreierin‹ *(sgrol ma).* Viele Tibeter singen täglich ihr berühmtes ›Preislied in 21 Versen‹ (entstanden vor dem 9. Jh.). In Darstellungen findet sie sich seit dem späten 6. Jh. (Höhle 7, Aurangabad/West-Indien) in enger Verbindung mit ›Liebevolle Augen‹. Der Legende nach entsprang sie einem Lotus, der aus Avalokiteshvaras Träne entstand. Normalerweise wird sie darum mit einem Lotus in der Rechten dargestellt, während die Linke die Geste der Wunschgewährung *(varada)* macht: Die Hand zeigt am Knie nach unten, die Handfläche ist nach vorne gedreht.

Tārā wird mit einem dritten Auge auf der Stirn abgebildet, was ihre geistige Verwirklichung versinnbildlicht. Als ›Befreiende höchste Weisheit‹ *(Prajñāpāramitā)* ist Tārā Sinnbild der gleichnamigen mystischen Lehren über die Leerheit aller Dinge. Weisheit als Einsicht in die Leerheit ist die ›Mutter aller Buddhas‹, so wird sie auch als ›Mutter Tārā‹ angerufen.

In ihrer volkstümlichen Form ist sie von grüner Hautfarbe und sitzt entspannt, das rechte Bein vor dem linken ausgestreckt (›Bodhisattva-Haltung‹). Sie beschützt vor den ›acht Gefahren‹: Löwen, Elefanten, Schlangen, Feuer, Räubern, Gefängnis, Wasserfluten und Menschenfresser-Dämonen *(pishācas)*.

Dagegen sitzt Tārā mit weißer Hautfarbe in vollkommener Meditationshaltung, die Beine übereinander gekreuzt. In dieser Meditationsform wird sie, wie bereits erwähnt, mit langem Leben und geistiger Gesundheit in Verbindung gebracht.

In irdischer Gestalt soll sie in zwei Ausstrahlungen als nepalesische und chinesische Gemahlin des tibetischen Königs Songtsän Gampo (7. Jh.) erschienen sein; diese werden dann mit den soeben beschriebenen Meditationsformen Shyāma-Tārā (grün) und Sita-Tārā (weiß) verbunden.

Neben Mitgefühl ist Weisheit natürlich der zweite zentrale Ausdruck der Erleuchtung. Zu ›Liebevolle Augen‹ und der Befreierin tritt darum der Weisheitsbodhisattva *Mañjushrī*.

Mañjushrī

Seit dem 1. Jh. ist der Kult des Weisheitsbuddhas ›lieblicher Prinz‹ *(Mañjushrī-kumāra-bhūta)* belegt. *Mañjushrī*, auch *Mañjughosha* (›mit lieblicher Stimme‹), wird als 16-jähriger Jüngling (dem indischen Schönheitsideal) mit dem Flammenschwert der Weisheit in der Rechten dargestellt. In seiner Linken hält er den Stiel einer Lotusblume, auf der das Buch der *Prajñāpāramitā*-Belehrungen ruht.

Er ist ›Herr der Sprache‹ und Herr des mystischen Alphabets *A-Ra-Pa-Ca*. Tibetische Kinder murmeln auf dem Schulweg bis heute seine heiligen Silben. Mañjushrī reitet auf einem Löwen. Nach alter indischer Tradition werden Aspekte der Erleuchtung häufig auf einem Reittier *(vāhana)* sitzend dargestellt. Der Löwe ist dabei kein Zufall: Einst soll nämlich eine Löwin ihre toten Jungen mit ihrem Gebrüll wieder zum Leben erweckt haben. Seit alter Zeit wurden Lehren des Erwachten mit dem Löwengebrüll verglichen: Sie erwecken und befreien. Der Löwe als Thron buddhistischer Weisheit wird so sinnvoll. Mañjushrī wird übrigens in manchen Texten teilweise auch als vollkommener Buddha oder sogar als Ausdruck des Wahrheitskörpers angesehen.

Mañjushrī (Abbildung 16)

Im vierten Kapitel werden wir weitere Buddhaformen kennen lernen, wie z.B. besonders das Kraftfeld der fünf Versenkungs-Buddhas. An dieser Stelle sollen nur noch einige wenige Bodhisattvas und Buddhas zusammenfassend erwähnt werden:

- ›Diamant-in-der-Hand‹ *(Vajrapāṇi)*, die Kraft aller Buddhas, bildet mit ›Liebevolle Augen‹ und Weisheitsbuddha *Mañjushrī* eine wichtige Dreiergruppe.
- *Kshitigarbha* (auch: *Ākāshagarbha*): Der Bodhistattva ist seit dem 4. Jh. belegt und besonders in den Mythen Zentral- und Ostasiens als Totenrichter bekannt.
- *Samantabhadra*, ›der Allgute‹, ist wegen seiner ›Segensgelübde‹ in ganz Ostasien bekannt.
- *Maitreya*, ›der Liebevolle‹, ist der Buddha der Zukunft. Er wird in westlicher Sitzhaltung mit der Geste des Andrehens des Rades der Lehre dargestellt. Er wurde besonders in Zentralasien verehrt.

Buddha Shākyamuni gilt für einige Mahāyāna-Schulen auch selbst als Ausdruck aller Erleuchtungsaspekte, besonders in den Lotus-Sūtra-Schulen (Tendai, Nichirin usw.). Schließlich lehrt Shākyamuni selbst in diesem Sūtra, das hier als höchste Belehrung betrachtet wird.

Ein anderer bedeutender Zweig ostasiatischer Schulen benennt den höchsten Ausdruck kosmischer Erleuchtung *Mahā-Vairocana*, der ›Große Sonnengleiche‹ oder ›Strahlende‹ (jap. *Dainichi Nyorai*). Er offenbart sich in den mystischen Kapiteln der Blumenkranz-Schriften.

Die Mystik der Blumenkranz-Schriften

Das ›Blumenkranz-Sūtra‹ *(Avataṃsaka-Sūtra)* ist eine um 400 u.Z. zusammengestellte Sammlung von 39 Schriften, die in der gleichnamigen Schule Ostasiens (chinesisch *Hua-yen*, jap. Kegon) als die höchste Belehrung angesehen wird. Nur zwei umfangreiche Abschnitte sind im originalen Sanskrit erhalten geblieben, die ›Zehn-Stufen-Schrift‹ *Dashabhūmika* (Nr. 26, zu den Stufen des Bodhisattvas) und das bereits mehrfach erwähnte *Gaṇḍavyūha* (Nr. 39). Auf Geheiß vom Weisheitsbuddha (Mañjushrī, chin. *Monju*) macht sich der Knabe Sudhana auf die Suche nach ›spirituellen Freunden‹, weit entwickelten Lehrern. Seine mythische Reise führt ihn in 53 Stationen durch alle Länder der Erde. Zu seinen Lehrern zählen Mönche, Philosophen, Laien, Frauen wie die Kurtisane *Vasumitrā*, der Zukunftsbuddha *Maitreya* und zuletzt der Bodhisattva *Samantabhadra*, den er in Versenkung am Diamantthron – dem Ort der Erleuchtung von Buddha Shākyamuni in Bodh-Gayā – erblickt. In Gegenwart des höchsten Ausdrucks der Erleuchtung, des kosmischen Buddhas *Mahā-Vairocana*, erhält Sudhana von Samantabhadra die volle Erleuchtungsübertragung und das Bodhisattva-Versprechen. Darum zählen manche Versionen des Textes die ›Segensgelübde des Samantabhadra‹ als 40. Kapitel dem Avataṃsaka-Sūtra zu.

Mahāvairocana wird genauer im 6. Abschnitt der Blumenkranz-Sūtra vorgestellt: Er umfasst den ganzen Kosmos. Die Welt in der Wahrnehmung des höchsten Buddha ist die Umwandlung unserer unerleuchtenden Erlebniswelt zum ›Wahrheitsreich‹ (*dharmadhātu* Kap. 39), oder zur ›Lotusblütenschatzwelt‹ (jap. *Rengezō Sekai*, Kap. 6).

Im Haupttempel der japanischen Kegon-Schule, dem Tōdaiji in Nara, steht eine eindrucksvolle, 16 Meter hohe Bronzestatue des sitzenden ›Großen Buddha‹ *(Daibutsuden) Mahāvairocana*. Die shintoistische Sonnengöttin der vor-buddhistischen japanischen Religion soll ihre ausdrückliche Zustimmung zum Bau der monumentalen Statue gegeben haben. Auf ihrem Sockel ist die Lotusblütenschatzwelt eingraviert. Hier war das Zentrum des japanischen Buddhismus im 8. Jh. (Nara-Epoche) und von hier ging der Aufstieg noch mystischerer Lehren aus: Shingon …

Lesen Sie mehr dazu im Abschnitt zum Buddhismus Japans!

Vorläufig schließen wir nun die Themenbereiche Weisheit, Mitgefühl und Vertrauen ab. Bleibt noch die Frage, wie die alltägliche Praxis im ›Großen Weg‹ aussieht. Wie meditiert ein Mahāyāna-Buddhist?

Meditation und Vertiefung

Man kann Meditation im nördlichen Buddhismus (Mahāyāna und Diamantweg) in drei Grundtypen einteilen:

1. Standardmeditationen:
   Alte und bewährte Techniken mit neuer Zielrichtung in allgemeinem Mitgefühl. Dies ist die nördliche Variante der Theravāda Meditation von Bewusstseinsstille *(shamatha)* und höherer Einsicht *(vipashyanā)*.
2. Visionäre Meditationen:
   Wiederbeleben der alten Techniken der Begeisterung und Umwandlung der Erlebniswelt. Hierzu gehört die Arbeit mit Vorstellungen im Geist, meistens missverständlich ›Visualisierungen‹ genannt, z. B. in den Meditationen des ›Reine-Land-Buddhismus‹ Japans und im Diamantweg Tibets (siehe Kapitel IV)).

3. Meditationen der Unmittelbarkeit:
   Spontane Techniken der direkten Erfahrung von Erleuchtung, z. B. im Zen-Buddhismus und im Diamantweg in der Tradition des ›Großen Siegels‹ und der ›Großen Vervollkommnung‹ (Dzogchen, siehe Kapitel IV).

Tradition und Vision

Im Mahāyāna-Buddhismus wird die Meditation von Bewusstseinsstille *(shamatha)* und höherer Einsicht *(vipashyanā)* im Wesentlichen auf dieselbe Art und Weise wie im Theravāda geübt (siehe Kapitel II). Ein wichtiger Unterschied liegt in der Verdeutlichung, dass die Praxis aus selbstlosen Gründen angewandt wird. So legt man sich vor der Meditation Rechenschaft von der eigenen Einstellung ab, um zum Wohle aller Wesen Erleuchtung zu erlangen. Dies betrifft den oben erläuterten ›Erleuchtungsgedanken‹ *(bodhicitta)*, die fünf Pfade und die 10 Stufen des Bodhisattva. Nach der Meditation widmet man dann alle guten Eindrücke dem Wohle aller Wesen: Mitgefühl in der unerleuchteten Welt des Leidens rahmt so ein, was in der Meditation angestrebt wird: die Weisheit der Erleuchtung.

Der Standardmeditation mit neuer Einrahmung stehen die visionären Techniken entgegen; sie haben eine lange Tradition, die bis in die alte vedische Zeit des Indiens vor Buddha Shākyamuni zurückgehen; der Buddha verwendete diese kraftvollen Techniken, z. B. bei der Meditation unter dem Erleuchtungsbaum. Zu diesen Meditationen gehört die ›kraftvoll-heroische Versenkung‹ *(shūraṃgama samādhi)*, die seit dem 1. Jh. belegt ist, und die Technik der ›Visualisierung‹ *(pratyutpanna samādhi)*: Hier arbeitet man mit Vorstellungen von Licht, Energie, Buddhaformen und ›Reinen Ländern‹.

! *Die Bezeichnung Visualisierung ist missverständlich. Diese Technik muss nicht ›visuell‹ sein, also mit Sehen zu tun haben. Es geht um das Herbeirufen einer Vorstellung im Geist, ob man nun ein deutliches Bild wahrnimmt oder nicht. Der Begriff ›Ideation‹ oder ›Ideierung‹ ist darum besser.*

Bei der weit verbreiteten Meditation dieser Art stellt man sich vor, dass man Liebe in Form von Licht zu allen leidenden Wesen ausstrahlt. Oder, dass man das Leid der Wesen als schwarzen Rauch einatmet, verwandelt und als heilendes Licht zurücksendet.

Im Jōdō (›Reines Land‹)-Buddhismus Japans stellt man sich *Sukhāvatī*, das ›Reine Land‹ des Buddhas Amida, in allen Einzelheiten vor und betritt es dann selbst mit allen Wesen im Geiste.

Zen

Zu den Techniken der Begeisterung treten Mittel der unmittelbaren Erfahrung. Diese werden vor allem im Diamantweg Tibets verwendet (siehe Kapitel IV). Im Mahāyāna finden sie sich nur in einer Form des Buddhismus, die im Westen besondere Bekanntheit erreicht hat: dem Zen.

Die Bezeichnung ›Zen‹ leitet sich von dem Sanskritwort *dhyāna* (chin. *ch'an*), ›Meditation‹, ab. Im 6. Jh., zwischen 516 und 526, soll Bodhidharma die chinesische Vorform, den *Ch'an*-Buddhismus, aus Indien eingeführt haben; er gründete sich besonders auf die Texte der ›Vollendeten Weisheit‹ *(Prajñāpāramitā)* und das *Lankāvatāra*-Sūtra. Bodhidharma gilt als erster chinesischer ›Patriarch‹ des Ch'an/Zen. Der sechste Patriarch Hui-neng (638–723) war ein großer Dichter, sein ›Plattform-Sūtra‹ ist hochberühmt, und zahlreiche volkstümliche Legenden ranken sich um sein Leben. Hui-neng betonte die Lehren von der Leerheit aller Erscheinungen. Im Gegensatz zu den älteren Berichten über die Erleuchtung des Buddhas, die sich langsam im Laufe einer ganzen Nacht verwirklichte, lehrt Hui-neng, dass Erleuchtung spontan und plötzlich eintritt. Dies hat weit reichende Folgen für die Zen-Praxis: Ziel der Meditation kann Erleuchtung *(satori)* nicht sein, da sie spontan geschieht. Meditation ist zweckfrei. Dies macht den Zen so anziehend und offen für Menschen aller religiösen Traditionen: Zen ist vor allem spirituelle Technik …

Im Zen-Buddhismus steht die Meditationspraxis über allen heiligen

Schriften. Selbst das Denken an einen Buddha während der Meditation wird als Ablenkung aufgefasst. Darum heißt ein berühmter Zen-Spruch:

! *Triffst du Buddha unterwegs, schlag' ihn mit dem Stock!*

Zu den Zen-Mitteln gehören widersprüchliche oder sinnlos klingende Fragen, welche der Zen-Meister seinen Schülern immer wieder vorlegt: So werden Frage und Antwort zum Paradox *(kōan)*, das auf Erleuchtung hinweist. Denn wer z. B. weiß, wie das Klatschen einer Hand klingt, hat den Erleuchtungsmoment *(satori)* erlebt. Zen-Meditation beinhaltet u. a. regungsloses Sitzen *(zazen)* und Beobachten des Atems. Die Perioden des Sitzens werden dabei stets durch Zeiten gelassenen Schreitens unterbrochen. Auch bei der Gehmeditation verweilt der Geist im Hier und Jetzt. Es wird angestrebt, diese Geistesruhe in allen noch so alltäglichen Situationen beizubehalten. Wenn der Geist völlig beruhigt ist, kann der Erleuchtungsmoment eintreten. Er wird als absolute Gegenwärtigkeit erfahren. Typisch für den Geist des Zen ist dann, dass dies auch z. B. beim Geschirr spülen passieren kann – wenn man nur ganz bei dem ist, was man gerade tut.

Eisai (1141–1215) führte den Rinzai-Zen 1191 in Japan ein. In seiner Zen-Schule strebt man – Hui-neng zum Trotz – bewusst Erleuchtung an und sitzt in der Meditation zum Raum gewandt. Der Lehrer gibt systematisch *kōans*. Der große Dichter Hakuin gehörte dieser Richtung an. Der Erneuerer und Dichter Dōgen Kigen brachte 1227 den Sōtō-*Zen* aus China nach Japan. In dieser Zen-Schule ist Meditation ›zweckfrei‹, man sitzt mit dem Gesicht zur Wand. Wenn *satori* einsetzt, geschieht dies spontan.

Seit dem 15. Jh. wurde Zen zum Träger der japanischen Kultur. Durch die Betonung des Hier und Jetzt als Tor zur Befreiung hatte der Zen-Buddhismus besonders fruchtbaren Einfluss auf die Künste, vor allem die Architektur, die Malerei, den Gartenbau und den unvergleichlichen ›Teeweg‹ *(cha no yu)*. In dieser berühmten Zeremonie werden durch einen genau festgelegten Ablauf die Zubereitung und das Trinken des grünlichen Pulvertees zu einer hohen Meditation.

Bevor wir uns nun der dritten Umdrehung des Rades der Lehre zuwenden wollen, schließen wir die Behandlung des Mahāyāna mit einer zusammenfassenden Betrachtung der Geschichte des ostasiatischen Buddhismus ab. Viele der erwähnten Traditionen und Schulen sollen so noch einmal in ihrem historischen Rahmen erscheinen.

Ostasien und der Mahāyāna-Buddhismus

Einer der Gründe, dass man die genaue Anhängerzahl des Buddhismus zu Beginn des 21. Jh. nicht ermitteln kann, liegt in der kulturellen und politischen Situation Chinas. Zum einem liegt es im Rahmen der Kultur, dass man zur gleichen Zeit dem Buddhismus und den chinesischen Volksreligionen angehören kann. Zum anderen ist freie Religionsausübung auch im heutigen reform-kommunistischen China immer noch nicht vollständig gewährleistet. Man schätzt aber, dass es dort 400 bis 500 Millionen praktizierende Buddhisten gibt.

China

Vor der Herrschaft der Kommunisten und der berüchtigten Kulturrevolution, die unzählige Leben kostete und Kulturdenkmäler in davor unbekanntem Ausmaß vernichtete, war das religiöse Leben Chinas geprägt durch drei große geistige Strömungen, die mehr oder weniger friedlich nebeneinander existierten und in vielen Fällen miteinander verschmolzen – Taoismus, Konfuzianismus und Buddhismus.

Nach den Lehren des Taoismus, wie sie auf Laotse und das Tao-te-ching *(Daodejing)* zurückgehen, bilden Mensch und Umwelt eine Einheit aus den beiden Urkräften *yin* (männlich) und *yang* (weiblich); Aufgabe des Menschen ist das Finden des ›Weges‹ (Tao, *dao*), d.h. ein Leben im Einklang mit dem Universum. Wichtigstes Mittel dazu war das Prinzip des *wu-wei*, des Nicht-Tuns, d.h. Nicht-Eingreifens in den kosmischen Plan.

Der Konfuzianismus wiederum vertrat einen sittlichen Anspruch unter Betonung des Ganzen (Familie, Staat) über den Einzelnen. Vor allem die Verehrung der Ahnen wurde gefördert.

Der Buddhismus fand also ein besonderes Umfeld vor, als er im 1. Jh. aus Indien über die Seidenstraße nach China gelangte. Der Taoismus erwies sich dabei als besonders hilfreich, ließ sich doch aus buddhistischer Sicht der ›Weg‹ (Tao) mit der Lehre des Buddha *(dharma)* gleichsetzen, *wu-wei* wurde der Idee von der Leerheit aller Dinge angenähert. Andererseits regte das buddhistische Mönchstum und der feste Kanon heiliger Schriften den Taoismus zur Entwicklung vergleichbarer Einrichtungen an.

Schwieriger nahm sich das Verhältnis zum Konfuzianismus aus. Der auf Absonderung von der Welt angelegte Weg des buddhistischen Mönches widersprach zu häufig dem konfuzianischen Gedanken der Verantwortung des Einzelnen gegenüber Familie und Staat. Darum waren es im Laufe der Geschichte vor allem konfuzianische Staatsmänner, die den Einfluss des Buddhismus zurückdrängen wollten – letztlich ohne Erfolg.

Zunächst trat der Buddhismus in China im alten indischen Gewand auf, wie besonders anhand der frühen Übersetzungen zu sehen ist. Es ist vor allem dem Fleiß der Chinesen zu verdanken, wenn uns die Heiligen Schriften alter indischer Schulen teilweise bewahrt blieben. So finden sich chinesische Übersetzungen von Texten jener zwei Gruppen, die sich beim 2. oder 3. Konzil im 4./3. Jh. v. u. Z. trennten: Zu nennen wären hier vor allem die Ordensschriften *(vinaya)* der *Mahāsaṃghikas*, der ›Mehrheits-Schule‹; auf der anderen Seite sind da die Schriften der *Mahīshāsikas* und *Dharmaguptakas;* beides sind Abspaltungen des *Sthaviravāda*, der sich in Vaishālī von der Mehrheitsgemeinde trennte und Vorläufer des Theravāda ist …

Exkurs: Der chinesische Kanon

Der chinesische *Tripiṭaka* (Buddhistische Kanon) trägt den Titel ›Großer Schriften-Schatz‹ *(Ta ts'ang ching)* und ist aufgebaut wie eine traditionelle chinesische Bibliothek. Seine erste gedruckte Ausgabe, die Szechuan-Ausgabe, stammt aus dem Jahre 983 und zählte 1.076 Texte verteilt auf 480 Bände. Die wissenschaftliche Standardausgabe ist der *Taishō Shinshū Daizōkyō* (T.),

herausgegeben in Tokyo zwischen 1924 und 1929. Er zählt 2.184 Texte in 55 Bänden; ihm sind 45 Bände Ergänzungen angehängt.
Der *Taishō Shinshū Daizōkyō* lässt sich in zwei Abteilungen gliedern, indische Texte (Bde. 1-32) und Chinesische Schriften (Bde. 33-55). Texte werden in der Regel nur nach der durchlaufenden Textnummer zitiert; z. B werden die chinesischen Übersetzungen des Herz-Sūtra (Band 8) als T. 250-257 oder T. (8) 250-257 angegeben (siehe Tabelle 7 im Anhang).
Die indischen Texte umfassen Lehrreden *(sūtra)*, Ordensregeln *(vinaya)*, indische Kommentare zu *Sūtras (shāstras)*, Scholastik *(Abhidharma)* und Mahāyāna-Philosophie. Der indische *Sūtra*-Abschnitt, der mit 1.418 Texten in 21 Bänden beinahe die Hälfte des Kanons ausmacht, ist wiederum unterteilt in höchste Weisheit-Schriften *(Prajñāpāramitā)*, Lotus-Sūtra *(Saddharmapuṇḍarīka)* Blumenkranz-Sūtra *(Avataṃsaka)*, Juwelenhaufen-Sūtras *(Ratnakūṭa)*, *Mahāparinirvāṇa*-Sūtra, die ›Große Versammlung‹-Sūtras, die ›Sūtra-Versammlung‹ und Tantra (siehe Tabelle 8 im Anhang).
Die chinesischen Texte gliedern sich in Chinesische Kommentare, Schriften der verschiedenen chinesischen Schulen, Geschichtswerke und Biographien, Enzyklopädien und Glossare, acht Schriften zu nicht-buddhistischen Religionen, Katalog.

Im Laufe der Zeit setzten sich die Schulen des Mahāyāna in China durch. Es ist eine typisch ostasiatische Entwicklung, dass die Lehre des Buddha in den einzelnen Schulen in einem zentralen Sūtra (z. B. im *T'ien-t'ai* das Lotus-Sūtra) gefunden wird, das dann höchste Autorität besitzt.

Betrachten wir die verschiedenen chinesisch-buddhistischen Schulen im Überblick:

- *San-lun:* Die Leerheits-Schule, *Madhyamaka* (chin. *San-lun*), die auf den indischen Philosophen und Dichter Nāgārjuna zurückgeht, brachte mit Kumārajīva (4. Jh.) den bedeutendsten Übersetzer indischer Werke ins Chinesische hervor.
- *T'ien-t'ai:* Maßgeblich beeinflusst von dieser Schule ist auch die zweite große chinesische Schule, *T'ien-t'ai* (6. Jh., jap. *Tendai*): Neben dem ›Blumenkranz-Sūtra‹ gilt dieser Schule vor allem das Lotus-Sūtra in Kumārajīvas Übertragung als Haupttext.
- *Fa-hsiang:* Auch diese philosophische Schule, der zufolge alles Geist ist *(Yogācāra)*, war in China gut vertreten.

- *Hua-yen* und *Chen-yen:* Die chinesische Tradition der Blumenkranzschriften *Hua-yen* (jap. *Kegon*) und des ›wahren Wortes‹ *Chen-yen* (jap. *Shingon*) verbindet Leerheit und Geist mit mystischen Belehrungen.
- *Ch'an:* Mit der *Ch'an*-Schule, dem Vorläufer des japanischen Zen, erreichte die buddhistische Meditationslehre in China einen Höhepunkt.
- *Ching-t'u:* Die Verehrung des Buddha des ›Westlichen reinen Landes‹ Amitābha (chin. *Amituofo*, jap. *Amida*) durch Anrufung seines Namens (Amida-Buddhismus) stand dagegen im Mittelpunkt der *Ching-t'u*-Schule (jap. *Jōdo*).

Vietnam und Korea

Von China erreichte der Buddhismus im 2. Jh. Vietnam. Chinesischer Buddhismus beherrscht bis heute den Norden des Landes, während der Süden unter Theravāda-Einfluss steht. Moderner vietnamesischer Buddhismus kennzeichnet sich durch eine besondere Vermischung von Ch'an/Zen (Vietnamesisch *Thien*) und ›Reine-Land-Buddhismus‹.

Korea wurde im 4. Jh. durch chinesische Mönche mit dem Buddhismus bekannt; zuerst offiziell anerkannt wird der Buddhismus 528; er erlangte aber noch viel später Einfluss in Korea, nämlich unter dem Silla-Köngreich (7.–10. Jh.) und besonders in der so genannten Koryo-Periode (935–1392). Der chinesische Kanon wurde ins Koreanische übersetzt. Der Ch'an/Zen Buddhismus (Koreanisch: *Son*) gewann die Oberhand und ist bis heute gegenüber den Sūtra-Schulen vorherrschend. In der folgenden Erneuerung des koreanischen Konfuzianismus unter der *Yi*-Dynastie erlebte der Buddhismus in Korea fünf Jahrhunderte voller Beschränkungen und Unterdrückung. Einen buddhistischen Neuanfang gab es erst nach Ende der japanischen Besatzung (1910 – 1945) – zumindest in Südkorea.

Im 6. Jh. erreichte der Buddhismus aus China und Korea Japan. Er fand eine Ahnen- und Naturreligion vor. Dem Buddhismus gelang es allmählich, sich neben dieser traditionellen Religion, dem Shintoismus, zu festigen; im heutigen Japan existieren beide friedlich und im gegenseitigen Austausch miteinander. Buddhismus wird dabei häufig als philosophische Ergänzung des shintoistischen Kultes angesehen.

Bis ins 9. Jh. entwickelten sich sechs, ›klassisch‹ genannte Schulrichtungen. Die Leerheits-Philosophie (Madhyamaka, jap. *Sanron*) war ebenso vertreten wie die ›Nur-Geist-Lehre‹ (jap. *Hossō*) und eine mystische Form: *Kegon*, der sich auf das ›Blumenkranz-Sūtra‹ (*Avataṃsaka,* chin. *Hua-yen*) stützt. Im 9. Jh. festigten sich zwei weitere Schulen. Der Tendai fußt vor allem auf dem Lotus-Sūtra; der erneuerte *Tendai*, der *Nichirin*-Buddhismus (gegründet im 13. Jh.), sucht sogar das Heil allein im Rezitieren des Anfangs der Lotus-Sūtra. Die 2. Schulgründung des 9. Jh. ist das mystische Shingon des Meisters Kūkai. *Kegon* und *Shingon* rechnet man auch zu der speziell japanischen Form des Diamantweges …

Der *Jōdo* (›Reines Land‹) und *Jōdo Shin* (›Neues Reines Land‹) gehen auf das Wirken der großen Erneuerer Hōnen und Shinran im 12. Jh. zurück und stellen bis heute in Japan die größten und wichtigsten Schulen des Amida-Buddhismus dar. Dieser sieht Heil in der Anrufung der Buddhaform *Amida* (skt. *Amitābha*).

Ebenfalls im 12. Jh. kamen die zwei Schulen des Zen-Buddhismus, Sōtō und Rinzai, in Japan an. In ihnen wurde die Meditation im stillen Sitzen (zazen) und Beobachten der körperlich-seelischen Vorgänge zur höchsten Vollendung entwickelt. Seit dem 15. Jh. übt Zen den größten Einfluss auf die japanische Kultur aus.

All diese Schulen haben wir direkt oder indirekt in diesem Kapitel kennengelernt. Lassen sie uns nun lediglich noch ein wenig bei den japanischen Strömungen verharren, welche auch ›Esoterischer Buddhismus Japans‹ genannt werden. *Kegon* und besonders *Shingon*.

Sie stellen einen passenden Übergang zum *Vajrayāna*, der dritten Umdrehung des Rades der Lehre dar …

Vorausschau zum Diamantweg: Shingon

Der Buddhismus des ›Wahren Wortes‹ in Japan: Mantras und sexuelle Symbolik prägen den Shingon-Buddhismus.

Kegon und Shingon überhöhen die Lehre von den drei Körpern eines Buddha zu einer mystischen Geheimlehre; der kosmische Buddha Mahā-Vairocana versinnbildlicht die Einheit von Betrachter und Betrachtetem, die Dinge, so wie sie sind. Im Shingon ist diese Welt bereits die höchste Wirklichkeit und die geheime Praxis des ›wahren Wortes‹ (Mantra) zielt auf Einswerdung mit Erleuchtung, der Verwirklichung als ›Keim der Buddhaschaft‹. Diese Lehre besagt, dass wir bereits männliche und weibliche Buddhas sind, ob wir es wissen oder nicht! Sie ist der Kern der dritten Umdrehung. Im Shingon finden wir auch die sexuelle Symbolik und Praxis! Besonders homosexuelle Beziehungen zwischen Mönch und Novize wurden im japanischen Mittelalter im Shingon gefördert; die homoerotischen Liebeslieder des Gründers Kūkai gehören zur schönsten Liebeslyrik der Weltliteratur. Die sexuelle Symbolik teilt der esoterische Buddhismus Japans ebenso mit dem tantrischen Buddhismus Tibets wie die Verwendung von Mandalas (Meditationskarten).

Freuen Sie sich darauf, all diese Elemente im folgenden Kapitel zum Vajrayāna Tibets genauer erklärt zu finden!

Teil IV

Vajrayāna: *Die dritte Umdrehung des Rades der Lehre*

Buddha-Sein und Buddha-Werden

Wie wir gesehen haben, gab der Buddha seine Belehrungen immer mit Blick auf die Möglichkeiten und Beweggründe der Menschen, die zu ihm kamen: Wie sonst hätte er nach seiner Erleuchtung in 45 Jahren 84.000 verschiedene Belehrungen geben können? Und wie gesehen liegt hierin auch der tiefere Grund für das Vorhandensein so vieler verschiedener buddhistischer Schulen. Obwohl sie alle dieselbe Befreiung und Erleuchtung lehren, verwenden sie doch unterschiedliche Mittel. So können sie zum Wohle aller den Fähigkeiten und Interessen des Einzelnen am besten gerecht werden.

Lassen Sie uns noch einmal zusammenfassen:

Die sogenannte ›**erste Drehung des Rades der Lehre**‹ in Sārnāth besteht aus der Verkündigung des Mittelweges zwischen den Extremen, den Vier Edlen Wahrheiten und dem Achtgliedrigen Pfad; hier wird Leiden auf der Ebene von *Ursache und Wirkung* gestoppt, die Verwirklichung der Erleuchtung bezieht sich auf den Einzelnen (Arhatschaft, Teil II dieses Buches).

Die ›**zweite Umdrehung des Rades der Lehre**‹ in Rājagriha verkündigte auf der Ebene der *Weisheit* die Leerheit aller Erscheinungen. *Mitgefühl* mit allen Wesen in der Welt der Wiedergeburten führt aber zum Wunsch, aktiv zur Befreiung aller wirksam zu bleiben – nämlich als Bodhisattva (Teil III dieses Buches).

Nach der Tradition des tibetischen Buddhismus lehrte der Buddha an verschiedenen Orten und im Geheimen allerdings noch eine ›**dritte Umdrehung des Rades der Lehre**‹.

Hier erklärte der Buddha das ›Einssein mit Erleuchtung‹ – nämlich, dass wir alle bereits Buddhas sind, ob wir das bereits erkannt haben oder noch nicht!

Die wenigen Empfänger der ›dritte Umdrehung des Rades der Lehre‹ hatten bereits großes Vertrauen darin, dass Erleuchtung kein äußeres Ziel ist, sondern Teil ihrer selbst. Der Buddha zeigte ihnen Erleuchtung als innere, wenn auch noch nicht voll entfaltete, Wirklichkeit. So konnten sie den Buddha als ungetrennt von sich selbst erfahren und erkannten im Buddha den Spiegel ihres eigenen Geistes, die Verwirklichung aller geistigen Möglichkeiten. Und der Buddha zeigte als verwirklichter Lehrer diesen Schülern die wahre Natur der Dinge – höchste Wahrheit und höchste Freude untrennbar.

Nach den alten Überlieferungen waren es nur wenige in Buddhas Zeit, die diese Lehren begreifen konnten. Der Legende nach blieben diese Belehrungen verborgen und wurden teilweise auf wundersame Weise bewahrt, bis die Zeit ihrer Verbreitung kam.

›Buddhanatur‹, der ›Keim der Buddhaschaft‹, bildet die philosophische Grundlage für den besonderen Pfad der Lehre, Erfahrung und Aktivität, den wir **Vajrayāna** oder **Diamantweg** nennen. *Vajra* bezeichnete ursprünglich den ›Donnerkeil‹ (Blitzstrahl) des vedischen Gottes Indra; nach indischem Glauben entstanden Diamanten da, wo dieser niederging. Unzerstörbar und strahlend steht der Diamant oder das rituelle fünfspitzige Diamantzepter *(vajra)* für Leerheit und Raum. In Verbindung mit der rituellen Glocke (Weisheit, Freude, weiblich) steht dieser *vajra* (Tibetisch: *rDo-rje*) für die ›geschickten Mittel‹ zur Erleuchtung (*upāya*, männlich). Neben Diamantweg werden auch noch eine Reihe anderer Namen für die dritte Hauptform des Buddhismus verwendet, z. B. **›Tantrischer Buddhismus‹** oder ›Tantra‹, **Mantrayāna** (›Fahrzeug der Erleuchtungsschwingung‹), oder einfach **›tibetischer Buddhismus‹**, da sich diese Richtung vor allem in Tibet erhalten hat.

Ältere Werke sprechen manchmal missverständlich vom ›Lamaismus‹, da der ›Lama‹ (Lehrer) hier eine sehr wichtige Rolle spielt. !

All diese Begriffe werden im Laufe dieses IV. Teiles erläutert und vertieft. Zunächst wollen wir aber die Grundlage dieser ›Dritten Umdrehung des Rades der Lehre‹ genauer betrachten.

Geschichtlich gesehen entstanden die Belehrungen über das Eins-Sein mit Erleuchtung innerhalb der Bewegung, die wir als ›Großes Fahrzeug‹ (Mahāyāna, siehe Kapitel III) kennen gelernt haben.

Tatsächlich beanspruchten zunächst die Texte der ›vollkommenen Weisheit‹ (*Prajñāpāramitā,* siehe Kapitel III), eine neue, zweite Umdrehung des Rades der Lehre zu sein.

Wir sind alle bereits Buddhas und tragen den Keim der Erleuchtung in uns.

Die Lehre, dass alle fühlenden Wesen an Erleuchtung als Möglichkeit ihrer Entwicklung teilhaben, entstand im Umfeld der philosophischen Bewegung, die wir unter dem Stichwort ›Nur-Geist‹ kennen gelernt haben (*cittamātra,* siehe Kapitel III). Tatsächlich sprechen frühe *cittamātra*-Schriften, wie z.B. die ›Erklärung der wahren Bedeutung‹ *(Saṃdhinirmocana Sūtra),* von der ›Nur-Geist‹-Lehre als der dritten Umdrehung des Rades der Lehre. In der ostasiatischen ›Blumenkranz‹-Tradition (*Hua-yen,* siehe Kapitel III) gilt darum die eigentliche Buddhanatur-Lehre selbst als ›vierte Umdrehung‹, so z.B. im Sūtra ›Erwachen des Vertrauens in den Großen Weg‹ *(Ta-sheng ch'i-hsin lun).*

Die innere Grundlage der Erleuchtung wird ›Buddhanatur‹ *(buddhatva, buddhatā)* genannt. Wir sehen hier im nördlichen Buddhismus eine natürliche Weiterentwicklung der ›Buddhologie‹, also jenes Gedankens über das Wesen des historischen Buddhas und eines Buddhas generell: Zunehmend wurde der Buddha zugleich in der Welt und jenseitig verstanden (›transzendent‹ und ›immanent‹). In seiner Erleuchtung und Wirksamkeit zum Wohle aller zeigt ein Buddha die vollkommene Verwirklichung dessen, was das ›Große Fahrzeug‹ (Mahāyāna) seinen Anhängern als Ideal vorstellte: den Bodhisattva. Dieser verwirklicht zum Wohle aller Wesen Erleuchtung und ist im ›aktiven Nirvāṇa‹ helfend wirksam. Die philosophische Folgerung ist dann, dass in allen Wesen Erleuchtung als Möglichkeit vorhanden ist – mehr noch: dass Erleuchtung die wahre Natur aller fühlender Wesen ist. Diese Essenz wird allerdings verschleiert und verdunkelt – durch ›Tatimpulse‹ (Ego-Trips), die ihren

Ursprung in drei grundlegenden gefühlsmäßigen Reaktionen haben: Verwirrung, Zuneigung und Abneigung, die drei ›Wurzeln des Unheilsamen‹; wie in Kapitel II gesehen, sind sie Ursache und der Motor der Welt der Wiedergeburten und des Leidens *(saṃsāra)*. Der Pfad zur Erleuchtung besteht vor diesem Hintergrund aus der stufenweisen Reinigung dieser ›karmischen‹ Verschleierung. Die entscheidende Deutungsverschiebung besteht also darin, dass Erleuchtung kein Ziel mehr ist, dass erreicht wird, sondern die wahre Natur, die entschleiert und verwirklicht wird: Erleuchtung ist nicht nur jetzt schon Wirklichkeit, Erleuchtung ist selbst einzig wahre Wirklichkeit!

Die ›befleckte‹ und ›reine‹ Natur verhält sich zueinander, wie die Erleuchtung, die noch verwirklicht werden muss, zur Erleuchtung, die verwirklicht ist. Die frühste Schrift zur Buddhanatur, das *Tathāgatagarbha Sūtra* (ca. 200), erklärt dieses in neun Gleichnissen:

1. eine Buddhastatue in einer verwelkten Lotusblüte
2. Honig unter Bienen
3. Korn in der Hülse
4. Gold im Müll
5. vergrabener Schatz
6. Samenkorn in einer Frucht (aus dem ein Baum wächst)
7. eine Buddhastatue unter wertlosem Trödelkram
8. der künftige Weltenfürst im Schoß einer hässlichen und alten Frau
9. eine Statue aus edlem Metall in der Umhüllung von Lehm und Ton.

Dieses Sūtra nennt die Buddhanatur zum ersten Mal in Bildersprache den ›Schoß‹ bzw. das ›Embryo des Tathāgata (= Buddha)‹, *tathāgatagarbha*. Der Deutlichkeit halber übersetzen wir *tathāgatagarbha* mit ›Keim der Buddhaschaft‹.

Der Keim der Buddhaschaft

In jedem fühlenden Wesen liegt der Keim der Buddhaschaft versteckt, wie ein gewaltiger, vergrabener Schatz.

Im Sūtra ›Löwengebrüll der Königin Shrī Mālā‹ – ein weiterer früher Text dieser Ausrichtung – wird berichtet, wie der Königin Shrīmālā vorausgesagt wird, sie werde in der Zukunft ein Buddha werden. Daraufhin nimmt sie zehn Gelübde und lehrt das ›Eine Fahrzeug‹ (*Ekayāna*, siehe Lotus-Sūtra in Kapitel III) und die Lehre von der Buddhanatur: Leerheit, das Grundthema der Madhyamaka-Philosophie, deutet sie als Freisein von Befleckung. Die unbefleckte Buddhanatur ist, was in der ›Lehre von den drei Körpern‹ der ›Wahrheitskörper‹ *(dharmakāya)* des Buddha genannt wird.

Diese Gleichsetzung wird in den folgenden Schriften weiter ausgebaut. Besonders bedeutend ist dabei ein Text, der ungefähr zur Mitte des 3. Jh. vorliegt. In der indo-tibetischen Tradition wird er dem Zukunftsbuddha Maitreya zugeschrieben: Die ›Erläuterung des Keimes der (drei) Juwelen‹ *(Ratnagotravibhāga)*, häufig schlicht ›höchste Lehre‹ *(Uttaratantra)* genannt.

! *Chinesische Quellen geben als Autoren einen nicht weiter bekannten ›Sāramati‹ an, der vielleicht mit dem Yogācāra-Philosophen Sthiramati (Ende 5. Jh./Beginn 6. Jh.) gleichgesetzt werden kann. Der Text mit Asangas Kommentar wurde allerdings bereits 511 ins Chinesische übersetzt.*

In diesem großen systematischen Entwurf sind ›Keim der Buddhaschaft‹ und ›Wahrheitskörper‹ befleckte bzw. unbefleckte Ausdrücke der absoluten Realität; dafür wurde der Ausdruck ›So-heit‹ *(tathatā)* verwendet:

tathatā
(›So-heit‹, absolute Realität)
↙ ↘
tathāgatagarbha **dharmakāya**
(›Keim der Buddhaschaft‹, befleckt) (›Wahrheitskörper‹, unbefleckt)

Wie das Schaublid zeigt, setzt das *Uttaratantra* So-heit nicht nur mit dem Keim der Buddhaschaft gleich, sondern auch Nirvāṇa mit dessen unbeflecktem Ausdruck, dem Wahrheitskörper.

Da So-heit (tathatā) *bei Normalmenschen, Edlen und Erleuchteten nicht verschieden ist, haben die Buddhas erklärt, dass der Keim der Buddhaschaft* (tathāgatagarbha) *in allen fühlenden Wesen anwesend ist.*
Da der Wahrheitskörper (dharmakāya) *das echte Nirvāṇa ist, gibt es kein Nirvāṇa abgesehen von Buddhaschaft.*
Erleuchtung und Beseitigung aller Befleckung – Buddhatum und Nirvāṇa *– sind tatsächlich dasselbe.*

(Uttaratantra 1, 45. 84. 87 gekürzt)

Dies entspricht der Mahāyāna-Gleichsetzung von Saṃsāra und Nirvāṇa in Leerheit:

shūnyatā
(Leerheit, absolute Realität)

↙ ↘

saṃsāra	**nirvāṇa**
(Welt der Wiedergeburten, befleckt)	(Erlöschen, unbefleckt)

Und ›Nur-Geist‹ *(cittamātra)* Schriften wie die *Lankāvatāra Sūtra* setzen dann den Keim der Buddhaschaft mit einem Grundgedanken der ›Nur-Geist‹-Lehre gleich, dem Speicherbewusstsein. Wie wir im dritten Kapitel dieses Buches gesehen haben, ist dieses die Matrix, aus der und auf der alles erscheint.

Dieser Schritt der Gleichsetzung bildet die letzte indische Phase der Theorie von der Buddhanatur und wird zu einem wirkungsvollen Argument für die Schulen, die mit dem Begriff ›Geist‹ als absolutes Prinzip arbeiten. In Ostasien entwickelt sich dann diese Lehre besonders innerhalb des ›Meditations-Buddhismus‹ (Ch'an, Zen) weiter. Dōgen, der erste japanische Sōtō-Zen Patriarch, gibt der *tathāgatagarbha*-Lehre eine bezeichnende Wendung: Nicht *haben* alle Wesen Buddhanatur, sondern alle fühlenden Wesen *sind* Buddhanatur!

In Tibet selbst unterscheidet die Deutung der *tathāgatagarbha*-Lehre die Philosophen der alten Schulen von denen der jüngsten Schule, den Gelugpa. Die Gelehrten der traditionsreichen Nyingma, Kagyü und Sakya Schulen versöhnen Buddhanatur und Speicherbewusstsein mit Nāgārjunas Leerheits-Philosophie. Leerheit wird so letztlich Leerheit *von anderem*, Geist in letztem Umfang und Behälter der Erscheinungen. Die Natur des Geistes als untrennbare Einheit von Raum und gegenstandsloser Wahrnehmung (tib. *rig pa*), Leerheit und ›Klarem Licht‹ (tib. *ösel* od gsal).

Dagegen kehrten die Gelugpas – Tsong kha pa's Reformschule, welcher der Dalai Lama angehört – zu einem konservativeren ›Leerheits‹-Standpunkt *(prāsangika madhyamaka)* zurück: Leerheit als ›Leerheit in sich selbst‹. Diese Debatte ist unter den Schlagworten *rang stong* (›eigen-leer‹, Gelugpa) und *gzhan stong* (›fremd-leer‹, Nyingma, Kagyü, Sakya) bekannt.

›Eigen-leer‹ gegen ›fremd-leer‹ bildet in tibetischen Klöstern bis heute ein beliebtes Thema für die ritualisierten Streitgespräche unter Mönchen, die öffentlich unter lebhafter Beteiligung als Schulprüfungen abgehalten werden. Mit dem charakteristischen Händeklatschen und Weisen der oberen Hand wird in der Diskussion entweder der (nächste) Redner bestimmt oder das Wort zurückgegeben. Altindische Redekunst und Klostertradition haben sich so im ›Land des Schnees‹ bewahrt …

Kehren wir zurück zu ›Buddhanatur‹ und der dritten Umdrehung des Rades der Lehre.

Zusammenfassend sind dieses also die Lehren über Identität mit Erleuchtung – wir sind alle bereits Buddhas und Buddhinīs (weibliche Buddhas), ob wir es wissen oder nicht. Verwirklichung von Erleuchtung bedeutet dann das dauerhafte Erfahren des Geistes in seinen Aspekten als zeitloser Raum, Klarheit – d.h. spielerische Vielfalt – und Unbegrenztheit.

Die Mittel, die dazu führen, werden in Verbindung mit den Belehrungen gebracht, die ab ungefähr dem 4. Jh. in Indien nachweisbar sind: Tantra.

Tantra

Ursprung und Vielfalt: buddhistisches und hinduistisches Tantra

Tantra oder Tantrismus – im Buddhismus spricht man auch von ›Tantrayāna‹ oder ›Tantra-Weg‹ – nennt man ein System von Techniken und Belehrungen, die in allen indischen spirituellen Traditionen ab ca. dem 4. Jh. auftauchen. Es gibt Hindu-Tantra, Jain-Tantra und buddhistisches Tantra. Hinduistisches Tantra gibt es in vielfältiger Form, je nach dem, ob Vishṇu, Shiva oder seine ›Kraft‹ (Shakti), die ›Große Göttin‹, im Mittelpunkt der Verehrung stehen.

›Tantra‹ bedeutet eigentlich ›Gewebe‹, meint gleichzeitig auch ›Ursprung (von Wissen)‹. Darum kann es mit ›tiefste Lehre‹ übersetzt werden. Konkret bezeichnet *tantra* dann eine Klasse von Schriften und das entsprechende Lehr- und Übungssystem.

Nach buddhistischer Ansicht wurden diese tiefsten Belehrungen und Techniken teilweise vom Buddha Shākyamuni in Abgeschiedenheit gelehrt und dann versteckt oder im Geheimen weitergegeben, bis die Zeit ca. 1000 Jahre nach seinem Tod für diese Lehren reif war. Teilweise fließen die Techniken direkt aus dem Erleuchtungserleben hoch verwirklichter Lehrer und werden so den ›transzendenten‹ Buddhas nach der ›Drei-Körper-Lehre‹ (siehe Kapitel III) als Ausdruck von Erleuchtung als Raum (›Wahrheitszustand‹) oder Klarheit (›Freudenzustand‹) zugeschrieben.

> Tantra in Indien: Eine spirituelle Bewegung mit besonders wirksamen Methoden.

Auch wenn der Ursprung der ›tantrischen Bewegung‹ noch immer unter den Gelehrten umstritten ist, deuten neuere Studien doch darauf hin, dass tantrische Mittel und Gedanken aus dem Buddhismus des 4./5. Jh. in die verschiedenen hinduistischen Strömungen gelangt sind. Später hat dann der tantrische Buddhismus sich bei der Ausbildung von ›Meditations-Buddhas‹ auch der Bildsprache der hinduistischen Umgebung bedient.

Auf den ersten Blick ähneln sich die verschiedenen tantrischen Lehren: Im hinduistischen und buddhistischen Tantra finden wir tatsächlich die Arbeit mit in der Meditation vorgestellten Götter- bzw. Buddhaformen, Verwendung von inneren Energie-Bahnen *(nāḍis)* und Energie-Zentren – sogenannten ›Kreisen‹ *(cakras)* – und sexuelle Bildersprache und/oder Praxis. Doch sind diese Ähnlichkeiten recht oberflächlich: Nicht nur in seiner selbstlosen Zielsetzung unterscheidet sich der tantrische Buddhismus entscheidend vom Hindu-Tantra, in dem spirituelle Macht angestrebt wird. Auch Energiezentren und Meditationsaspekte sind völlig verschieden.

Wie sehen nun die Mittel und Techniken aus, die im buddhistischen Tantra Verwendung finden?

Tantrische Mittel: Buddhas, Mantras, Maṇḍalas

Tantrische Medition ist vor allem, was wir als ›visionäre‹ Meditation bereits in Kapitel III erwähnt haben: die Arbeit mit Vorstellungen im Geist, meistens missverständlich ›Visualisierungen‹ genannt. Bei diesen ›Visualisierungen‹ *(pratyutpanna samādhi)* arbeitet man mit Vorstellungen von Licht, Energie und verschiedenen Buddhaformen: Aspekten der Erleuchtung, die uns die wahre, voll entwickelte Natur des Geistes in einer intuitiven und symbolischen Form zeigen. Wichtig ist, dass man dann mit diesen Buddhaformen verschmilzt: So wird deutlich, dass es sich nicht um göttliche Wesen außerhalb unserer selbst handelt, sondern um Eigenschaften und Wirkweisen von Erleuchtung. Sie machen wie in einem Spiegel deutlich, was wir wirklich sind.

Später werden wir noch genauer auf die Meditation im tibetischen Buddhismus eingehen. Werfen wir nun zunächst einen Blick auf diese verschiedenen Buddhaformen, manchmal auch missverständlich ›Meditionsgottheiten‹ genannt:

Erinnern wir uns daran, dass wir nach der ›Drei-Körper‹-Lehre hier auf der Ebene des ›Freudenkörpers‹ (seltener des ›Wahrheitskörpers‹) arbeiten: Buddhas und Bodhisattvas haben eine in der Meditation erfahrbare, formhafte Wirklichkeit. Die vielfachen, verschiedenen männlichen und weiblichen Buddhas erscheinen entsprechend den vier erleuchteten Tatbereichen als Frieden stiftend (weiß/grün), vermehrend (gelb), begeisternd (rot-blau) oder beschützend (blau-schwarz). Sie können mit mehreren Armen und Köpfen erscheinen, nackt oder mit verschiedenen Gewändern und Schmuckstücken, welche die Verspieltheit des Geistes ausdrücken. Mehrere dieser Aspekte der Erleuchtung haben wir in Kapitel III kennen gelernt: Den ›Buddha des grenzenlosen Lichtes‹ (Amitābha) – ihm vertrauen besonders die Anhänger des ›Reine-Land-Buddhismus‹; den vierarmigen ›Liebevolle Augen‹ (Avalokiteshvara), Ausdruck von Mitgefühl, und sein weibliches Gegenstück, die ›Befreierin‹ (Tārā); und natürlich ›Weisheitsbuddha‹ (Mañjushrī), der mit ›Diamant in der Hand‹ (Vajrapāṇi, der Kraft aller Buddhas) und ›Liebevolle Augen‹ eine wichtige Dreiergruppe bildet. Der ›Große Schwarze‹ (Mahākāla), der Schützer der verschiedenen Schulen

Tibetischer Lamatänzer im Schützer-Gewand (Rumtek, Sikkim): Ritueller Tanz ist eine sterbende Kunstform der Meditation (Abbildung 17)

des tibetischen Buddhismus, gilt als ihre beschirmende Ausstrahlung: In seiner sechsarmigen Form von ›Liebevolle Augen‹, vierarmig von ›Weisheitsbuddha‹ und zweiarmig als ›Schwarzer Mantel‹, der Hauptschützer der Karma Kagyü-Schule, als geistige Ausstrahlung (›Sohn‹) von ›Diamant-in-der-Hand‹ (Vajrapāṇi).

Buddhaformen können in friedlicher, halb beschützender oder beschützender Form mit Fangzähnen, Schädelschalen und gekrümmten Messern erscheinen: Ihr drittes Auge (Weisheitsauge auf der Stirn) kennzeichnet sie dann, wie bei *Mahākāla*, als vollständig erleuchtete Formen.

Wichtige Aspekte der Erleuchtung sind z. B. noch der tiefblaue ›Medizin-Buddha‹ (Bhaishajyaguru) und der Aspekt der Reinigung, der kristallklare Buddha ›Diamantwesen‹ (manchmal missverständlich ›Diamantgeist‹ – Vajrasattva – genannt). Ihm werden wir uns später zuwenden.

Bei tantrischen Meditationen ist neben der Meditationshaltung (Körper) und der Vorstellung der Buddhaformen im Geist auch die Sprache wichtig.

Man verwendet bestimmte Laute, kraftvolle Silben bzw. Schwingungen; das sind *Mantras*. Sie tauchen einzeln oder in langen Formeln *(dhāraṇīs)* – verbunden seit den ersten tantrischen Texten – auf. Tatsächlich verwenden einige Gelehrte die Bezeichnung ›Mantrayāna‹ (Mantra-Weg) für die früheste Phase des Vajrayāna, des Diamantweges. Die ›äußere‹ Wahrheit – Erleuchtung als Wirklichkeit – wird durch den Laut eines Mantras mit der ›inneren‹ Wahrheit – Erleuchtung als Anlage und Ziel – verbunden. Dabei werden den verschiedenen Eigenschaften und Tatbereichen verschiedene ›Keimsilben‹ beigelegt: ›*Oṃ*‹ ist beispielsweise die grundlegende Schwingung der Erleuchtung, tatkräftiges Wirken der Erleuchtung wird durch ›*Hūṃ*‹ angedeutet usw.

Jede Buddhaform hat sein eigenes Mantra, das aus einer Kombination von Keimsilben besteht und manchmal Sanskrit-Wörter oder Sätze beinhaltet. Das bekannteste ist das Mantra des Mitgefühls der Erleuchtung (›Liebevolle Augen‹): ›*Oṃ Maṇi Padme Hūṃ*‹, ›*Oṃ!* Oh Juwel in der Lotusblüte! *Hūṃ*‹.

In Tibet und Nepal findet es sich auf zahllosen drehbaren Metalltrommeln, so genannten ›Gebetsmühlen‹, Amuletten oder Steinen (Maṇi-Steine) eingraviert und schwingt so nach volkstümlicher, etwas bequemer Vorstellung von selbst. Wenn man die Mantras in der Meditation spricht, kann man zum Zählen ein Hilfsmittel verwenden: eine Meditationskette mit 108 Perlen *(Mālā)*, auch etwas unglücklich ›buddhistischer Rosenkranz‹ genannt. Dadurch weiß man während der Meditation immer genau, wo man steht. *Mālās* aus Holz, Kernen, Kristall, Halbedelsteinen oder sogar Knochen (als Zeichen der Vergänglichkeit) bilden für viele Anhänger des tibetischen Buddhismus eine Art Erkennungszeichen.

Kraftvolle Schwingungen: Mantras stellen die Verbindung mit Erleuchtung auf der Ebene der Sprache her.

Bei der tantrischen Arbeit mit Buddha-Aspekten werden manchmal auch Maṇḍalas, Meditationskarten oder Grundrisse der Erleuchtung, verwendet. Solche kreisförmigen Darstellungen – ›Maṇḍala‹ bedeutet ›Kreis‹ – zeigen das Kraftfeld, das ›Reine Land‹ oder den ›Palast‹ einer Buddhaform, die sich im Zentrum befindet; andere Erleuchtungsaspekte können in den Zwischenräumen und an den vier Eingängen (oben = Westen) dargestellt sein. Dieser Grundriss ist umringt von Schutzkreisen, z. B. aus blauen Diamantzeptern *(vajra)* und Flammen/Wellen in den fünf Weisheitsfarben weiß, gelb, rot, blau, grün.

Wer von seinem Lehrer (*guru,* tib. Lama) die Erlaubnis dazu bekommen hat, bewegt sich während der Meditation nun durch diesen geistigen Grundriss, um schließlich im Zentrum mit der Buddhaform zu verschmelzen. Zu besonderen Anlässen streuen tibetische Mönche in mühevoller Kleinarbeit Maṇḍalas aus fünffarbigem Sand. Dabei verwenden sie spezielle, kegelförmige Messingtrichter mit schmaler Öffnung. Bei der feierlichen Schlusszeremonie wird das Maṇḍala diagonal, von den Ecken zum Zentrum hin, ausgewischt. Die Meditationskarte als Kunstwerk wird zum Ausdruck der Vergänglichkeit.

Tantra-Klassen und Yidams

Die eigentlichen Tantra-Texte, welche die visionäre Technik beinhalten, werden im tibetischen Buddhismus in vier Klassen eingeteilt. Je nachdem ob die Buddhaform, auf die man meditiert, als entferntes Objekt der Verehrung, als spiritueller Freund oder in der Verschmelzung mit ihr als Erleuchtungsaspekt wahrgenommen wird, spricht man von *Kriyā-*, *Caryā-*, oder *Yoga*-Tantra. Die höchste Klasse nennt man ›Höchstes Yoga Tantra‹, *Anuttara-Yoga-Tantra*. In diesen schwierigsten Meditationen wird die Wirklichkeit, die Erleuchtung ist, in einer unmittelbaren Totalität erfahren. Nach den Polen von Mittel *(upāya)* und Weisheit *(prajñā)* unterscheidet man in Tibet dabei zwischen ›Vater‹-Tantra (wie das *Guhyasamāja*), ›Mutter‹-Tantra (wie das *Cakrasaṃvara*, der Haupttext der Kagyü-Schule, und das *Hevajra*, Haupttext der Sakya-Schule) und ›nicht dualem‹ Tantra (wie das *Kālacakra*, ein Haupttext der Gelug-Schule).

Die alte Schule des tibetischen Buddhismus, Nyingmapa, kennt davon abweichend sechs Tantra-Klassen.

In der fortgeschrittenen tantrischen Meditation konzentriert sich der Praktizierende meistens auf einen Aspekt, der für ihn zum ›geistigen Band‹ (tib. *yi dam*) wird. Denn im Diamantweg-Buddhismus, dem Weg der Verschmelzung mit dem ›Buddha in uns‹, stellt der Übende in der Meditation die Verbindung zur vollen Entwicklung des Geistes, der Erleuchtung her. Der *Yidam* formt eine Brücke zwischen dem schlummernden oder erwachenden Keim der Erleuchtung des Meditierenden und der ganzheitlichen Wirklichkeit, die Erleuchtung ist. Grundsätzlich kann jede der unzähligen Buddhaformen zum *Yidam* werden, entsprechend den Fähigkeiten und Neigungen des Einzelnen. Besonders in den erwähnten ›Höchste-Yoga-Tantra‹-Schriften werden die Vorstellungen der Meditationsformen sehr kompliziert. Hier finden sich Formen in sexueller Vereinigung mit zahllosen Nebenformen, die der Meditierende vor das geistige Auge ruft. Sie zeigen das Einschmelzen aller Gegensätze und Pole (männlich – weiblich etc.) im reinen Bewusstsein der Erleuchtung.

Wie finde ich nun meinen eigenen *Yidam*? Nun, niemand sollte einfach so auf Buddhaformen meditieren. Die Mittel des Diamantweges sind sehr wirksam, aber ohne gute Begleitung kann man leicht große Hindernisse aufbauen. Man sollte sich einen fortgeschrittenen Lehrer suchen, zu dem man Vertrauen hat und der ehrlich und lebensfroh aussieht. Durch die Zuflucht stellt man sich in die Übertragungslinie einer Schule und in deren Schutz. Nach gründlichen, vorbereitenden Übungen findet man dann zusammen mit dem Lehrer den Erleuchtungsaspekt, der die besten Ergebnisse verspricht. Meistens ist dies – der Lehrer selbst! Im *guru-yoga* wird der Lama selbst zum *Yidam* des Schülers. Er steht dann nicht mehr für eine Person mit Stärken und Schwächen, sondern für das Programm ›Erleuchtung‹ im ganzen Kraftfeld der Übertragungslinie. So garantiert er schnelle Entwicklung.

> Wichtig für jede tantrische Meditation ist die Zuflucht und die Ermächtigung durch einen Lehrer.

Unabdingbar für jede tantrische Meditationen ist also die Zuflucht und die Ermächtigung durch einen qualifizierten Lehrer (Lama).

Der Lehrer und die sechsfache Zuflucht

Der Lehrer (*guru*, Lama) nimmt eine entscheidende Stellung im tantrischen Buddhismus ein. Er zeigt heute – wie Buddha Shākyamuni vor 2500 Jahren – wie ein Spiegel die wahre Art des Geistes. Natürlich muss ein Lehrer darum weit entwickelt sein. Er muss in einer langen Linie von Verwirklichern stehen (Übertragungslinie, Transmission) und Befugnis zum Lehren haben. Im tibetischen Buddhismus ist der wichtigste Lehrer der ›Linienhalter‹, der Hüter der Tradition, wie der Karmapa der Linienhalter der Karma Kagyü-Schule ist. Auf persönlicher Ebene wird er durch den ›Wurzel-‹ oder ›Herz-‹Lama vertreten; das ist der Lama, zu dem man das engste Band unterhält, der die Fortschritte überwacht und Erlaubnis für tantrische Meditationen gibt. Diese Ermächtigungen geschehen in der Regel dreifach als Textübertragung *(lung)*, Belehrung *(khrid* ›Thri‹) und Einweihung *(dbang* ›Wang‹).

Vor jeder Meditation ist es dann auch üblich, den Lama geistig ›herbeizurufen‹, wie in dieser weit verbreiteten tibetischen Anrufung:

Glorreicher Wurzellama, Kostbarer,
nimm Platz über meinem Kopf auf Lotus und Mondscheibe!
Gewähre mir deine große Gunst,
verleihe mir bitte die Vollendung von Körper, Sprache und Geist!

Dabei ist es wichtig, im Auge zu behalten, dass der Lama nicht für eine Person steht, dessen Aussehen oder Meinung im Alltagsleben uns z. B. nicht gefällt. Er steht für das Programm ›Erleuchtung‹. Im tibetischen Buddhismus gilt darum, sobald man nach der Zufluchtnahme eine Reihe vorbereitender Übungen abgeschlossen hat, die Meditation auf den Lama selbst *(guru-yoga)* als schnellsten Weg zur Erleuchtung.

Die dreifache Zuflucht als Hinwendung zu Buddha, seiner Lehre und der Gemeinde haben wir bereits in Kapitel II kennen gelernt. Im Diamantweg wird wegen der besonders wirkungsvollen, aber schwierigen Mittel die Zuflucht auf die genannten ›Drei Juwele‹ Buddha, *dharma*, *Sangha* (= *triratna*) um den Lehrer *(guru)* erweitert: Er vereinigt Segen, Mittel und Schutz und ist notwendig für unsere geistige Entwicklung.

Dieses führt schließlich zu einer sechsfachen Zufluchtnahme: zu den ›drei Juwelen‹ (Buddha, *dharma, sangha*) und den ›drei Wurzeln‹ *(trimūla)* – Lehrer (Segen), *Yidam* (Mittel) und Schützer (Schutz).

Von *Yidam* (dem geistigen Band, der Buddhaform in der fortgeschrittenen täglichen Meditation) und dem Schützer haben wir bereits gesprochen. Lassen Sie mich hier nur noch ergänzen, dass ›Schutz‹ keinesfalls plump weltlich gemeint ist – etwa im Sinne von Schutzgeistern, die man zur Not auch auf die nervenden Nachbarn loslassen könnte. Unter dem beschützenden Aspekt der Erleuchtung versteht man dagegen die innere Verbindung der guten Eindrücke und Erfahrungen der Meditation mit unserem häufig hektischen alltäglichen Leben. Schließlich ist Meditation eine Art Laboratorium-Situation: eine künstlich gestaltete Umgebung zur Erfahrung mit dem

Geist. Es ist relativ einfach, innerhalb der Meditation eine Ahnung von Erleuchtung zu bekommen. Wirklich schwierig ist es, diese Erfahrung ins tägliche Leben zu überführen. Dies meint Schutz. Für die Buddhas besteht kein Unterschied zwischen Meditation und Alltagsleben …

Der Diamantweg hilft uns auch auf andere Art und Weise, die Kluft zwischen Alltagserfahrung und Erleuchtung zu überwinden: Er lässt all unsere störenden Gefühle zu und verwendet sie als Rohstoffe der Erfahrung und Weisheit. Dies wird in dem Maṇḍala der fünf Dhyāni-Buddhas ausgedrückt …

Tantrische Psychologie: Die fünf Dhyāni-Buddhas

Nach den Lehren des Diamantweges werden die fünf Störgefühle *(kleshas)* Verwirrtheit, Hass/Wut, Stolz, Begierde und Eifersucht in fünf Arten erleuchteter Weisheit oder ursprünglichen Bewusstseins (*jñāna*, tib. *ye shes*) umgewandelt. Diese Weisheiten werden in einem Meditationsbild (Maṇḍala) als fünf Buddhaformen im ›Freudenkörper‹ dargestellt. Jedem dieser fünf ›Versenkungs-Buddhas‹ (*Dhyāni*-Buddhas) sind andere Buddhaformen zugeordnet, sie bilden eine Buddha- oder *Tathāgata*-Familie *(Buddhakula)*.

Zuerst vollständig entwickelt erscheint dieses System der fünf Buddhas im Einleitungskapitel des Goldglanz-Sūtras. Tantrische Texte der höchsten Klasse wie besonders das frühe ›Tantra der verborgenen Vereinigung‹ (*Guhyasamāja-Tantra*, 5. Jh.?) verwenden die fünf Buddhas *(pañca-tathāgata)* in ihren Belehrungen der spirituellen Umwandlung.

Im Zentrum des Mandalas befindet sich Umwandlung des grundlegendsten Störgefühles, der Verwirrtheit/Unwissenheit *(moha/avidyā)*, in alles durchdringende Weisheit: Der tiefblaue Vairocana, der ›Sonnengleiche‹. Seine ›Familie‹ nennt man die *Tathāgata*-Familie.

Unterhalb Vairocanas, im Osten, sitzt Akshobhya, der ›Unerschütterliche‹, weiß oder blau von Hautfarbe, mit einem Diamantzepter *(vajra)* in der Linken, die Rechte zur Erde gestreckt. Er ist das Haupt der Diamant-Familie. Er steht für die spiegelgleiche Weisheit – den Geisteszustand, der erscheint, wo Wut und Zorn verschwinden: Wahrnehmung ohne Wertung. Der Reinigungsaspekt der Erleuchtung, der weiße Buddha ›Diamantgeist‹ (Vajrasattva), gehört zu seiner Buddhafamilie, ja, ist tatsächlich mit ihm identisch, wie zwei Seiten einer Münze. In älteren Texten wie dem *Guhyasamāja-Tantra* tauscht Akshobhya mit dem zentralen Buddha Vairocana seinen Platz.

Stolz wandelt sich in einschmelzende Weisheit, in die Einsicht, dass eigentlich kein Unterschied zwischen den Wesen besteht, dass alles Leerheit ist. ›Guter Stolz‹ kann dann entstehen, d.h. die Freude über das, was wir alle bereits können. Der gelbe Buddha (›der, dessen Wesen das Juwel ist‹) steht für diese Weisheit, er befindet sich links vom Betrachter aus im Süden und hält ein Juwel in der Linken, während die Rechte am Knie zum Zeichen der Wunschgewährung die Handfläche nach vorne dreht.

Oberhalb des zentralen Buddha befindet sich im Westen der rote ›Buddha des grenzenlosen Lichtes‹ (Amitābha). Hier finden sich Leidenschaft, Anhaften, Begierde in ›unterscheidende Weisheit‹ verändert. Amitābha hält eine Almosenschale im Schoß. In der Form des ›Buddha des grenzenlosen Lebens‹ (Amitāyus) ist es eine Vase mit dem Nektar der Befreiung. Wie wir bereits gesehen haben, bildet er und sein ›Reines Land‹ (Kraftkreis) Sukhāvatī die Hoffnung vieler Buddhisten in China und Japan (Amida-Buddhismus). Zur Amitābhas Lotus-Familie gehört u.a. Avalokiteshvara, das Mitgefühl der Erleuchtung.

Zuletzt stellt der grüne Buddha Amoghasiddhi (›unverdunkeltes Erlangen‹) die Weisheit der Tatvollendung dar. Wo lähmender Neid verschwindet, strahlt Erleuchtung als freudige Tatkraft. Somit ist Amoghasiddhi das Haupt der Tat-Familie. Er sitzt im Norden (rechts), seine Linke formt die Ermutigungsgeste mit der Handfläche am Herzen, seine Rechte hält meistens ein Diamantzepterkreuz *(vishva-vajra)* im Schoß. Seine Meditationspartnerin ist der weibliche Aspekt des aktiven Mitgefühls, *Befreierin* (Tārā).

Das Maṇḍala der fünf Dhyāni Buddhas versinnbildlicht auch die Umwandlung der fünf Gruppen des Anhaftens *(skandha)*, also jener fünf Bestandteile, aus denen unsere Persönlichkeit und die Ich-Illusion entspringt (siehe Kapitel II). Tatsächlich ist in diesem Maṇḍala die ganze Welt in ihren Elementen (Erde, Feuer, Wasser, Luft, Raum) zu einem ›Reinen Land‹ umgeformt. Im Anhang finden Sie eine Tabelle, in der die Symbolik des Maṇḍalas zusammengefasst ist. (Tabelle 12)

Übrigens wird manchmal auch der Wahrheitszustand *(dharmakāya)* als ›Ur-Buddha‹ (*Ādi-Buddha*, dang po'i sangs rgyas) im Zentrum des Maṇḍalas abgebildet; bei der alten Schule des tibetischen Buddhismus, den Nyingma-pas, ist dies der nackte blaue Buddha ›der Allgute‹ (Samantabhadra, *kun tu bzang po*), bei der ›mündliche Übertragungslinie‹ (Kagyü) der blaue Buddha ›Diamanthalter‹ (*Vajradhara*, rdo rje 'chang), der Diamantzepter *(vajra)* und Glocke vor seinem Herzen gekreuzt hält: ›Diamanthalter‹ drückt so die untrennbare Einheit von Raum und Freude, Leerheit und geschickte Mittel aus. Auch ›Diamantwesen‹ (Vajrasattva im Guhyasamāja) und ›Weisheitsbuddha‹ (Mañjushrī im Mañjushrīmūlakalpa) können als Ur-Buddhas auftreten.

In den höchsten Tantras ist der Lehrer als Meditationsform in sexueller Vereinigung (*Heruka*, yab yum) im Zentrum (vergleichen Sie Tabelle 13 im Anhang).

In diesem Zusammenhang ist es wichtig, genauer auf die sexuelle Symbolik im tantrischen Buddhismus einzugehen. Ist Tantra spiritueller Sex?

Bis heute herrscht ein großes Missverständnis: In esoterischen Kreisen gilt Tantra als gleichbedeutend mit spirituellem Sex. Diese Vorstellung stammt aus dem tantrischen Hinduismus. Es handelt sich dabei um Praktiken, die auch im Hinduismus erst nach langen Vorbereitungen unter Begleitung eines spirituellen Lehrers *(guru)* vollzogen wurden. Noch in jüngsten Veröffentlichungen werden hinduistisches und buddhistisches Tantra vermengt: Beide sind aber grundverschieden.

Der hinduistische Tantriker sucht spirituelle Macht; er arbeitet aus ganz anderen Beweggründen und verwendet auch völlig andere innere Energiebahnen als der buddhistische Meditierende. Wenn man dagegen Buddhaformen in sexueller Vereinigung *(yab yum)* betrachtet, zielt dieses nicht auf Sinnesfreuden. Sie stehen vielmehr für die Einschmelzung der Gegensätze in der reinen Sicht, in der Erleuchtung. Dieses geschieht vor dem Hintergrund von tantrischer Arbeit mit Energiebahnen und -zentren, dem ›inneren Maṇḍala‹.

Im tantrischen Buddhismus stellt man sich den feinstofflichen Körper durchzogen von 72.000 Energiebahnen vor, von denen drei Hauptbahnen bei sehr fortgeschrittenen Meditationen verwendet werden: Der zentrale Kanal und die rechts (weiblich) und links (männlich) spiralförmig entlanglaufenden Kanäle. Fünf *cakras* (Energiezentren), die in der Körpermitte vorgestellt und mit den Erleuchtungsbereichen verbunden werden: Scheitel/Stirn (Körper), Mund/Kehle (Sprache), Herz (Geist), Solarplexus oberhalb des Nabels (Qualitäten, Eigenschaften) und das ›Geheime Zentrum‹ auf der Höhe des Perineum, dem Ansatz der Geschlechtsorgane (Prostata bei Männern, ›G-Punkt‹ bei Frauen; Aktivitäten, Tatbereiche).

Dagegen arbeitet hinduistisches Tantra – z. B. Kuṇḍalinī-Yoga – mit 7 Zentren, die entlang der Wirbelsäule (d. h. nicht in der exakten Körpermitte) liegen.

Bei der Meditation werden diese Zentren aktiviert und selbst zu Buddhapalästen. Durch das Öffnen der Kanäle und das Fließen der Energien wird hier das ursprüngliche Gleichgewicht erleuchteter Wirklichkeit verwirklicht. Meditationen, die mit diesen schwierigen

Mitteln arbeiten, sind z. B. die berühmte ›Innere Hitze‹-Meditation *(gtu mo)*, die es tibetischen Verwirklichern *(Yogis)* ermöglicht, selbst bei tiefem Frost im Freien oder in Höhlen zu überleben.

Bei der sexuellen Praxis geht es um die Einschmelzung der männlichen (weißen) Energie und der weiblichen (roten) Energie. Dabei wandert das ›Geheime Zentrum‹ des Mannes von der Prostata zur Spitze seines Gliedes, und in sexueller Vereinigung lassen die Partner die Energien durch beide Körper über die *cakras* frei kreisen. So erfahren sie das höchste Glück der Erleuchtung. Dies ist die Theorie des sexuellen Yoga im tibetischen Buddhismus; die jüngste Reform-Schule der Dalai Lamas (Gelugpa) betont, dass solche Meditationen höchstens in der Vorstellung, nie aber wirklich ausgeführt werden. In den alten Schulten werden sie noch praktiziert, aber unter so strengen Voraussetzungen, dass meines Wissens nach keiner der wenigen dazu autorisierten tantrischen Lehrer diese Praktiken zurzeit auch wirklich ausübt. (U. a. fordert allein die vorbereitende Phase für eine einzige Vereinigungsmeditation bereits ein Zurückziehen von ca. einem halben Jahr.)

> Sexuelle Vereinigung ist Mittel und Symbol spiritueller Verwandlung.

Lassen Sie mich noch einmal betonen, dass es sich bei diesen Praktiken erstens nicht um Kernstücke des tibetischen Buddhismus *(Vajrayāna)* handelt und dass zweitens, wie bei allen Diamantweg-Meditationen, Erlaubnis und Belehrungen von autorisierten Lehrern wesentlich sind: Entgegen dem vielfachen Missverständnis gibt es weder in hinduistischen noch buddhistischen Kreisen eine ›experimentelle Mystik‹ oder ›Tantra zum selbst ausprobieren‹. Menschen, die ohne die notwendigen Vorbereitungen und deren Bestätigung durch einen Lehrer (Ermächtigung) solche Methoden aus Büchern erlernen und ausprobieren, können verwirrt und frustriert werden, da ihnen der persönliche Kontakt zu einem qualifizierten Lehrer fehlt. Verwirrung und Frustration werden dann zu großen Hindernissen, die einer schnellen geistigen Entwicklung entgegenstehen.

Dieses gilt leider auch generell für Gelehrte, die ohne Gegengewicht in der eigenen täglichen Meditation tiefe buddhistische Lehren wie Tantras studieren: Letztendlich ist Buddhismus ja nichts, was man aus Büchern lernen kann; Buddhismus kann man nur erfahren, und es gibt genug buddhistische Zentren des Diamantweges, in denen Sie Erfahrungen machen können! Schauen Sie nach unter *www.diamantweg.de* oder in die Adressenliste am Ende des Buches …

Lassen Sie uns nun den faszinierenden Buddhismus Tibets aus geschichtlichem Blickwinkel betrachten, seine kennzeichnenden Eigenheiten in Ritual und Meditation kennen lernen und schließlich die großen Erfahrungssysteme spontaner Erleuchtung beschreiben.

Der Diamantweg Tibets

Der Buddhismus im Land des Schnees

Tibet, das ›Land des Eises‹ (gangs can yul), ist eine unzugängliche Hochebene zwischen den Ketten des Himalaya und des Kunlun-Schan. Der Buddhismus erreichte Bö *(bod)*, wie Tibet eigentlich heißt, relativ spät im 7. Jh., obwohl der Legende nach bereits im Jahr 233 unter Tibets mythischem 23. König, Tho tho ri gnyan btsan, buddhistische Reliquien und Sanskrittexte vom Himmel auf das Dach des Königspalastes gefallen sein sollen. Trotz seiner später ›Bekehrung‹ wurde Tibet der Zufluchtsort des indischen Buddhismus und so wurde vieles im Eis von Bö vor den Verheerungen durch die Muslime bewahrt. Der indische Buddhismus entwickelte in Tibet seine eigene, unverkennbare Form.

Vor dem Buddhismus herrschte in Tibet eine Stammesreligion, der Bön *(bon)*, der durch Schamanismus, ›schwarze Magie‹ (Besessenheiten, Vampirglaube etc.) und Wiedergeburtslehren gekennzeichnet war. Ihre historischen Ursprünge sind undeutlich, doch deutet einiges auf altpersischen (zoroastrischen) Einfluss hin. Auch heute gibt es noch ›Bönpos‹ (Bön-Anhänger). Der kaum noch praktizierte

›schwarze Bön‹ ist Erbe des alten schwarzmagischen Kultes. Der ›weiße‹ Bön hat damit wenig zu tun: Unter buddhistischem Druck entwickelte er sich zu einem dem Buddhismus sehr verwandten System, so, dass manche von ihm nun als 5. Schule des tibetischen Buddhismus sprechen.

Padmasambhava (Abbildung 18)

Nachweisbar kam der Buddhismus erst im 7. Jh. nach Tibet und verankerte sich dort im 8. Jh. vor allem unter dem Einfluss von Padmasambhava, Tibets ›zweitem Buddha‹.

Das 7.–9. Jh. gilt so auch als die ›frühe‹ oder ›erste Verbreitung‹ des Buddhismus in Tibet (snga 'gyur, snga dar). Verbunden ist diese Phase mit den Namen der drei buddhistischen Könige, den *dharma-Königen*:

- Songtsän Gampo (620–49; Srong btsan sgam po),
- Thrisong Detsen (755–97; Khri srong lde b[r]tsan)
- Ralpacän (816–36; Ral pa can).

Songtsän Gampo gilt dabei als der 33. König Tibets; er stiftete den tibetischen Staat an sich und gilt als Ausstrahlung von ›Liebevolle Augen‹ (Avalokiteshvara, sPyan ras zigs). Der Buddhismus erreichte Tibet durch seine beiden Gemahlinnen: Die nepalesische Prinzessin Bhrikutī brachte die indische Form des Buddhismus mit sich, die chinesische Prinzessin Wen Ch'eng im Jahre 640 die chinesische Form. Sie gelten als Ausstrahlungen der grünen bzw. weißen ›Befreierin‹ (Tārā). Songtsän Gampo stiftete viele Tempel und Klöster; u. a. erbaute er den Jokhang in Lhasa, der ein einzigartiges Bild des Buddha

Shākyamuni im ›Freudenzustand‹ *(saṃbhogakāya)* enthält: den Jobo. Unter Songtsän Gampo entwickelte der Minister Thon mi saṃbhota nach Reisen nach Indien die tibetische Schrift.

Gut ein Jahrhundert später eroberte Thrisong Detsen die chinesische Hauptstadt Chang'an (Xi'an); innerhalb Tibets besiegte er die Anhänger der vorbuddhistischen Bön-Religion, u. a. mit Hilfe des indischen Tantra-Meisters Padmasambhava (padma 'byung gnas; Guru Rin po che), Tibets ›zweitem Buddha‹. Thrisong Detsen stiftete das berühmte Kloster von Samye (bsam yas); hier fand 792–794 das große tibetische Konzil von Samye statt, in dem der indische Tantriker Kamalashīla den chinesischen Mahāyāna-Vertreter Heshang in einem glorreichen Streitgespräch besiegte. Dieser Bericht zeigt, dass am Ende des 8. Jh. der indische Buddhismus in Tibet Vorrang vor dem Chinesischen erringt. Spirituell blickt Tibet seitdem nach Süden – Indien – bis der Buddhismus dort erlischt.

Die älteste Schule des tibetischen Buddhismus, Nyingmapa (*rnying ma,* ›Schule der Alten‹), führt sich auf diese Periode der ›ersten Bekehrung‹ zurück.

Im 9. Jh. erstarkten die buddhismus-feindlichen Kräfte, viele Buddhisten fielen den grausamen Verfolgungen des Bön-Königs gLang dar ma (836–841) zum Opfer, bis dieser durch den Mönch Pälgyi Dordsche (dPal gyi rdo rje) ermordet wurde. Trotzdem verfiel der Buddhismus in der Folgezeit in Tibet, und gleichzeitig verlor Tibet seinen politischen Einflusses, den es unter Thrisong Detsen und Rälpacän auf China und Zentralasien ausgeübt hatte. Nur in Westtibet blieb der Buddhismus lebendig.

Mit neuen Übersetzungen kamen im 10. Jh. Meister aus Indien, und allmählich entstand das heutige System von vier großen Schulen; neben der ›Schule der Alten‹ (rnying ma pa) entwickelten sich die ›Neuen Schulen‹ (gSar ma), von denen heute die Kagyüpa, Sakyapa und Gelugpa bestehen.

Auf die Besonderheiten der vier Schulen des Tibetischen Buddhismus kommen wir später zu sprechen.

Der Legende nach sandte König Tzänpo Khorre (bTsan po 'khor re) von Guge in West-Tibet 21 Mönche auf die Suche nach buddhistischen Belehrungen in Indien. Nur zwei kehrten zurück: Rintschen Sangpo (Rin chen bzang po) und Legpa Scherap (Legs pa's shes rab). Man schrieb das Jahr 978, den Beginn der ›späteren Verbreitung‹ (phyi 'gyur, phyi dar). Rin chen bzang po besuchte Indien insgesamt dreimal und übersetzte zahllose Sūtras und Tantras.

Neben den Nyingmapas entwickelte sich nun zunächst die Kagyü-Schule, die ›mündliche Übertragung‹ *(bka' brgyud);* sie führt sich über den großen Yogi Milarepa (Mi la ras pa; 1040–1123) und Marpa, dem Übersetzer (Chos kyi blo gros lo tsā ba, 1012–98), zu den indischen Meistern Nāropa und Tilopa, bzw. Maitripa, Saraha und Nāgārjuna zurück. Im Jahre 1042 kommt unter König Dschangtschup Ö (Byang chub 'od) der indische Meister Atīsha (Dīpaṃkara Shrījñāna, dPal mar me mdzad ye shes, 982–1054, Titel: ›Jo bo‹) nach Tibet. Er ist vor allem für seine ›Lampe auf dem Pfad zur Erleuchtung‹ bekannt (*bodhipathapradīpa*, byang chub lam gyi sgron ma), die zusammen mit dem ›Juwelenschmuck der Befreiung‹ (dvags po thar gyan) von Milarepas Hauptschüler Gampopa (sGam po pa; 1079–1153) als grundlegendes Werk der ›Stufenweg‹-Literatur gilt *(lam rim)*. Atīsha stiftete zusammen mit seinem Schüler Dromtonpa ('Brom ston pa) die nun erloschene Kadam-Schule (bKa' gdams pa), die großen Einfluss auf Kagyü und besonders auf die spätere Reformschule (Gelugpa) ausübte. Eine andere nun erloschene Schule, die wichtigen Einfluss auf die tibetische Geistesgeschichte ausübte, ist die im 11. Jh. gegründete Jonangpa, in der das Kālacakra-Tantra einen zentrale Rolle spielte (heute in der Shangpa Kagyü Linie übertragen). Diese Schule vertrat die ›Fremd-Leer‹ (gzhan stong) Ideen und wurde von den konservativen Reformern besonders verfolgt. Der große Historiker Tāranātha (1495–1566) gehörte ihr an; die tibetische (nicht-Gelug) Ökumene des 19. Jh. unter Jamgön Kongtrül, die *Rime*-Bewegung *(ris med)*, machte ihre Lehren wieder einflussreich.

Marpa und *Milarepa*: die Übertragungslinie der Kagyü-Schule.

Die Sakya-Schule (*sa skya* ›Schwarze Erde‹) ist nach ihrem Hauptkloster benannt, das 1073 durch Köntschok Gyälpo (dKon mchog rgyal po) aus dem adligen Geschlecht der Khön ('khon) gestiftet wurde. Bis heute liegt eine Besonderheit bei den Sakyapa darin, dass sich ihre Leitung innerhalb dieses alten tibetischen Adels, der Khön-Familie, vererbt. Die Sa skya-Schule ist die erste einheimische Schule des tibetischen Buddhismus. Köntschok Gyälpos Sohn und Nachfolger Künga Nyinpo (Kun dga' snying po; 1092–1158) systematisierte die Sa skya Belehrungen und im Jahre 1249 wurde Sakya Paṇḍita (Kun dga' rgyal mtshan dpal bzang po; 1181–51) mit mongolischer Hilfe Oberherrscher Tibets.

Zu Beginn des 14. Jh. wurde der tibetische Kanon in Narthang zusammengestellt (dazu mehr weiter unten). Im selben Jahrhundert entstand die Gelugpa-Schule (*dge lugs*, ›Gelbmützen‹) als die jüngste der vier tibetisch-buddhistischen Schulen. Der Reformator Tsonkhapa (bTsong kha pa 1357–1419) errichtete sie auf der Grundlage von Lehren der Sakyapas und der verloschenen Kadampa-Schule des indischen Meisters Atīsha. Im Jahre 1641 wurde das weltliche Oberhaupt dieser Schule, der fünfte Dalai Lama mit Hilfe der Mongolen Theokrat (›Gottkönig‹) Tibets; viele Nyingma und Kagyü-Klöster wurden zerstört oder zwangsweise zu Gelugpa-Klöstern umgewandelt. Die folgenden Jahrhunderte schloss sich Tibet von der Außenwelt völlig ab; Ende des 19. Jh. wurde das ›Land des Schnees‹ Schauplatz des ›Großen Spiels‹ zwischen Großbritannien und Russland um die Vorherrschaft in Asien. Westlichen ›Entdeckern‹ gelang zum ersten Mal der Zugang zum Herzen des Vajrayāna-Buddhismus, und ihre verzerrenden Berichte bestimmen bis heute in manchen romantischen oder schlecht informierten Veröffentlichungen das Tibetbild: Demzufolge beherrschen ›Priester‹ (Lamas, daher ›Lamaismus‹ fälschlich für den Diamantweg) ein rückständiges Land, das dunklen Ritualen und schwarzer Magie verfallen ist.

Aus der Reform des *Tsonkhapa* entsteht die Schule des Dalai Lama.

Nach der Besatzung durch die Rotchinesen (1949/50) flohen ab 1959 viele hohe Lamas aus Tibet. Wegen der Unterdrückung in Tibet selbst wird der tibetische Buddhismus heute vor allem durch Exiltibeter und eine wachsende Zahl westlicher Anhänger praktiziert.

Kehren wir noch einmal zum 14 Jh. zurück und betrachten die spannende Entstehungsgeschichte des tibetischen Kanons heiliger Schriften genauer.

Der tibetische Kanon

Der tibetische Kanon ist der Kanjur (*bka' 'gyur* ›Übersetzung des Wortes‹), zu dem die Sammlung der Kommentarliteratur, der Tenjur (*bstan 'gyur* ›Übersetzung der Kommentare‹), tritt. Übersetzungen der indischen Schriften ins Tibetische begannen mit der ersten Einführung des Buddhismus in Tibet im 8. Jh.; im zentralasiatischen Dunhuang an der Seidenstraße tauchten Anfang des 20. Jarhunderts Handschriftenreste aus dem 9.–12. Jh. auf, die tibetische Sūtra-Übersetzungen enthalten. Nach der Festigung des Buddhismus stellten zu Beginn des 14. Jh. Gelehrte der alten Kadampa-Schule in Narthang den Kanon zusammen. Eine Handschrift aus dieser Periode ist noch bewahrt geblieben. Es begann eine ›Kanjur-manie‹, der alte Narthang Kanjur wurde an mehreren Stellen kopiert und verändert. Eine dieser Revisionen entstand im Kloster Tshal Gung thang um 1350 und seine Version wurde zur Vorlage des ersten Blockdruckes in Peking (1411). Die bekanntesten tibetischen Drucke stammen aus der Zeit zu Beginn des 18. Jh.: Cone (1721–31), Narthang (1730–2), und Derge (1733). Aber weitere alten Kanjurausgaben sind in den letzten Jahren bekannt geworden, z.B. der Lithang (1609–14) und der Phu brag Kanjur (ca. 1700), die wichtige Erkenntnisse für künftige Forscher versprechen.

Traditionell spricht man von 84.000 Belehrungen in 108 Bänden und es scheint so, als ob genau 108 Bände für die verschiedenen Drucke des Kanjur angestrebt wurden, auch wenn dies selten genau erreicht wurde. So hat der Lithang 110, der Narthang 98, der Derge 104 und der Cone Kanjur 107 Bände.

Im Kanjur finden sich drei Abteilungen, die den drei Umdrehungen des Rades der Lehre entsprechen: Ordensregeln (*vinaya,* 'Du ba – Hīnayāna), Lehrreden (*sūtra,* mDo – Mahāyāna) und *Tantra* (rGyud).

Die Sūtra-Abteilung unterteilt sich dann noch einmal in die Schriften der ›Höchsten Weisheit‹ *(Prajñāpāramitā)*, ›Blumenkranz-Sūtras‹ *(Avataṃsaka)*, die ›Juwelenhaufen-Sūtras‹ *(Ratnakūṭa)*, das *Mahāparinirvāṇa*-Sūtra und verschiedene weitere Lehrreden (siehe Tabelle 9 im Anhang).

Der Tenjur füllt in der Peking- (1724) und Narthang-Ausgabe (1741) 224 Bände. Er gliedert sich in die Sammlung von Hymnen (1 Band in allen Ausgaben), Sūtra-Kommentaren (137 Bände) und Tantra-Kommentaren (86 Bände, siehe Tabelle 10 im Anhang).

Nicht zum tibetischen Kanon gehören die großen Schriften der einzelnen tibetischen Schulen; wozu auch ein Text, der im Westen besonders bekannt geworden ist, zählt: das so genannte ›Tibetische Totenbuch‹.

Das ›Tibetische Totenbuch‹: Sterben und Erleuchtung

Das ›Tibetische Totenbuch‹ gehört zu einer Klasse von Schriften, die besonders in der alten Schule des tibetischen Buddhismus eine große Rolle spielen, den ›Schatztexten‹ oder ›Schatzfunden‹: *Terma* (gter ma). Es handelt sich dabei um Texte, die meistens durch Padmasambhava, Tibets zweitem Buddha im 8. Jh., verborgen wurden. Sie wurden z. B. in der Erde begraben, aber es gibt auch Texte, die im Wind oder im Raum versteckt wurden, bis die Zeit für sie reif wurde. Das berühmte ›Tibetische Totenbuch‹ (›Befreiung durch Hören im Zwischenzustand‹, *Bardo Thödröl*, bar do thos grol) wurde im 14. Jh. durch den berühmten Schatzfinder (gter ston) Karma gLing pa entdeckt. Wie der Titel andeutet, wird darin das Erlangen der Erleuchtung im Bardo, dem Zwischenzustand (*antarābhava*, bar do) zwischen Sterben und Wiedergeburt, dargelegt. Dieses Bardo der ›absoluten Wirklichkeit‹ *(dharmatā)* ist einer von sechs Zwischenzuständen (neben: Alltagsleben zwischen Geburt und Tod, Traum, Meditation, Todesmoment und Werden vor der Geburt). Nach tibetisch-buddhistischer Anschauung verweilt das Bewusstsein bis zu

49 Tagen nach dem Tod in diesem Zwischenzustand. Das *Bardo Thödöl* erklärt für diejenigen, die zu Lebzeiten Belehrungen, die Ermächtigung und Einweihung in sein Kraftfeld bekommen haben, wie Wahrnehmungen von Licht und Energie im Zwischenzustand als 100 Buddha-Aspekte erkannt werden können und so Befreiung erreicht werden kann. Die 5 Buddhafamilien (Tabelle 12) erscheinen zuerst in friedlicher Form (insgesamt 42 Aspekte), dann in ›grimmigen‹ (beschützenden) *Heruka*-Formen (58 Aspekte). Besonders die Schilderung der psychisch-geistigen Vorgänge des Sterbens und die archetypische Symbolik des Werkes haben großes Interesse auch in nicht-buddhistischen Kreisen gefunden.

Das Buch kann aber für die Interessierten auch falsche Erwartungen wecken: Nur wer die entsprechenden Meditationen geübt hat, wird solche Erfahrungen im Zwischenzustand des Todes machen!

Im Allgemeinen ist der Todesmoment ein ausgezeichneter Augenblick, um Befreiung zu erlangen. Der ostasitatische Amida-Buddhismus macht hiervon ebenso Gebrauch wie die tibetische Tradition des Phowa, der Bewusstseinsübertragung ins ›Reine Land‹ des ›Buddhas des grenzenlosen Lichtes‹. Auch ohne formale Ermächtigung und Einweihung können Sie sich und anderen mit seinem Mantra *Oṃ Ami Dewa Hrīḥ* helfen. Am besten ist es aber, von einem qualifizierten Lehrer das ›richtige‹ Sterben zu lernen. Der große westliche Kagyü-Yogi Lama Ole Nydahl hat im Auftrag des Karmapa bereits über 50.000 Menschen bewusstes Sterben gelehrt und hält regelmäßig Kurse dazu auch im deutschsprachigen Raum ab; schauen Sie nach unter *www.lama-ole-nydahl.de* oder besuchen Sie ein Diamantwegzentrum in Ihrer Nähe (s. Adressenliste im Anhang)!

> Der Moment des Todes ist ein besonders günstiger Moment, um Erleuchtung verwirklichen zu können.

Wir wollen uns nun zwei Eigenheiten des Buddhismus im ›Lande des Eises‹ genauer betrachten, welche die westlichen Medien bekannt gemacht und häufig verkannt haben, die ›lebenden Buddhas‹ (Tulku) und die seltsamen Yogis in Eis und Schnee …

Er lebt jämmerlich bekleidet in Höhlen hoch im ewigen Schnee des Himalaya, meditiert, dichtet und vollbringt wunderliche Dinge. In einem tibetischen Yogi erscheint uns alles Geheimnisvolle dieser Region, dem ›Dach der Welt‹. Seine spontane Erfahrung von höchster Erleuchtung hat ihn unangepasst gemacht, häufig wirft man ihn aus den Klöstern heraus. Diese Verwirklicher stehen in der Reihe der indischen 84 ›Vollender‹ (Siddhas bzw. Mahāsiddhas) wie Lūipa, Līlapas, Virūpa – der in der Sakya-Schule eine große Rolle spielt –, Saraha, Nāropa, Tilopa – Ahnen des Marpa-Kagyü – usw. Besonders eine Gestalt kommt uns in den Sinn: Milarepa (1040 – 1124), Zentralfigur der ›mündlichen Übertragungslinie‹, der Kagyü-Schule. Als ehemaliger Schwarzmagier musste Milarepa von seinem Lehrer Marpa erst acht hohe Türme bauen, bevor er ihn als Schüler annahm. In ›100.000 Diamantliedern‹ besang Milarepa die Kraft der Erleuchtung. Er gilt neben Sakya Paṇḍita und dem 6. Dalai Lama als Tibets größter Dichter …

Im tibetischen Diamantweg ist ein Yogi ein ›Verwirklicher‹, einer der außerhalb der Konventionen seiner Umgebung Erleuchtung sucht und findet. So hat er viel mit den Wanderasketen gemein, zu denen der historische Buddha sechs Jahre lang vor seiner Erleuchtung zählte. Besonders im Bhutanesischen Drukpa Kagyü (›brug pa bka‹ brgyud) wird die Tradition der ›heiligen Narren‹ hochgehalten, die Menschen auf dem Weg zur Erleuchtung dadurch halfen, dass sie die festgefahrenen Vorstellungen der Zeitgenossen mit scheinbar verrücktem Verhalten unterhöhlten. Der Bekannteste ist hier Drukpa Künle ('brug pa kun legs, 1455–1529).

In der heutigen Zeit gibt die Bezeichnung ›Yogi‹ auch ein Ziel für die wachsende Zahl der Laien, die den Diamantweg praktizieren, an: Einer, der mitten im Leben steht und dabei dennoch unerschrocken und freudevoll Erleuchtung anstrebt.

Eine andere Besonderheit sind Tibets ›lebende Buddhas‹. Kinofilme haben diese Vorstellung hier im Westen in einem exotischen, romantischen Bild von kleinen Kindern in safrangelben Hemden und roten Mönchsroben bekannt gemacht. Worum es hier geht, ist eine Weiterentwicklung der ›Drei-Körper-Lehre‹, die wir in Kapitel III kennen gelernt haben. Nach tibetischer Auffassung sind ›Ausstrahlungskörper‹ (*nirmāṇa-kāya*, Tibetisch: *sprul sku*, ›Tulku‹) nicht auf die historischen Buddhas beschränkt, sondern sind auch den auf Erden wandelnden Bodhisattvas und Erleuchtungsaspekten zu Eigen, den ›lebenden Buddhas‹. In den als Kinder wiedererkannten, bewussten Wiedergeburten hoch entwickelter Lamas (Tulkus) begegnen wir also Erleuchtung in körperlicher Form. Sie werden mit dem Titel Rinpoche (›große Kostbarkeit‹) angesprochen. Tulkus sind nicht unbedingt Heilige. Die Welt der Erscheinungen ist voller Verwirrung und Täuschungen. Trotz gelegentlicher Skandale um Politik, Sex und Drogen bleiben sie aber verwirklichte Lehrer und stehen so außerhalb von Ursache und Wirkung: auch als Alkoholiker fallen nicht in nicht leidvolle, unbewusste Wiedergeburt zurück.

Die Vorstellung ›lebender Buddha‹ bleibt für uns westliche Menschen ein schwer nachvollziehbarer Gedanke; doch lässt er sich zumindest psychologisch gut deuten: Die Tulkus (lebenden Buddhas) sind verwirklichte Lehrer. Und entscheidend ist das Vertrauen zu einem Lehrer. Eine Reihe von Lehrern unter demselben Namen garantiert nun die Wirksamkeit der Lehre *(dharma)*, das Programm ›Erleuchtung‹ gewinnt durch das Vertrauen in das Programm ›Dalai Lama‹ oder ›Karmapa‹. Dieser steht in der ältesten bewussten Wiedergeburtslinie und ist das Haupt der wichtigsten Kagyü Schule, der Karma Kagyü, nun S. H. der 17. Gyalwa Karmapa, Thrinle Thaye Dorje.

> *Tulkus*: Verwirklichte Meister des tibetischen Buddhismus arbeiten als ›lebende Buddhas‹ zum Wohle aller.

Die Erwähnung der Dalai Lamas (Gelug) und Karmapas (Kagyü) bringt uns zurück zu den Eigenheiten der verschiedenen lebendigen Schulen des tibetischen Buddhismus. Lassen Sie uns diese im Folgenden genauer untersuchen.

Die älteste Schule des tibetischen Buddhismus ist die ›Schule der Alten‹ *(Nyingmapa)*. Sie geht, wie gesehen, auf die Zeit der ›ersten Verbreitung‹ zurück.

Bei den *rNying ma pa's* spielen, wie oben erwähnt, so genannte Schatzfunde (Termas, *gTer ma*) eine große Rolle, z. B. das ›Tibetische Totenbuch‹. Eine andere Besonderheit der alten Schule ist ihr System der buddhistisch-tantrischen Belehrungen in neun Wegen (9 *yānas)*, welche deutlich von den Systemen der ›neuen Schulen‹ (gsar ma) abweicht. Als höchste Belehrungen gelten die rDzogs chen (Mahā-Ati, mahāsaṃdhi) genannten Lehren der ›Großen Vervollkommnung‹. Neben dem alten Vater-Tantra, *Guhyasamāja*-Tantra, spielt das Vajrakilaya-Tantra eine zentrale Rolle. Nyingma-Methoden sind besonders für Menschen geeignet, deren stärkstes Störgefühl Wut ist (›Wut-Typen‹). Das Verlassen von negativen Eindrücken wird als besonders befreiend empfunden. Nyingma-Meditationen sind sehr detailreich und kraftvoll.

Nyingmapa: Die älteste Schule des tibetischen Buddhismus verwendet gesonderte Belehrungen und Methoden.

Dagegen eignet sich der Weg der ›mündlichen Übertragungslinie‹ (Kagyü) besonders für ›Begierde-Typen‹: Kagyüs wollen genießen, und das merkt man an ihrem Meditations-Stil. Die Schule geht auf Marpa, Milarepa und Gampopa zurück, dessen Hauptwerk ›Juwelenschmuck der Befreiung‹ (dvags po thar gyan) noch immer Haupttext des klösterlichen Zweiges der Schule ist. Traditionell werden 4 große und 8 kleine Kagyü Schulen unterschieden. Davon sind aber nur noch drei unabhängig: Das Bhutanesische ›Drachen-Kagyü‹ (Drukpa, 'brug pa), die Drikung ('bri gung) Kagyü – nach einem Gebiet in Westtibet benannt – in Ladakh und die Hauptschule der Kagyü-Schule: Karma Kagyü. Die Karma Kagyü Schule wurde von Gampopas Schüler Düsum Khyenpa (Dus gsum mkhyen pa, 1110–1193) gegründet. Die Karmapas – Schwarzhutlamas – sind die älteste Tulkulinie Tibets. Sie gelten als irdische Ausstrahlung (›Tulku‹) des Erleuchtungsaspesktes des Mitgefühls, ›Liebevolle Augen‹ (Avalokiteshvara). Der Name Karmapa lässt sich annähernd mit ›Tatkraft aller Buddhas‹ übertragen; er ist nun in seiner 17. Wiedergeburt.

Hintergrund tibetische Politik: 17. Karmapa
17. Karmapa, Trinle Thaye Dorje wurde 1983 in Lhasa geboren und vom 14. Sharmapa (›Rothut-Lama‹) und weiteren hohen Kagyü-Lamas 1991 anerkannt. Der Shamarpa ist der zweite Linienhalter (Hüter der Tradition) der Karma Kagyü und in der Zwischenzeit zwischen zwei Wiedergeburten des Karmapa die höchste Autorität; dem zum Trotz wird der Weltöffentlichkeit noch immer ein chinesischer Kandidat – Urgyen Trinle – als Karmapa vorgestellt, der Anfang des Jahres 2000 aus Tibet ›floh‹: Aus medizinischen Untersuchungen ist deutlich geworden, dass er lange vor 1981, dem Todesjahr des 16. Karmapas, geboren sein muss! Indische Gerichte haben vor kurzem das gewaltsam von Urgen Trinle Anhängern dem rechtmäßigen Karmapa abgenommene Hauptkloster in Rumtek wieder Thaye Dorje zugesprochen. Die Kontroverse wird sich in Kürze zu Gunsten des echten Karmapas gelegt haben.

Yogische, unorthodoxe Mittel kennzeichnen die Kagyü-Schule, die Schule der Dichter und ›Heiligen Narren‹. Das Mutter-Tantra *Cakrasaṃvara* gilt als Haupttext. Neben den sechs Lehren des Nāropa, die ganz im Zeichen yogischer Kontrolle über die inneren Energiebahnen stehen, kennzeichnet die Kagyü-Schule als wichtigste Lehre die ›das Große Siegel‹ (Mahāmudrā) genannte reine Sicht. Wie das Dzogchen der Nyingmapas ist diese Lehre eine einzigartige Umsetzung und Überhöhung der ursprünglich gegensätzlichen Schulen der Leerheit und des ›Nur-Geistes‹. Raum und Freude sind hier untrennbar, grenzenlos eins.

Die noble Sakya Schule von Köntschok Gyälpo, Künga Nyinpo und Sakya Paṇḍita eignet sich besonders für Menschen, bei denen Stolz eine wichtige Rolle als Störgefühl spielt (›Stolz-Typen‹). Oberhaupt der Sakyas ist der Sakya Tridzin, der ›Thronhalter von Sakya‹. Der gegenwärtige Linienhalter sowie der zweite in der Rangfolge, der ›Generationshalter‹ Jigdal Dagchen Sakya, bemühen sich besonders um den Ausgleich der verschiedenen Schulen des tibetischen Buddhismus. Im 19. Jh. hatte sich eine ›tibetische Ökumene‹ entwickelt, die ›Rime‹-Bewegung *(ris med)*, der sich beide verpflichtet fühlen. Die Besonderheit der sakya-Lehren ist ihr System von ›Weg und Frucht‹ (Lamdrä, *lam 'bras*). Es geht auf das Mahāmudrā des indischen Meisters Virūpa zurück und ist dem Kagyü Mahāmudrā sehr eng verwandt. Der Weg zur Erleuchtung wird hier bereits als Teil der Erleuchtung erfahren. Das Mutter-Tantra *Hevajra* hat in dieser Schule zentrale Bedeutung.

Die Gelugpa-Schule vertritt in der Deutung von ›Leerheit‹ einen konservativen Standpunkt. Intellektuelles Studium hat in dieser Schule ein stärkeres Gewicht.

Die Gelugpa-Schule *(dge lugs)* des Reformators Tsonkhapa ist die jüngste der vier tibetisch-buddhistischen Schulen. Sie sieht die Leerheits-Philosophie in ihrer konservativen ›Eigen-leer‹-Fassung (rang stong) als letzte Stufe buddhistischer Weisheit an. Dies nennt sie Mahāmadhyamaka (›Großer Mittlerer Weg‹). Das Guhyasamāja (Vater) und Kālacakra-Tantra (nicht-dual) stehen zentral. Die Gelugpas lehren eher auf der Ebene des ›Großen Weges‹ als auf der des Diamantweges. Ihr Stufenweg *(lam rim)* eignet sich besonders für Menschen, deren stärkstes Störgefühl Verwirrung ist (›Unwissenheits-Typen‹). Man muss hier anmerken, dass die Gefahr bei dieser Sichtweise in einer Überbetonung des Verstandes auf dem Weg zur Erleuchtung liegt. Das zeigt sich teilweise in einer Schwächung der Überlieferungskette der Meditationen vom Lehrer zum Schüler; auch veröffentlichen einige Lamas dieser Schule bedenkenlos geheime (= geschützte) Tantra-Texte und Mantras, besonders von den bereits erwähnten Schützern wie Mahākāla. Vor allem verneint diese Sichtweise die spezifisch tibetische Zusammenschau von Leerheit und Geist, wie sie uns bei den Nyingmapas im *Dzogchen* und bei den Kagyüpas im ›Großen Siegel‹ begegneten. Tsonkhapa betonte dagegen die Wichtigkeit eines intellektuelleren Stufenwegs zur Erleuchtung, den er nach Vorbild der Kadampa- und Kagyü-Lehren zusammenstellte. Die wichtigste Inkarnationslinie ist hier der Dalai Lama. Der gegenwärtige Dalai Lama ist die 14. Wiedergeburt in dieser Reihe. Wie bei anderen Wiedergeburten solcher hohen ›Tulkus‹ wird die neue Inkarnation eines verstorbenen Dalai Lamas jeweils in einer spirituellen Suche anhand von Hinweisen und Proben bestimmt. Wie Padmasambhava und der Karmapa gilt der Dalai Lama als eine Ausstrahlung des Erleuchtungsaspektes des Mitgefühls, ›Liebevolle Augen‹ (Avalokiteshvara). Der Name ›Dalai Lama‹ (tā la'i bla ma; mongol. *talaï* ›Lehrer Ozean [der Weisheit]‹) ist ein mongolischer Ehrentitel, der auf den Fürsten Altan Khan (16. Jh.) zurückgeht.

Es wird oft gesagt, der Dalai Lama sei das geistliche Oberhaupt aller Tibeter; das stimmt so nicht: Er ist – wie erwähnt – lediglich das weltliche Haupt einer von vier Schulen (das geistliche Haupt ist der Panchen Lama bzw. seit 1995 der Ganden Tripa). Die Gelugpas und die Dalai Lamas regierten Tibet 300 Jahre lang bis zur chinesischen Besetzung 1949/50.

Hintergrund Tibetische Politik: 14. Dalai Lama und Shugden

Der jetzige 14. Dalai Lama, Tenzin Gyatso (*1935), hat nach seiner Flucht aus Tibet 1959 im Westen besonders durch seine Bemühungen um den Weltfrieden und seine Lehren der Liebe und religiösen Toleranz große Anerkennung gefunden; 1989 erhielt er u.a. den Friedensnobelpreis. Seine Verdienste als Lehrer und Bodhisattva sind ausgesprochen bewundernswert. Um so bedauerlicher ist, dass er als Politiker nicht immer die Unabhängigkeit der anderen Schule respektiert hat; so mischte er sich z.B. nach dem Tod des 16. Karmapas gegen die Autorität des einzig verbleibenden Linienhalters (Hüter der Tradition) der Karma Kagyüs, des Shamar Rinpoches, in die Anerkennung der neuen 17. Inkarnation des Karmapas ein.
Wegen seiner ökumenischen Haltung hat er sich auch den Zorn der Erzkonservativen unter den Gelugpas zugezogen, was sich im Streit um das Verbot des Kultes von Dorje Shugden, einer Schützergottheit, die für reine Gelugpa-Lehren steht, niederschlägt. Aus Protest gegen das Verbot gründete der Ex-Gelugpa Mönch Geshe Kelsang Gyatso die ›Neue Kadampa‹ Schule, die heute besonders in Großbritannien aktiv ist. Bei öffentlichen Auftritten wird der Dalai Lama noch immer regelmäßig von erbosten Shugden-Anhängern bedroht.

Die Eigenarten der vier lebendigen Schulen des tibetischen Buddhismus finden Sie noch einmal im Anhang tabellarisch zusammengefasst (Tabelle 13).

Betrachten wir nun abschließend die Meditation im Diamantweg, den Stufenweg, auf dem man im tibetischen Buddhismus den steilen Berg der Erleuchtung erklimmt und die höchste Sichtweise der spontanen Vertiefung: Dzogchen und Mahāmudrā.

Meditation im Diamantweg

Meditation im Diamantweg schließt in seiner Grundform die Techniken des ›Geringeren Weges‹ und des ›Großen Weges‹ ein: In der Regel beginnt eine Meditation mit der Beruhigung des Geistes. Der Rücken sollte möglichst gerade sein. Das rechte Bein liegt auf oder vor dem linken Bein, die Hände ruhen flach auf den Oberschenkeln oder formen die ›Meditationsgeste‹ *(dhyāna-mudrā)*, wobei die rechte Hand in der linken liegt und sich die Daumen leicht berühren. Das Kinn ist etwas zurückgezogen. Dann wird die Aufmerksamkeit auf den Atemvorgang gelenkt, wobei man sowohl äußere Eindrücke als auch auftauchende Gedanken einfach vorbeiziehen lässt, wie Wolken am Himmel, um die man sich nicht kümmern muss. So weit ist dieses der Grundmeditation der Bewusstseinsstille *(shamatha)* und der höheren Einsicht *(vipashyanā)* im Hīnayāna vergleichbar, die wir in Kapitel II kennen gelernt haben.

> Meditation und Alltag: Handle als Buddha, bis du ein Buddha bist!
> Höchste Wahrheit ist höchste Freude!

Sind Körper und Geist nun zur Ruhe gekommen, richtet sich der Geist auf vier grundlegende Gedanken, die den tiefen Erfahrungen des Buddhas in seiner Erleuchtungsnacht entsprechen: Das menschliche Leben als kostbare Möglichkeit, die Vergänglichkeit aller Dinge, Karma als das Gesetz von Ursache und Wirkung und schließlich Erleuchtung als Ziel. Der Meditierende entwickelt so eine selbstlose Motivation für die Meditation, die dem ›Großen Weg‹ entspricht. Dann nimmt der Übende zum Wohle aller Wesen Zuflucht. In dieser Form des Buddhismus – dem Vajrayāna – beinhaltet Zuflucht neben dem Buddha (als Ziel), der Lehre (als Mittel) und der Gemeinde, den Freunden auf dem Weg, immer auch den Lehrer als Helfer und

Schutz auf dem Weg. Über die sechsfache Zuflucht – Buddha, *dharma*, *sangha*, Lama, Yidam, Schützer – haben wir bereits gesprochen. Danach stellt der Meditierende sich innerlich auf die gewünschte Buddhaform ein: Er ›visualisiert‹ sie, also holt sie sich vor sein geistiges Auge. Dies kann recht detailliert geschehen; man nennt es die Aufbauphase (bskyed rim, *utpattikrama*) der Meditation. Je nach der Tantra-Klasse meditiert man auf einen Buddha vor bzw. über sich oder als Buddha selbst. Durch das Mantra – die Schwingung eines Aspektes der Erleuchtung – wird der Kontakt zwischen der Buddhaform und dem Mediterenden, innen und außen, hergestellt. Die anschließende Phase nennt man Vollendungsphase (rdzogs rim, *saṃpannakrama*); der Segen des Buddhas wird aufgenommen, wodurch die menschliche Wirklichkeit des Meditierenden auf der tiefsten Ebene verändert wird; der Praktizierende verschmilzt mit Erleuchtung; je nach Schule und Meditation geschieht hier oder vor der Mantraphase der Sprung zum erscheinungsfreien Bewusstsein, Raum und Freude sind untrennbar (Mahāmudrā, siehe unten).

Zum Schluss kehrt man immer zur selbstlosen Einstellung des ›Großen Weges‹ zurück: Alle positiven Eindrücke der Meditation werden der Entwicklung und Befreiung aller Wesen gewidmet.

Lassen Sie mich noch einmal betonen, dass eine wesentliche Voraussetzung zur Meditation ist, dass man eine Anleitung von einem qualifizierten Lehrer (*guru*, Tibetisch: *bla ma*) bekommen hat. Niemand sollte versuchen, ohne diese ›Ermächtigung‹ auf eine tantrische Buddhaform zu meditieren! Durch falsche Meditation entsteht nur noch mehr Verwirrung und dadurch Leid.

Weg zur Erleuchtung

Erleuchtung wird im Diamantweg auf einem Stufenweg *(lam rim)* verwirklicht, wie ihn z. B. Gampopa in seinem ›Juwelenschmuck der Befreiung‹ beschreibt. Drei Aspekte sind dabei immer wichtig: Sichtweise/Wissen, Meditation und Verhalten. Die Sichtweise ist, wie gesehen, dass Erleuchtung bereits Wirklichkeit ist. Der Buddha ist der

Spiegel des eigenen Geistes; höchste Wahrheit ist höchste Freude. Meditation ist Erfahrung dieser Sichtweise im Laboratorium des Geistes. Und Verhalten heißt, dass letztendlich Meditations- und Alltagserfahrung eins werden: Handle wie ein Buddha, bis du ein Buddha bist!

Auch im Bereich der Meditation kann man einem Entwicklungspfad folgen.

Die Grundmeditationen des tibetischen Buddhismus, wie die Meditation auf ›Liebevolle Augen‹ oder die Meditation auf den 16. Karmapa, kann man nach Zufluchtnahme oder auch nur in Erwartung der Zuflucht ohne weitere Vorbereitungen verwenden. Bevor man allerdings die sehr kraftvollen fortgeschrittenen Meditationen, wie Energiearbeit (z. B. 6 Lehren Nāropas), Yidam-Meditation, fortgeschrittene Meditation auf den Lehrer (Guru-Yoga) oder die tibetische Form der fortgeschrittenen Bewusstseinsstille (*shamatha*, Shine) und der höheren Einsicht (*vipashyanā*, Lhagtong) verwenden kann, müssen schlechte Eindrücke und Gewohnheiten in Körper, Sprache und Geist gereinigt werden.

Dies geschieht in den so genannten ›Vier Vorbereitenden Übungen‹ oder den *Vier Grundübungen* (Nöndro, sngon 'gro): Verbeugungen und Zufluchtsmediationen reinigen den Körper (1.), die Meditation auf Vajrasattva (›Diamantgeist‹) reinigt die Sprache (2.) und Mandala-Opferungen den Geist (3.). In der vierten Übung, dem Nöndro Guru-Yoga, erhält man den vollständigen Reinigungssegen der Linie. Die Übungen werden jeweils 100.000 (oder 111.111) Mal wiederholt. Nöndro kann also Jahre dauern! Nach Abschluss dieser kraftvollen Vorbereitung konzentriert man sich dann entweder auf innerliche Energiearbeit und Yidam-Meditation (Weg der Mittel), auf Bewusstseinsstille und höhere Einsicht (*Shine* zhi gnas – Lhagtong, Weg der Einsicht) oder auf Guru-Yoga, den Weg des Vertrauens. Alle Übungen führen zur Verwirklichung und zur höchsten Sicht, Mahāmudrā.

Das ›Große Siegel‹

Mahāmudrā, das ›Große Siegel‹, nennt man die höchste Sicht im Diamantweg. Die Mahāmudrā-Belehrungen sind in der Kagyü-Schule verankert, werden aber auch bei den Sakyas und den Gelugpas angewandt. In der alten Schule des tibetischen Buddhismus, den Nyingmapa, wird dasselbe Ziel in völlig anderer Sprache beschrieben: Hier ist es die ›Große Vervollkommnug‹ (Dzogchen). Letztlich sind Mahāmudrā und Dzogchen eins.

Beim ›Großen Siegel‹ handelt es sich um eine ›spontane Technik der Erleuchtung‹, die ihre geschichtlichen Wurzeln in den Erleuchtungserfahrungen der so genannten 84 Mahāsiddhas hat. Dieses waren, wie bereits erwähnt, häufig unangepasste indische Tantra-Meister, die ihre Erfahrung von Raum und Freude untrennbar in kurzen Gedichten – so genannten Vajra-Liedern – zusammenfassten. Diese Verse, besonders die *Dohās* des Saraha, sprechen häufig von einem innerlich-natürlich-ursprünglichen Zustand des Geistes (*sahajā*, lhan cig skyes pa), der Einheit von Mitteln und Weisheit, Raum und Freude. Diese wird Mahāmudrā – das ›Große Siegel‹ – genannt.

Drei Arten Mahāmudrā werden unterschieden:

Sūtra-Mahāmudrā ist im Wesentlichen die Lehre des Ratnagotravibhāga *(Uttaratantra)*, die wir zu Beginn dieses Kapitels dargestellt haben. Hierzu gehören die fünf Pfade (Ansammlung, Anwendung, Sehen, Geistesschulung und Nicht-mehr-Lernen) und die 10 Stufen eines Bodhisattvas (siehe Kapitel III).

Das Mantra- oder *Tantra-Mahāmudrā* entspringt aus der tantrischen Meditation als Erfahrung der ›vier Freuden‹ – Einheit von Leerheit und Freude *(mahāsukha)*, gleich an der Erfahrung der wahren Natur des Geistes *(sahajā)*.

Das *Essenz-Mahāmudrā* zeigt den eigenen Alltagsgeist in seinem ungekünstelten Naturzustand, nicht entstehend, ungehindert und sichtbar.

Der *Grund* ist der ungehinderte Alltagsgeist, der *Pfad* der nackte, ungekünstelte Zustand des Geistes und das *Resultat* der Zustand der Nicht-Meditation.

Als die vier Techniken des ›Großen Siegels‹ (vier *Yogas*, rnal 'byor bzhi) werden darum auch ›Einsgerichtetheit‹ (*ekāgratā*, rtse gcig), ›Ungekünsteltsein‹ (*aprapañca*, spors bral), ›Ein-Geschmack‹ (*ekarasa*, ro gcig) und ›Nicht-Meditation‹ (*abhāvanā*, sgom med) angewandt.

Der sprachliche Ausdruck dieser Erfahrungen in den Dohās und Diamantliedern der Meister deutet als ›Symbole‹ oder ›Siegel‹ (*mudrā*) auf die wahre Natur des Geistes. Dabei werden häufig Beschreibungen von Farblebendigkeit und Verspieltheit aller Erscheinungen verwendet, denen man nicht entrinnen kann; Schönheit und Jugend sind häufig verwendete Symbole für die überwältigende Freude und Frische der Erfahrungen; die ewig äußerste Unmittelbarkeit des Erlebens ist Mahāmudrā genauso, wie die größte Normalität und Natürlichkeit; Mahāmudrā-Sprache spricht vom Zauber dessen, was ist, von höchster Glückseligkeit und vom Begreifen des Seins, wie es ist. Maitripa drückt dies so aus:

> Der gedankenfreie Yogi ist wie ein Kind
> eine Biene im Blumengarten, alle Blüten kostend,
> wie ein Löwe, brüllend im Dschungel,
> wie der Wind, der weht, wo er will.

Und der ›verrückte Heilige‹ Drukpa Künle dichtete:

> Tänzer im unzerstörbaren Strom der Zauberformen,
> Kräftewalter ... Held ... Vagabund ... Lichtenwandler
> Yogi, kostend den einen Geschmack aller Erscheinungen
> – dies sind nur einige der Masken, die ich trage.

Ausblick: Buddhismus im Westen – Buddhismus für den Westen

In Asien – besonders Süd- und Ostasien – wo in vielen Ländern der Buddhismus steif geworden ist, wo Tempel und Klöster manchmal Pfründe sind und Meditation durch steife Rituale ersetzt wurde, wenden sich immer mehr Menschen dem Christentum zu. Dessen Botschaft der Gleichheit und Nächstenliebe wird hier als befreiend erfahren. Dagegen gewinnt der Buddhismus im Westen besonders unter unangepassten, klugen und frischen Leuten immer mehr Zuspruch: Buddhas Ermutigung, den eigenen Verstand zu gebrauchen und eigene Erfahrungen zu machen, wirkt hier befreiend.

Europa – Asien: ein Widerspruch? Vielleicht ist es doch kein Zufall, dass der Zukunftsbuddha Maitreya seit alter Zeit in der un-indischen Weise des Sitzens abgebildet wird, die wir im Westen verwenden: Auf einem Stuhl, beide Füße auf dem Grund, nicht auf dem Boden hockend, die Beine gekreuzt … Tatsächlich wurde der Buddhismus in Deutschland zunächst vor allem in seiner südlichen Strömung, dem Theravāda, bekannt, u. a. durch Paul Dahlke in den 1910er und 1920er Jahren, der die deutsche »neubuddhistische Bewegung« und das »Buddhahaus Berlin« gründete. Bereits im intellektuellen Milieu des 19. und 20. Jh. galt der Buddhismus als ›Religion der Vernunft‹. Den traditionellen Theravāda-Buddhismus in Deutschland hat ein buddhistischer Mönch deutscher Abstammung besonders nachhaltig geprägt: Nyanatiloka (Anton W. F. Gueth, 1878–1957). Er trat vor allem mit Übersetzungen aus dem Pali-Kanon hervor.

Andere Formen des Buddhismus kamen erst relativ spät in Deutschland an. Das gilt gerade für ostasiatische Mahāyāna-Schulen. Der Zen-Buddhismus z. B. ist vor allem in christianisierter Form durch den Jesuitenpater Hugo Enomiya Lassalle in Deutschland seit den 1960er Jahren bekannt geworden; besonders großen Einfluss gewannen im Westen auch die Belehrungen des vietnamesischen Zenmönchs Thich Nhat Hanh.

Der tibetische Buddhismus wurde dagegen durch Lama Anagarika Govinda (= E. L. Hoffmann, 1898–1985) bereits in den 1950er Jahren bekannt: Govinda, ursprünglich Theravāda-Mönch, wurde später bevollmächtigter Lehrer des Diamantweges Tibets. Er gründete 1952 in Deutschland den westlichen Zweig seines weltweiten ›Arya Maitreya Mandala-Ordens‹ (AMM, Zeitschrift: ›Der Kreis‹).

Der Diamantweg-Buddhismus wächst im deutschsprachigen Raum besonders stark. Überzeugende Lehren und begeisternde Lehrer öffnen Verstand und Herzen für die buddhistische Tradition Tibets, die im Mutterland selbst durch die Kulturbarbarei der kommunistischen Chinesen teils zerstört und teils zum Museum und Touristenspektakel verkommen ist. Tibets Erbe überlebt nun unter den frischen Helden und weisen ›Dakinis‹ des Westens. Die größte Gruppe unter den Buddhisten in Deutschland stellt nun in der Tat der BDD, ›Buddhistischer Dachverband Diamantweg e.V.‹, dar (früher KKD, ›Karma-Kagyü-Dachverband e.V.‹). Er gehört zur tibetischen Karma Kagyü-Schule. Und ihr wichtigste Lehrer im Westen ist der dänische Lama Ole Nydahl, der zu Beginn der 1970er Jahre diese Form des Buddhismus im Auftrag des 16. Karmapas, Rangchung Rigpe Dorje, in den Westen brachte (Website *http://www.diamantweg.de*, Zeitschrift ›Buddhismus heute‹). Den spannenden Weg vom Drogen schmuggelnden Hippie zum Schützer des Diamantweges beschreibt er in seinen Büchern *Die Buddhas vom Dach der Welt* und *Über alle Grenzen;* seine zeitgemäße Einführung in den Buddhismus *Wie die Dinge sind* ist ein trefflicher Beginn für alle, die sich näher mit Buddhismus und dem Diamantweg auseinandersetzen möchten.

Wohin geht nun der Buddhismus im Westen im 21. Jh., wohin der Diamantweg? Eines ist klar – wir Leute im Westen wollen unsere geistige Freiheit behalten. Keine politischen Machtspiele, keine Kotaus, kein Gemurmel in unverständlichen Sprachen. Der tibetische Buddhismus als Kultur Tibets wird wohl untergehen, zum Museumsstück werden. Die Essenz seiner Belehrungen gilt es aber zu wahren, in unseren eigenen Sprachen, in frischer aber echter Form, im Verbund mit der Übertragung, aber nicht als Sklave asiatischer Rituale! So sollen auch in Zukunft alle klugen Köpfe Erfahrung mit dem Geist machen können.

Eine spannende Reise! *Quo vadis, Buddha? Quo vadis, Guru-ji?*

Anhang

Tabellen

I. Der buddhistische Kanon des Hīnayāna

Tabelle 1 ***Tipiṭaka:*** *Die drei Körbe des Kanons*

Pāli **Ti-piṭaka**	(Sanskrit *Tri-piṭaka*)	Der »Dreikorb«
Vinaya-piṭaka		Ordensregeln
Sutta-piṭaka	(Sanskrit *Sūtra-*)	Lehrreden
Abhidhamma-piṭaka	(Sanskrit *Abhidharma-*)	Scholastik

Tabelle 2 ***Vinaya:*** *Der Korb der Ordensregeln – Überlieferung*

Hīnayāna-Schule	**Sprache**
Theravāda	Pāli
Mahāsanghika-Lokottara-vāda	Sanskrit
Sarvāstivāda	Sanskrit
Mūlasarvāstivāda	Sanskrit, Tibetisch
Mahīshāshika	Chinesisch
Kāshyapīya	Chinesisch
Dharmaguptaka	Chinesisch

Tabelle 3 ***Vinaya*** *des Pāli-Kanons: Aufbau*

I Sutta-vibhanga	**Regeln**
Mahā-vibhanga	Mönchsregeln
Bhikkunī-vibhanga	Nonnenregeln
II Khandaka	**Organisation**
Mahāvagga	Ordinierung, Beichtfeier *(poshatha)*, Zeremonie am Ende der Regenzeit *(pravāraṇā)*, Kleidung, Nahrung, Verwaltung etc.
Culavagga	Rechtsprechung, Reisen, Ordensspaltungen, Ordinierung und Belehrung der Nonnen, Geschichte der ersten beiden Konzile
III Parivāra	**Anhang:** Zusammenfassungen, Einteilungen

Tabelle 4 **Sutta-piṭaka** *und* Sūtra-piṭaka: *Der Korb der Lehrreden*

Sammlung	Schule	**Sprache**	Name	**Anzahl**
Lange	Theravāda	Pāli	*Dīgha-nikāya*	34
	Dharmagupta-ka	Chinesisch	*Dhirgāgama*	30
Mittlere	Theravāda	Pāli	*Majjhima-nikāya*	152
	Sarvāstivāda	Chinesisch	*Madhyamāgama*	222
Zusammen-gehörige	Theravāda	Pāli	*Saṃyutta-nikāya*	2800+
	Sarvāstivāda	Chinesisch	*Saṃyuktāgama*	1362
	Kāshyapīyas?	Chinesisch	*Saṃyuktāgama*	364
Angereiht	Theravāda	Pāli	*Anguttara-nikāya*	2308
	Mahāsanghika?	Chinesisch	*Ekottarāgama*	51 Bde.
Vermischte	Theravāda	Pāli	*Khuddaka-nikāya*	15
›Bruchstücke‹	verschiedene Paralleltexte		*Kshudraka-nikāya* (?)	

Tabelle 5 **Khuddaka-nikāya** *(Pāli): Die ›Bruchstück‹- Sammlung*

Nr.	Name	Bedeutung	Inhalt
1	Khuddaka-pātha	*Sammlung kleiner Texte*	Kurze Rezitations-*suttas.*
2	Dhammapada	*Lehrverse*	Sammlung von 423 Versen
3	Udāna	*Ermahnung*	Feierliche Aussprachen
4	Itivuttaka	*»So Gesagtes«*	112 kurze *suttas*
5	Sutta-nipāta	*Suttagruppe*	70 *suttas* in Versen mit Legenden
6	Vimāna-vatthu	*Himmelspalast-geschichten*	Berichte über Wieder-geburten in Götterreichen
7	Peta-vatthu	*Geister-geschichten*	Geschichten von Wieder-geburten als *Petas*
8	Thera-gāthā	*Lieder der Älteren*	1279 Gedichte von 246 Mönchen
9	Therī-gāthā	*Lieder der älteren Nonnen*	522 Gedichte von ca. 100 Nonnen
10	Jātaka	*Geburtsgeschichten.*	547 frühere Leben des Buddha

Nr.	Name	Bedeutung	Inhalt
11	Niddesa	*Erklärung*	Kommentar zu Teilen des Suttanipātas (Nr. 5)
12	Paṭisambhidā-magga	*Der Weg der Analyse*	Diskussion von Lehrsätzen
13	Apadāna	*Erzählungen*	Lebens- und Vorgeburtsgeschichten von Mönchen und Nonnen in Dichtform
14	Buddhavaṃsa	*Die Chronik der Buddhas*	Lebensgeschichten von 24 Vorzeitbuddhas
15	Cariyā-piṭaka	*Korb der Lebensführung*	Moralische Vorgeburtsgeschichten

Tabelle 6 ***Abhidhamma-piṭaka:*** *Der Pāli-Korb der Scholastik*

Name	Bedeutung	Inhalt
Dhamma-saṅganī	*Einteilung der Dinge*	Einteilung geistiger Zustände (vorteilhaft, unvorteilhaft, neutral) Analyse der Materie
Vibhanga	*Analyse*	16 zentrale Themen der Lehre, u. a. skandhas, Elemente, Versenkung, Achtsamkeit etc.
Dhātu-kathā	*Diskussion der Elemente*	Fragen und Antworten zum Bereich *skandhas* und *āyatana*
Puggala-paññati	*Persönlichkeitsbeschreibung*	Beschreibung menschlicher Charaktertypen
Kathā-vatthu	*Themen der Auseinandersetzung*	Widerlegung von Irrlehren
Yamaka	*Paare*	knappe Definitionen
Paṭṭhāna	*ursächliche Beziehungen*	Erörterung des ›Bedingten Entstehens‹

II. Der chinesische buddhistische Kanon

Tabelle 7 Der chinesische Tripiṭaka *nach dem* Taishō Shinshū Daizōkyō *(T.)*

1. indische Texte:

a. Lehrreden *(sūtra)*	T. 1-1418	Bd. 1-21
b. Ordensregeln *(vinaya)*	T. 1419-1504	Bd. 22-24
c. Indische Kommentare zu *Sūtras (shāstra)*	T. 1505-1535	Bd. 24-26
d. Scholastik *(abhidharma)*	T. 1536-1563	Bd. 26-29
e. Mahāyāna Philosophie	T. 1564-1692	Bd. 30-32

2. chinesische Texte:

f. chinesische Kommentare	Bd. 33-44
g. Schriften der verschiedenen chinesischen Schulen	Bd. 44-48
h. Geschichtswerke und Biographien	Bd. 49-52
i. Enzyklopädien und Glossare	Bd. 53-54
j. 8 Schriften zu nicht-buddhistischen Religionen	Bd. 54
k. Kataloge	Bd. 55

Tabelle 8 Der Sūtra-*Abschnitt des chinesischen Kanons*

Lehrreden *(sūtra)*	**T. 1-1418**	**Bd. 1-21**
Hīnayāna-Sūtras *(Āgama)*	T. 1-151	Bd. 1-2
Vorgeburtsgeschichten *(Jātakas)*	T. 152-219	Bd. 3-4
Höchste Weisheit-Schriften *(Prajñāpāramitā)*	T. 220-261	Bd. 5-8
Lotus-Sūtra *(Saddharmapuṇḍarīka)*	T. 262-277	Bd. 9
Blumenkranz-Sūtra *(Avataṃsaka)*	T. 278-308	Bd. 9-10
Juwelenhaufen-Sūtras *(Ratnakūṭa)*	T. 309-372	Bd. 11-12
Mahāparinirvāṇa-Sūtra	T. 373-395	Bd. 12
Die ›Große Versammlung‹-Sūtras	T. 396-423	Bd. 13
›Sūtra-Versammlung‹	T. 424-846	Bd. 14-17
Tantra	T. 847-1418	Bd. 18-21

III. Der tibetische buddhistische Kanon

Tabelle 9 Der tibetische Kanon

Kanjur (bKa' 'gyur) nach der Narthang-Ausgabe in 98 Bde.

Titel	Sanskrit	Inhalt	Anzahl
I 'Du ba	*Vinaya*	Ordensregeln	13 Bde.
II mDo	*Sūtra*	Lehrreden	63 Bde.
– Höchste Weisheit-Schriften *(Prajñāpāramitā)*			*21 Bde.*
– Blumenkranz-Sūtra *(Avataṃsaka)*			*6 Bde.*
– Juwelenhaufen-Sūtras *(Ratnakūṭa)*			*6 Bde.*
– *Mahāparinirvāṇa*-Sūtra und verschiedene Schriften			*30 Bde.*
III rGyud	*Tantra*	Höchste Belehrungen	22 Bde.

Tabelle 10 Der tibetische Kanon

Tenjur *(bstan 'gyur)* nach der Narthang-Ausgabe in 224 Bde.

Bereich	Sanskrit	Inhalt	Texte	Bände
–	*Stotra*	Hymnen	16	1
rGyud	*Tantra*	Kommentare zu den tantrischen Belehrungen	3055	86
mDo	*Sūtra*	Kommentare zu Lehrreden	567	*137*
– *Prajñāpāramitā*-Kommentare				*16*
– Leerheitsphilosophie *(Madhyamaka)*				*17*
– Nur-Geist-Philosophie *(Yogācāra)*				*29*
– Scholastik *(Abhidharma)*				*8*
– Vermischte Texte				*4*
– *Vinaya*-Kommentare				*16*
– Erzählungen und Dramen				*4*
– Hilfswissenschaften				*43*
• *Logik*				21
• *Grammatik*				1
• *Lexikograhpie und Poetologie*				1
• *Medizin*				5
• *Chemie und Verschiedenes*				1
• *Ergänzungen*				14

IV. Mahāyāna-Sūtren: Vielfalt der Textüberlieferung am Beispiel des Goldglanz-Sūtra

Tabelle 11

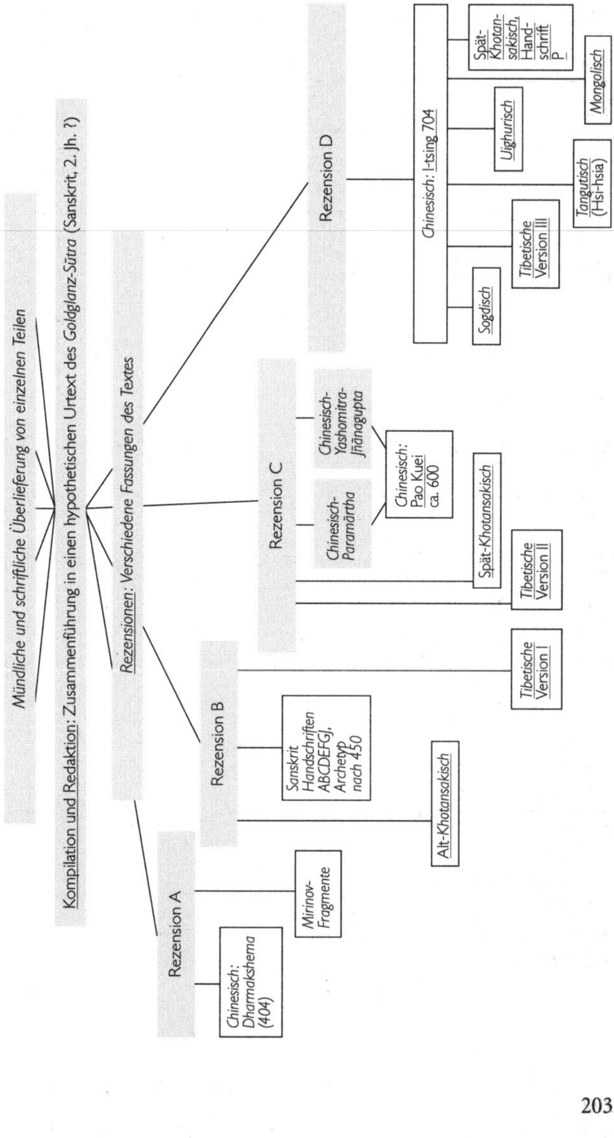

V. Die Fünf Buddhas

Tabelle 12 **Die ›Fünf Tathāgatas‹** *(pañca tathāgata)*

Buddha (**Tathāgata**)	**Vairocana** (der Sonnengleiche)	**Akshobhya** (der Unerschütterliche)
Namensvariante (+Text)	–	(Vajrasattva)
Tibetischer Name	rnam par snang mdzad ›Nampar Nangdzä‹	mi bskyod pa ›Mikyöpa‹
Richtung	**Zentrum** (*Osten:* Guhyas.)	**Osten** (*Zentrum:* Guhyas.)
Familie (*kula*, Tib. *rigs*)	**Tathāgata** (Buddha)	**Vajra** (Diamant)
Farbe	**weiß**	**blau**
Reittier *(vāhana)*	**Löwe**	**Elephant**
Attribut	**Rad**	**Vajra**
Geste *(mudrā)*	**Radandrehung** *(dharma-cakra-pravartana)*	**Erdberührung** *(bhumīsparsha)*
Keimsilbe *(bīja)*	**Oṃ**	**Hūṃ**
Bereich (+ Keimsilbe)	**Körper** *(oṃ)*	**Geist** *(hūṃ)*
Gruppe des Anhaftens *(skandha)*	**Form** *(rūpa)*	**Bewusstsein** *(vijñāna)*
Umzuwandelndes Störgefühl *(klesha)*	**Dummheit, Verwirrtheit** *(mohā)*	**Hass** *(dvesha)*
Weisheit *(jñāna)*	**absolut** (›Wahrheits-zustand‹, *dharmadhātu*)	**spiegelgleich** (reflektierend, *ādarsha*)
Element *(dhātu)*	**Erde** *(prithvī)*	**Raum, Äther** *(ākāsha)*
Partnerin	**(Ākāsha-)Dhāteshvarī**	**Māmakī /** ***Buddha-Locanā***

Ratnasaṃbhava (dessen Wesen Juwel ist)	**Amitābha** (Grenzenloses Lichtes)	**Amoghasiddhi** (unverblendete Vollendung)
Ratnaketu *(Suvarṇaprabhāsa; Guhyasamāja-Tantra)*	**Lokeshvara** *(Guhyasamāja-Tantra)*	**Dundubhīshvara** *(Suvarṇa.)* **Amogha** *(Guhyasamāja)*
rin chen 'byung gnas ›Rinchen dschungnä‹	'od dpag med ›Öpame‹	don yod grub pa ›Dönyö Drupa‹
Süden	**Westen**	**Norden**
Ratna (Juwel)	**Padma** (Lotus)	***Karma*** (Tat)
gelb	**rot**	**grün**
Pferd	Pfau	**Garuḍa** (Greif)
Juwel	**Lotus**	**Doppelvajra**
Wunschgewähren *(varada)*	Meditation *(dhyāna)*	**Furchtlosigkeit** *(abhaya)*
Traṃ	**Āḥ** oder **Hrīḥ**	**Khaṃ** oder **Āḥ**
Eigenschaften *(svā)*	**Sprache** *(āḥ)*	**Tatbereiche** *(hā)*
Gefühl *(vedanā)*	**Wahrnehmung** *(saṃjñā)*	**Gestaltungskräfte** *(saṃskāra)*
Stolz, Hochmut *(ahaṃkāra)*	**Begierde** *(kāmarāga)*	**Neid** *(īrshyā)*
einschmelzend (identifizierend, *samatā*)	**unterscheidend** (analysierend, *pratyak-shanā*)	**Tatvollendung** (realisiernd, *krityānushṭhāna*)
Wasser *(ap)*	**Feuer** *(tejas)*	**Luft, Wind** *(vāyu)*
Locanā/ ***Māmakī***	**Pāṇḍarāvasinī**	**Samaya-Tārā**

VI. Die vier Schulen des tibetischen Buddhismus

Tabelle 13

Schule	*Nyingmapa*	*Kagyü*
Typ	Wut, will Störendes loswerden	Begierde, will genießen
Buddhafamilie	*Vajra* (Diamant)	*Padma* (Lotus)
›Ur-‹Buddha	Samantabhadra	Vajradhara
Höchste Belehrung	Mahā-Ati, Mahāsaṃdhi *rDzogs chen*, ›Große Vervollkommnung‹	*Mahāmudrā* phyag rgya chen po, ›Großes Siegel‹
Hauptübertragungen	Garab Dorje, Jñānasūtra, Padmasam bhava	Tilopa, Nāropa, Saraha, Maitripa, Marpa, Milarepa
Meditationsphase	Aufbau bskyed rim, *utpattikrama*	Vollendung rdzogs rim, *saṃpannakrama*
Anuttarayoga Tantra	*Guhyasamāja* *Vajrakilaya*	*Cakrasaṃvara*
Tantra-Klasse	Vater-Tantra	Mutter-Tantra
Linienhalter	seit 1993: S. H. der dritte Penor Rinpoche	S. H. der 17. Karmapa Thaye Dorje (Karma Kagyü)

Schule	*Sakya*	*Gelug*
Typ	Stolz	Dummheit, ist unentschieden
Buddhafamilie	*Ratna* (Juwel)	*Buddha*
›Ur-‹Buddha	Vajradhara	Vajradhara
Höchste Belehrung	*Lamdrä* lam 'bras ›Pfad und Frucht‹	*Mahāmadhyamaka*, dbu ma chen po ›Große Mittlere Lehre‹
Hauptübertragungen	Virūpa, Ḍombi Heruka, Drokmi	Atīsha, Tsongkhapa
Meditationsphase	Vollendung rdzogs rim	(Aufbau und Vollendung gleichmäßig)
Anuttarayoga Tantra	Hevajra	*Kālacakra* *Guhyasamāja*
Tantra-Klasse	Mutter-Tantra	Nicht-Duales- Tantra Vater-Tantra
Linienhalter	S. H. der 41. Sakya Trizin Ngawang Künga	seit 1995: *S. H. der 100. Ganden Tripa Rinpoche.

* S. H. der 14. Dalai Lama Tenzin Gyatso ist das weltliche Oberhaupt der Gelugpas

Zeittafel

v. u. Z.

ca. 3000-1800	Industal-Kultur
ab 1600	Einwanderung der Indo-Arier nach Nordindien
1200-400	Entstehung der vedischen Schriften
624-544	Lebensdaten des Buddha nach der ›langen Chronologie‹
560-480	Lebensdaten des Buddha nach der ›korrigierten langen Chronologie‹
544	Beginn der Zeitrechnung in buddhistischen Ländern *(BE = Buddhist Era)*
ca. 5. Jh.	Gautama Siddhārtha, der Buddha (›der Erwachte‹)
ca. 480	1. Konzil in Rājagriha
448-368	Lebensdaten des Buddha nach der ›kurzen Chronologie‹
ca. 380	2. Konzil von Vaishālī
325	Alexander der Große öffnet Indien griechischem (hellenistischem) Einfluss.
3. Jh.	3. Konzil (?) von Paṭaliputra; Entstehung der klassischen 18 Schulen des Buddhismus
268-223	Regierungszeit des Maurya-Kaisers Ashoka: Der Buddhismus wird Indiens führende spirituelle Bewegung.
	Der Buddhismus erreicht das Königreich der Mon (Südburma/West-Thailand).
247	Gesandtschaft Ashokas: Der Buddhismus erreicht Sri Lanka; Gründung des *Mahāvihāra*-Klosters.
ca. 200	*Vimalakīrtinirdesha-Sūtra*
2. Jh.	Mahāyāna Bewegung; *Ashṭasāhasrikā Prajñāpāramitā* und ihre poetische Zusammenfassung, die *Ratnaguṇasaṃcaya-gāthā*.
um 160	der griechisch-baktrische König Menandros (Milinda)
1. Jh.	4. oder 3. Konzil in Kaschmir
	Sri Lanka: Niederschrift des Pālī-Kanons, Gründung des Abhayagiri-Klosters durch König Vaṭṭagāmaṇī

u. Z.

1. Jh.	Der Buddhismus erreicht über die Seidenstraße China.
2. Jh.	Der Buddhismus erreicht über China Vietnam.
	Ashvaghosha
	Nāgārjuna
	Der Buddhismus erreicht Indonesien und Zentralsüdostasien (Khmer, Laos).
	Saṃdhinirmocana-Sūtra
um 200	Endredaktion des Lotus-Sūtra
223	erste Übersetzung des Sukhāvatīvyūha-Sūtra ins Chinesische
233	Unter Tibets mythischem 23. König, Tho tho ri gnyan btsan, fallen buddhistische Reliquien und Sanskrittexte vom Himmel auf das Dach des Königspalastes.
3. Jh.	*Shrī-Mālādevī-siṃhanāda-Sūtra* und das Sanskrit *Mahāparinirvāṇa-Sūtra*
310-390	Asanga
4. Jh.	Vajrayāna entsteht
	Der Buddhismus erreicht über China Korea.
	Kumārajīva, Vasubandhu
	Herz-Sūtra, Diamant-Sūtra
	Lankāvatāra-Sūtra
	Mahāyāna erreicht Sri Lanka.
470-540	Buddhapālita
480-540	Dignāga
5. Jh.	*Ratnakūṭa-Sūtras* zusammengestellt
5./6. Jh.	Blüte der Klosteruniversität Nālandā
500-570	der Madhyamaka-Philosoph Bhāvaviveka
6. Jh.	Der Buddhismus erreicht über China und Korea Japan.
	Zwölfer-Kanon der bedeutenden Taten des Buddha
	Sthiramati und Dharmapāla
	Bodhidharma bringt den Ch'an-Buddhismus nach China.
	Der Buddhismus erreicht Japan.

600-650	Candrakīrti
620-49	Srong btsañ sgam po ›33. König von Tibet‹
um 650	Dharmakīrti
638-723	der sechste Patriarch des Cha'n, Hui-neng
695-743 Jh.	Shāntideva
7.-9. Jh.	Erste Verbreitung des Buddhismus in Tibet; rNying-ma Schule des Tibetischen Buddhismus entsteht.
711-45	muslimische Eroberung des Indus-Tals
755-97	Khri srong lde b[r]tsan König in Tibet; Padmasambhava wirkt in Tibet.
792-4	Konzil von Samye: Indischer Buddhismus erringt in Tibet Vorrang vor chinesischem Buddhismus.
8. Jh.	Vajrayāna erreicht Sri Lanka.
	Nāgārjuna (II), der Tantriker
	Yogācāra-Madhyamaka
	Shāntarakshita, Kamalashīla, Haribhadra
	Nara-Epoche in Japan; Blüte des *Kegon*, die sechs klassischen Schulen des japanischen Buddhismus entstehen.
	Japan: Tendai und Shingon
816-836	Ral pa can König in Tibet
836-841	Verfolgung des Buddhismus in Tibet durch den Bön-Anhänger König *gLang dar ma*
841	Ermordung gLang dar mas durch den Mönch dPal gyi rdo rje
841-978	Verfall des Buddhismus in Tibet
868	Das Diamant-Sūtra wird als ältestes Buch der Welt in Dunhuang (Zentralasien) gedruckt.
978	Rin chen bzang po und Legs pa'i shes rab bringen buddhistische Belehrungen aus Indien nach West-Tibet.
993	Beginn der tamilisch-hinduistischen Fremdherrschaft der Coa in Sri Lanka
10. Jh.	Der Nonnenorden stirbt im südlichen Buddhismus aus.
1012-98	Tibet, Kagyü: Der Yogi und Übersetzer Marpa; er bringt die Übertragungen von Tilopa-Nāropa und Maitripa-Saraha nach Tibet
1040-1123	der Yogi und Dichter Mi la ras pa (Tibet, Kagyü)
1042	Atīsha kommt nach Tibet; Entstehung der bKa' gdams pa-Schule

1073	dKon mchog rgyal po stiftet das Kloster Sa skya.
1079-1153	Der Mönch-Gelehrte sGam po pa (Tibet, Kagyü)
11. Jh.	Islamische Raubzüge hinterlassen eine Spur der Vernichtung in Nordindien.
	Hungersnot in Sri Lanka
	›Mündliche Übertragungslinie‹ (*bKa' brgyud*) in Tibet
1110-1193	Dus gsum mkhyen pa, der erste Karmapa
1181-1251	Sa skya Paṇḍita
1189	Einführung des Rinzai-Zen in Japan durch Eisai
12. Jh.	singhalesische Blütezeit in Sri Lanka unter König Parakkama Bāhu I (12. Jh.)
	Ende des Mahāyāna und Vajrayāna-Einfluss in Sri Lanka
	Der Amida-Buddhismus blüht in Japan: Hōnen und Shinran.
	Zen (Ch'an) kommt nach Japan.
1249	Sakya Paṇḍita wird durch mongolische Hilfe Herrscher von Tibet.
Anfang 13. Jh.	endgültige Eroberung Nordindiens durch die Muslime; Zerstörung aller hinduistischen und buddhistischen Tempel, Klöster und Universitäten
13. Jh.	Der Buddhismus erlischt in seinem Mutterland Indien.
	Japan: Nichirin
13. Jh./ 14. Jh.	Tibetischer Kanon wird zusammengestellt.
1357-1419	der Reformer bTsong kha pa; Entstehung der dGe lugs pa Schule
14. Jh.	Das *Tibetische Totenbuch* (bar do thos grol) wird durch Karma gLing pa aufgefunden.
15. Jh.	Zerfall des ceylonesischen Nationalstaats in die drei Königreiche Jaffna, Kandy und Koṭṭe
1411	erster Druck des tibetischen Kanons in Peking
1431	Thailändische Eroberung Kambodschas; Theravāda wird in Südostasien vorherrschend.
1455-1529	Drukpa Künle ('brug pa kun legs), der ›Heilige Narr‹ Bhutans.
15. Jh.	Zen wird Träger der japanischen Kultur.

1641	Der 5. Dalai Lama wird mit mongolischer Hilfe Theokrat von Tibet. Zerstörung und Zwangskonvertierung von Nyingma und Kagyü-Klöstern.
1685-1768	Hakuin (Japan, *Rinzai-Zen*)
19./20. Jh.	Entlang der Seidenstraße finden westliche Archäologen und Abenteurer die Überreste des einst blühenden zentralasiatischen Buddhismus.
1904	Britische Lhasa Expedition
1924	Paul Dahlke gründet das Buddhistische Haus in Berlin.
1959	Gewaltsame Annexion Tibets durch das kommunistische China. Der Dalai Lama flieht mit 70.000 Anhängern aus Tibet.

Literaturverzeichnis – Sekundärliteratur –

Akira, H. *A history of Indian Buddhism. From Śākyamuni to Early Mahāyāna.* Honolulu: University of Hawaii Press 1990 (Asian Studies at Hawaii. 36).

Bareau, A. *Les séctes bouddhiques du petit véhicule.* Saigon 1955.

Bechert, H. & R. Gombrich (Hrsg.) *Der Buddhismus. Geschichte und Gegenwart.* München: C. H. Beck 1995.

Bechert, H. u. a. *Der Buddhismus I. Der indische Buddhismus und seine Verzweigungen.* Stuttgart: Kohlhammer 2000 (Die Religionen der Menschheit. Bd. 24/1).

Béguin, G. (Hrsg.) *Art ésotérique de l'Himalâya. La donation Lionel Fournier.* Paris: Musée Guimet 1990.

Béguin, G. (Hrsg.) *Les Peintures du Bouddhisme Tibétain.* Paris: Musée Guimet 1995.

Beyer, S. *The Cult of Târâ. Magic and Ritual in Tibet.* Berkeley: University of California Press 1973.

Bharti, A. *Tantric Traditions.* Delhi: Hindustan Publishing corporation 1993. (Ursprünglich erschienen als *The Tantric Tradition* 1965).

Bhattacharyya, B. *The Indian Buddhist Iconography.* Calcutta: K. L. Mukhopadhyay 1958.

Bhattacharyya, N. N. *History of the Tantric Religion.* 2nd revised edition Delhi: Monahar 1999.

Burton, D. *Emptiness Appraised.* Richmond: Curzon 1999.

Buswell, R. E. (Hrsg.) *Encyclopedia of Buddhism*, New York: Macmillan 2003.

Cabezón, J. I. (Hrsg.) *Buddhism, Sexuality and Gender.* Albany: SUNY Press 1992.

Cabezón, J. I. & Jackson, R. R. (Hrsg.) *Tibetan Literature. Studies in Genre*. Ithaca, NY: Snow Lion 1996.

Campbell, J. *Traveller in Space: Gender, Identity and Tibetan Buddhism.* New York: Continuum 2002.

Chang, G. C. C. *The Buddhist teaching of totality. The Philosophy of Hua Yen Buddhism.* Allentown University Park: Pennsylvania State University Press 1976.

Ch'en, K. K. *Buddhism in China. A historical survey.* Princeton: Princeton University Press 1964.

Coleman, G. *A handbook of Tibetan culture*. Boston: Shambhala 1994.

Collins, S. *Selfless Persons.* Cambridge: CUP 1982.

Conze, E. *Buddhist Thought in India.* London: Allen & Unwin, 1962 (dt. *Buddhistisches Denken. Drei Phasen buddhistischer Philosophie in Indien.* Frankfurt/M.: Suhrkamp 1990).

Conze, E. *A Short History of Buddhism*, London: Allan & Unwin 1980.

Cornu, P. *Dictionnaire Encyclopédique du Bouddhisme*, Paris: Éditions du Seuil 2001.

Dagyab Rinpoche, L. S. *Buddhistische Glückssymbole im tibetischen Kulturraum.* München: Diederichs 1992.

Dargyay, E. M. *The Rise of Esoteric Buddhism in Tibet.* Delhi: Motilal 1998.

Davidson, R. M. *Indian Esoteric Buddhism: A Social History of the Tantric Movement.* New York: Columbia University Press 2003.

Demiéville, P. u.a. Hobogirin, dictionnaire encyclopédique du Bouddhisme d'après les sources chinoises et japonaises. Tokyo 1929.

de Silva, L. A. *Buddhism: Belief and Practices in Sri Lanka.* Colombo 1974.

Dreyfus, G. E. *Recognizing Reality: Dharmakirti's Philosophy and its Tibetan Interpretations.* Albany: SUNY Press 1997.

Dreyfus, G. E. *The sound of two hands clapping. The Education of a Tibetan Buddhist Monk.* Berkeley: University of California Press 2003.

Dumoullin, H. (Hrsg.) *Buddhism in the Modern World.* New York: Collier 1976.

Faure, B. *The Red Thread. Buddhist Approaches to Sexuality.* Princeton, NJ: Princeton University Press 1998.

Fisher, R. E. *Buddhist Art and Architecture*. London: Thames & Hudson 1993.

Foucher, A. *La vie du Bouddha d'après les textes et les monuments de l'Inde.* Paris: Payot 1949.

Frauwallner, E. *Die Philosophie des Buddhismus.* 4. Auflage Berlin: Akademie Verlag 1994.

Freemantle, F. & Trungpa, C. *Das Tibetische Totenbuch* 3. Auflage Düsseldorf: Diederichs 1979 u.ö.

Ganeri, J. *Philosophy in Classical India.* London & New York: Routledge 2001.

Gellner, D. *Monk, Householder, and Tantric Priest. Newar Buddhism and its Hierarchy of Ritual.* Cambridge: CUP 1992.

Getty, A. *The Gods of Northern Buddhism.* Oxford 1914, 2. edition Rutland 1962.

Gombrich, R. *Theravada Buddhism. A Social History from Ancient Benares to Modern Colombo*, London: Routledge 1988.

Gombrich, R. & Bechert, H. (Hrsg.) *The World of Buddhism*, London: Thames & Hudson. 1984. 1991.

Goodman, S. D. & Davidson, R. M. (Hrsg.) 1992. *Tibetan Buddhism. Reason and Revelation.* Albany: SUNY Press.

Hamilton, S. *Identity and Experience. The constitution of the Human Being according to Early Buddhism.* London: Luzac Oriental 1996.

Hamilton, S. *Early Buddhism. A New Approach*. Richmond: Curzon 2000.
Harvey, P. *An Introduction to Buddhism*, Cambridge: CUP 1990.
Harvey, P. *The Selfless Mind. Personality, Consciousness and Nirvana in Early Buddhism*. Richmond: Curzon, 1995.
Harvey, P. *An Introduction to Buddhist Ethics: Foundations, Values and Issues*. Cambridge: CUP 2000.
Harvey, P. *Buddhist Ethics in Theory and Practice*. London/New York: Routledge 2004.
Harvey, P. (Hrsg.) *Buddhism*. London: Continuum 2001.
Haussig, H. W. (Hrsg.): *Götter und Mythen des indischen Subkontinentes*. Stuttgart u. a. 1984 *(Wörterbuch der Mythologie. Bd. 5)*.
Holt, J. C. *Discipline. The Canonical Buddhism of the Vinayapiṭaka*. Delhi: Motilal 1981.
Hopkins, J. *The Tantric Distinction. An Introduction to Tibetan Buddhism*, London: Wisdom 1985.
Huber, T. (Hrsg.) *Sacred Spaces and Powerful Places an Tibetan Culture. A Collection of Essays*. Dharamsala: The Library of Tibetan Works & Archives 1999.
Idema, W. L. *Prinses Mioshan en andere Chinese legenden van Guanyin, de bodhisattva van barmhertigheid*. Amsterdam: Atlas 2000.
Jackson, R. *Tantric Treasures: Three Collections of Mystical Verse from Buddhist India*. New York: OUP 2004.
Kalupahana, D. J. *A History of Buddhist Philosophy. Continuities and Discontinuities*. Honolulu: University of Hawaii Press 1992.
Kalupahana, D. J. (Hrsg.) *Buddhist Thought and Ritual*. 1991, *Nachdruck* Delhi: Motilal 2001.
Kapstein, M. T. *The Tibetan Assimilation Of Buddhism: Conversion, Contestation, and Memory*. New Tork: OUP 2002.
Keown, D. *The Nature of Buddhist Ethics*. London: Macmillan 1992.
Keown, D. *A Dictionary of Buddhism*, Oxford: OUP 2003.
Keown, D. (Hrsg.) *Contemporary Buddhist Ethics*. London: Curzon Press 2000.
King, R. *Indian Philosophy*. Edinburgh: Edinburgh University Press 1999.
Kirfel, W. *Symbolik des Buddhismus*. Stuttgart: Hiersemann 1959 *(Symbolik der Religionen. 5)*.
Klimkeit, H.-J. *Die Seidenstraße*. Köln: DuMont 1988.
Klimkeit, H.-J. *Der Buddha. Leben und Lehre*. Stuttgart: Kohlhammer 1990.
Lamotte, É. *History of Indian Buddhism: From The Origins to the Saka Era*. Leuven: Peeters Press 1988.
Lavizzari-Raeuber, A. *Thangkas. Rollbilder aus dem Himalaya. Kunst und mystische Bedeutung* 3. Auflage Köln: DuMont, 1989.

Lexikon der östlichen Weisheitslehren. Buddhismus, Hinduismus, Taoismus, Zen. von M. Diener u. a. München: Scherz 1986.
Lienhard, S. *Diamantmeister und Hausväter: buddhistisches Gemeindeleben in Nepal.* Wien: Verlag d. Österr. Akad. d. Wiss. 1999.
Lehnert, T. *Rüpel in Roben. Ein Insiderbericht über die jüngste chinesisch-tibetische Intrige in der Karma-Kaggü-Linie des Diamantweg-Buddhismus.* Wuppertal: Buddhistischer Dachverband Deutschland e. V. 1999.
Lopez Jr, D. S. (Hrsg.) *Religions of Tibet in Practice*, Princeton & Oxford: Princeton University Press 1997.
Malalasekera, G. P. (Hrsg.): *Encyclopeadia of Buddhism.* Ceylon: Government of Ceylon, 1961-.
McCagney, N. *Nāgārjuna and the Philosophy of Openness.* Lanham & Oxford: Rowman & Littlefield 1997.
Mehlig, J. (Hrsg.) *Buddhistische Märchen.* Frankfurt: Insel 1992.
Mills, M. A. *Identity, Ritual and State in Tibetan Buddhism. The Foundations of Authority in Gelukpa Monasticism* (Curzon Studies in Tantric Traditions). London: RoutledgeCurzon 2002.
Nakamura, H. *Indian Buddhism.* A survey with bibliographical notes. Hirakata 1980.
Norman, K. R. *Pâli Literature.* Wiesbaden 1983 (Hist. of Indian Literature. VII.2).
Notz, K.-J. (Hrsg.) *Lexikon des Buddhismus* Freiburg: Herder 1998.
Nydahl, Lama O. *Das Große Siegel. Die Mahamudra Sichtweise des Diamantweg-Buddhismus.* Sulzberg: Joy 1998.
Nydahl, Lama O. *Wie die Dinge sind. Eine zeitgemäße Einführung in die Lehre Buddhas.* München: Knaur 2004.
Nyanaponika Thera & Hecker, H. *Die Jünger Buddhas.* Bern: Barth 2000.
Nyantiloka, *Buddhistisches Wörterbuch.* Konstanz: Christiani 1989.
Obermiller, E. *Prajñāpāramitā in Tibetan Buddhism.* Delhi: Classics India 1988.
Oldenberg, H. *Buddha.* 13. Auflage (mit Ergänzungen von H. von Glasenapp) Berlin 1959 (1881).
Paul, D. (Hrsg.) *Women in Buddhism. Images of the Feminine in the Mahāyāna Tradition.* Berkeley: Asian Humanities Press 1979.
Powers, J. *Introduction to Tibetan Buddhism*, Ithaca, NY: Snow Lion 1996.
Powers, S. *A Concise encyclopedia of Buddhism.* Oneworld publications 2000.
Prebish, C. S. *Historical dictionary of Buddhism* / Metuchen, N.J.: Scarecrow Press 1993.
Prebish, C. S. & Keown, D. *Buddhism – the E-book.* London: Journal of Buddhist Ethics Online Books 2004.

Pye, M. *Skilful Means. A Concept of Mahayana Buddhism*. London: Duckworth 1968.

Queen, C. S. & King, S. B. (Hrsg.) *Engaged Buddhism: Liberation Movements in Asia*. Albany: SUNY Press 1996.

Rahula, W. *What the Buddha Taught*, New York: Grove 1963.

Raum und Freude. Buddhistische Statuen und Ritualgegenstände. Hrsg. von der Diamantweg-Stiftung e.V. Wuppertal: Buddhistischer Verlag 2003.

Rawson, P. *The Art of Tantra*. London: Thames & Hudson 1973.

Ray, R. A. *Indesctructible Truth. The living spirituality of Tibetan Buddhism*. Boston & London: Shambhala 2002 *(The World of Tibetan Buddhism. Vol. 1)*.

Ray, R. A. *Secrets of the Vajra World. The Tantric Buddhism of Tibet*. Boston & London: Shambhala 2002 *(The World of Tibetan Buddhism. Vol. 2)*.

Rhie, M. M. & Thurman, R. A. F. (Hrsg.) *Weisheit und Liebe. 1000 Jahre Kunst des Tibetischen Buddhismus*. Ausstellungskatalog Kunst- und Ausstellungshalle der Bundesrepublik Deutschland. Bonn 1996.

Ruegg, D. S. *The Literature of the Madhyamaka school of Philosophy in India*. Wiesbaden: Harrassowitz 1981.

Saddhatissa, H. *Buddhist Ethics: Essence of Buddhism*. London: George Allen & Unwin 1970.

Samuel, G. *Civilized Shamans. Buddhism in Tibetan Societies*. Washington DC: Smithsonian Institution Press 1993.

Saunders, E. D. *Buddhism in Japan. With an outline of its origins in India*. Philadelphia: University of Philadelphia Press 1971.

Scherer, B. *Buddha*, Gütersloh: Gütersloher Verlagshaus 2001 (GTB 657. Basiswissen).

Scherer, B. *99 Fragen zum Buddhismus*, Gütersloh: Gütersloher Verlagshaus 2002 (GTB 1202).

Schlombs, A. (Hrsg.) *Im Licht des Großen Buddhas. Schätze des Tôdaiji-Tempels, Nara*. Ausstellungskatalog Museum für Ostasiatische Kunst Köln 1999.

Schmidt-Leukel, P. *Wer ist Buddha? Eine Gestalt und ihre Bedeutung für die Menschheit*. München: Diederichs 1998.

Schneider, U. *Der Buddhismus. Eine Einführung*. Darmstadt: WBG 1992 (1980).

Schumann, H. W. *Der historische Buddha. Leben und Lehre des Gotama*. München: Diederichs 1982.

Schumann, H. W. *Buddhistische Bilderwelt*. München: Diederichs 1986.

Schumann, H. W. *Mahāyāna-Buddhismus. Das Große Fahrzeug über den Ozean des Leidens*. München: Diederichs 1995 (1990).

Seegers, M. *Wissen über Meditation*. Sulzberg: Joy 2002.

Skilton, A. *A Concise History of Buddhism*, Birmingham: Windhorse 1997.
Smith, E. G. *Among Tibetan Texts*. Boston: Wisdom 2001.
Snellgrove, D. L. *Indo-Tibetan Buddhism. Indian Buddhists and Their Tibetan Successors*. London: Serindia 1987.
Snellgrove, D. L. & Richardson, H. *A Cultural History of Tibet*. Boulder, Col.: Prajñâ Press 1980 (1. Auflage 1968).
Steinkellner, E. & Much, M. T. *Texte der erkenntnistheoretischen Schule des Buddhismus*. Göttingen: Vandenhoeck & Ruprecht 1995 *(Systematische Übersicht über die buddhistische Sanskrit-Literatur. 2)*.
Strickmann, M. *Mantras et mandarins. Le Bouddhisme tantrique en Chine*. Paris 1996.
Tenzin Gyatso (= 14th Dalai Lama) 1995. *The World of Tibetan Buddhism*. Boston: Wisdom 1995.
Tucci, G. *The Religions of Tibet*. Berkeley: University of California Press 1980.
Vetter, T. *The Ideas and Meditative Practices of Early Buddhism*. Leiden: E. J. Brill, 1988.
Vivenza, J.-M. *Nâgârjuna et la doctrine de la vacuité*. Paris: Albin Michel 2001.
van Kooij, K. R. & van der Veere, H. (Hrsg.) *Function and Meaning in Buddhist Art*. Groningen: Egbert Forsten 1995.
von Brück, M. *Buddhismus. Grundlagen – Geschichte – Praxis*. Gütersloh: Gütersloher Verlagshaus 1998 (GTB 723).
von Brück, M. *Religion und Politik im Tibetischen Buddhismus*. München: Kösel 1999.
von Brück, M. & Lai, W. *Buddhismus und Christentum*. München: CH Beck 1997.
von Hinüber, O. *A Handbook of Pâli Literature*. Berlin/New York: de Gruyter, 1996.
Wallace, A. B. (Hrsg.), *Buddhism & Science. Breaking new ground*. New York: Columbia University Press 2003.
Warder, A. K. *Indian Buddhism* (1970). Delhi: Motilal 1980.
Wayman, A. *The Buddhist Tantras. Light on Indo-Tibetan Esotericism*. New York 1973. Delhi: Motilal 1990 u. ö.
Waldschmidt, E. *Die Legende vom Leben des Buddha*. Berlin: Wegweiser 1929. Graz 1981. Hamburg 1991.
Waldschmidt, E. & R. L. *Nepal. Kunst aus dem Königreich im Himalaya*. Recklinghausen: Aurel Bongers 1967.
Waymann, A. & Tajima, R. *The Enlightenment of Vairocana*. Delhi: Motilal 1998 (1992).
White, D. G.(Hrsg.) *Tantra in Practice*. Princeton & Oxford: Princeton University Press 2000.

Williams, P. *Mahâyâna-Buddhism: The Doctrinal Foundations.* London/New York: Routledge, 1989.
Willson, M. *In Praise of Tara.* Boston: Wisdom 1986. 1996.
Winternitz, M. *History of Indian Literature.* Vol. 2. Delhi: Motilal Banarsidass, Rev. edition 1983 (orig. Deutsch: Leipzig 1905-22).
Zotz, V. *Buddha.* Reinbek: Rowohlt 1999 (rororo monographie. 50477).
Zotz, V. *Geschichte der buddhistischen Philosophie*. Reinbek: Rowohlt Taschenbuch Verlag 1996 (rororo enzyklopädie. 537).

Register

Adressen

Internet Websites: *www.buddhismus.de*
www.dharma.de/dbu/
www.diamantweg.de

Deutsche Buddhistische Union
DBU-Geschäftsstelle Amalienstr. 71, 80799 München,
Tel. 0700-28334233, E-mail: dbu@dharma.de

Zentren des Diamantweges
Es gibt über 100 im deutschsprachigen Raum, die Listen findet man im Internet unter:
http://www.diamantweg.de, *http://www.buddhismus.org* (Schweiz),
http://www.diamantweg.at (Österreich)

Auswahl:
Buddhistisches Zentrum Basel Laufenstr. 15, 4053 Basel,
Tel: +41 (61) 2720223. Fax: +41 (61) 2720223,
E-Mail: *Basel@diamondway-center.org*,
Homepage: *http://www.buddhismus-basel.ch*

Buddhistisches Zentrum Berlin Grunewaldstr. 18, 10823 Berlin,
Telefon: +49 (30) 78704213, Fax: +49 (30) 78704214,
E-Mail: *Berlin@diamondway-center.org*,
Homepage: *www.buddhismus-ost.de/Berlin/*

Buddhistisches Zentrum Frankfurt Saalburgstr. 17, 60385 Frankfurt a.M.,
Telefon: +49 (69) 4691001, Fax: +49 (69) 4691002,
E-Mail: *Frankfurt@diamondway-center.org*,
Homepage: *www.buddhismus-frankfurt.de*

Buddhistisches Zentrum Graz Pfeifferhofweg 94, 8045 Graz,
Tel: +43 (316) 670700, Fax: +43 (316) 67070023,
E-Mail: *Graz@diamondway-center.org*

Buddhistisches Zentrum Hamburg Thadenstr. 79, 22767 Hamburg,
Telefon: +49 (40) 4328380, Fax: +49 (40) 43283810,

E-Mail: *Hamburg@diamondway-center.org*,
Homepage: *www.buddhismus-hamburg.de*

Buddhistisches Zentrum Köln Aquinostr. 27, 50670 Köln,
Telefon: +49 (221) 7327475, Fax: +49 (221) 7327475,
E-Mail: *Koeln@diamondway-center.org*,
Homepage: *www.buddhismus-koeln.org*

Buddhistisches Zentrum Leipzig Wiesenstr. 1, 04564 Böhlen-Großdeuben,
Telefon: +49 (34299)76812, Fax: +49 (34299) 76813,
E-Mail: *Leipzig@diamondway-center.org*,
Homepage: *www.buddhismus-leipzig.de*

Buddhistisches Zentrum München Gabelsbergerstr. 52 / RGB,
80333 München, Telefon: +49 (89) 52046330, Fax: +49 (89) 52046340,
E-Mail: *Munich@diamondway-center.org*,
Homepage: *www.buddhismus-muenchen.info*

Buddhistisches Zentrum Stuttgart Esslinger Str. 22, 70182 Stuttgart,
Telefon: +49 (711) 607268, Fax: +49 (711) 607268,
E-Mail: *Stuttgart@diamondway-center.org*,
Homepage: *www.buddhismus-stuttgart.de*

Buddhist Center Wien Josef Melichargasse, 20, 1210 Wien,
Tel: +43 (1) 2631247, Fax: +43 (1) 2631247,
E-Mail: *Wien@diamondway-center.org*

Buddhistisches Zentrum Zürich Hammerstr. 9, 8008 Zürich,
Tel: +41 (1) 3820875, Fax: +41 (1) 3800144, Mobil: +41 (1) 79 300 3338
E-Mail: *Zurich@diamondway-center.org*,
Homepage: *http://www.buddhismus.org/ZentrenCH/Zenzurich.html*